쉽게 읽는
소프트웨어의
원리와 구조

쉽게 읽는 하드웨어 & 소프트웨어의 원리와 구조

: MCU, 컴파일러, OS, FPGA까지

지은이 이재영, 한세경
1판 1쇄 발행일 2013년 11월 20일
1판 4쇄 발행일 2020년 7월 3일

펴낸이 장미경
펴낸곳 로드북
편집 임성춘
디자인 이호용(표지), 박진희(본문)

주소 서울시 관악구 신림로 29길 8 101-901호
출판 등록 제 2011-21호(2011년 3월 22일)
전화 02)874-7883
팩스 02)6280-6901
정가 25,000원
ISBN 978-89-97924-07-3   93000

이메일 chief@roadbook.co.kr
블로그 www.roadbook.co.kr

하드웨어와 소프트웨어의 다채로운 하모니!

대한민국은 IT 강국이라는 말을 참 많이 듣습니다. 그런데 어떻게 보면 화려한 겉모습만 바라는 것 같아 아쉬운 생각이 많이 듭니다. 프로그램의 화면은 예쁘고 감각적이어야 하며, 사용하기도 편해야 하죠. 마찬가지로 제품의 디자인 또한 그러하길 바랍니다. 그러다 보니 학생들 또한 그런 쪽으로만 관심을 갖는 것 같더군요. 물론 이런 것들도 당연히 중요합니다. '보기 좋은 떡이 먹기도 좋다'는 말이 있죠. 그러나 '떡은 맛이 좋다'라는 전제하에서만 가능한 이야기인 것 같습니다. 결국 이렇게 맛이 좋은 시스템을 만들기 위해서는 하드웨어와 소프트웨어의 조합을 잘 고려해서 설계해야 합니다. 그러기 위해서는 하드웨어와 소프트웨어의 기본 개념을 이해하고, 서로의 연관성을 알아야 하는 것이죠. 이 책은 바로 이러한 점에 초점을 두고 있습니다. 즉 하드웨어와 소프트웨어는 어떻게 구성되는지, 왜 서로 관계되는지를 이야기합니다.

임베디드 시스템 산업은 그 동안 많은 부분이 변했다고 말하지만, 크게 변하지 않은 것이 있습니다. 이는 바로 아주 기본적인 시스템을 이끄는 주축인 내용이죠. 그래서 이 개념만 이해하고 있다면 어떤 목적의 시스템을 설계하든 잘 할 수 있습니다. 여러분에게 필요한 모든 것이 이 책에 들어 있는 것은 아닐 수 있습니다. 하지만 임베디드 시스템을 이해하는 데 꼭 필요한 개념들은 모두 넣었다고 말하고 싶습니다. 아마 처음 임베디드 시스템을 접하시는 분이나 하드웨어와 소프트웨어가 연관된 영역을 이해하고 싶은 분들께 도움이 될 것이라 생각합니다.

이 책은 임베디드 시스템에서 가장 중심이 되는 MCU로 시작합니다. MCU는 임베디드 시스템에서 가장 흥미로운 부분이고, 시스템을 설계할 때 가장 많이 접해야 하는 것이죠. 1장에서는 MCU가 무엇인지 이해한 후에 시스템을 꾸미는 데 필요한 컴파일러와 OS를 설명합니다. 그리고 2장 컴파일러와 3장 OS는 소프트웨어적인 부분인데, 하드웨어와 서로 어떻게 연관이 되어 있는지 설명합니다. 이 두 개의 장을 통하여 소프트웨어와 하드웨어는 완전히 별개의 것이 아니라는 것을 말하고 싶었습니다. 마지막으로

FPGA에 관해서 이야기하는데, MCU의 본질인 IC와 디지털 회로에 대해서 궁금증을 해결할 수 있을 겁니다. 이 장을 통해서는 기본적으로 IC가 무엇인지와 어떻게 동작할 수 있는지를 알려줍니다.

참고로 책에서 설명하는 기술보다 더욱 중요한 것은 마인드라고 말을 하고 싶습니다. 제가 임베디드 시스템을 어느 정도 안다고 생각하던 시절에 한 분(이상연 연구소장님)을 만나게 되었습니다. 그 분께서 마인드에 관한 다양한 이야기도 해주시고 책도 소개해주셨는데요. 그 이후로 저 또한 마인드가 많이 바뀌고, 많은 부분에서 발전이 있었다고 생각합니다. 그래서 마인드가 중요하다는 점을 말하고 싶어 부록에 몇 가지 이야기를 담았습니다.

책을 만들기까지 많은 분들의 도움이 있었습니다. 가장 먼저 책을 예술적으로 만들어 주신 임성춘 편집장님과 전부터 여러 도움을 준 조연희 과장님, 기술적으로 많은 도움을 주신 남길중형님, 나비타스솔루션스 임직원 여러분, 항상 깨어 있게 만들어 주는 친구 한세경 교수에게 감사의 말을 전하고 싶습니다. 잘 놀아주지도 못하는 아빠지만 항상 곁에서 지켜봐 주는 아내 미정과 딸 지아, 그리고 부모님께도 고맙다는 말을 전하고 싶습니다.

이재영

친근하고 재미있는 하드웨어의 원리

필자는 어려서부터 PC상에서 C나 PASCAL 같은 고급 언어 책을 보고 막연히 익힌 문법으로 프로그래밍을 즐겨왔습니다. 그래서 대학에 입학할 무렵만 해도 누구보다도 PC 프로그래밍은 자신이 있다고 생각했습니다. 하지만, 항상 궁금했던 점이 과연 PC가 아닌 소위 임베디드 시스템의 소프트웨어는 누가, 어떻게 만드는가 하는 점이었습니다. 막연히 main이라는 함수에서 시작해서 printf를 통해 화면에 글자를 출력한다는 것만 알던 저는 그 아랫단의 구조가 궁금해지기 시작했고, 그렇게 탐구를 하다 임베디드 시스템의 소프트웨어를 작성하기 위해서는 하드웨어에 대한 이해가 없이는 안 된다는 것을 알게 되었습니다. 이후 관련 분야의 공부를 진행하며 제가 가졌던 궁금증에 대한 해결책을 토대로 수년 전 프로그래밍 원리에 관한 서적을 발간하기도 하였습니다.

현재는 대학에서 에너지 관련 연구를 하고 있지만, 여전히 강단에서는 마이크로프로세서 같은 과목을 가르치며, 그때 제가 가졌던 궁금증을 상기시키며 학생들이 원리를 이해할 수 있도록 노력하고 있습니다. 그런 노력 속에 이 책은 저와 함께 동고동락을 하고 지금은 누구보다 죽이 잘 맞는 제 친구의 제안으로 시작하게 되었고, 오랜 시간과 노력을 거쳐 세상에 빛을 보게 되었습니다.

이 책은 어느 정도 고급 언어를 구사하며 하드웨어 및 OS 등에 관심이 있는 개발자를 대상으로 하고 있습니다. 일반적인 시스템의 사용 매뉴얼 같은 서술 방식을 탈피하여, 독자들이 개념과 원리 위주로 친근하게 다가설 수 있도록 노력하였습니다. 항상 그렇듯 이 탈고를 마친 지금은 처음 시작할 때의 야심 찼던 계획을 모두 전달하지 못한 것 같아 아쉬움이 남지만, 이 책을 통해 독자 여러분의 개발 능력이 한 단계 더 업그레이드할 수 있을 것을 믿어 의심치 않습니다.

한세경

목차

CHAPTER 1 MCU: 임베디드 시스템의 사령관

CHAPTER 2 컴파일러: 프로그램 코드의 변환 도구

CHAPTER 3 OS: 시스템 관리자

CHAPTER 4 FPGA: 원하는 대로 디자인하는 IC

01

MCU
임베디드 시스템의 사령관

> 두뇌는 우리의 몸을 걷거나 뛰게 만들고
> 생각을 통하여 복잡한 문제를 풀 수 있도록 합니다.
>
> MCU도 마찬가지로 데이터를 기억하고,
> 데이터 연산을 하는 등 두뇌와 유사한 기능을 합니다.

1.1 들어가며

우리 주변에서 TV, 컴퓨터, 핸드폰 등 많은 전자 기기를 볼 수가 있습니다. 이런 전자 기기는 여러 부품으로 구성되지만, 그 핵심은 바로 프로세서라고 할 수 있습니다. 프로세서는 프로그램에 따라 동작하는 하드웨어로, MCU, CPU, DSP 등의 이름을 가지고 있는데요. 그중에서 임베디드 시스템에서 가장 많이 사용하는 프로세서가 이번 장에서 공부할 MCU^{Micro Control Unit}입니다.

참고로 이번 장에는 C 언어를 사용하는 예제 코드들이 있습니다. 프로그램은 최대한 쉽게 작성 및 설명하기 위해 노력하였고, 깊은 C 언어 지식을 요구하는 것이 아니므로 기본적인 C 문법 정도만 알고 있으면 충분합니다. 만약 C 언어의 더 깊은 지식을 얻고 싶다면, 시중에 출시되어 있는 C 언어 전문 서적을 참고하기 바랍니다.

1.2 MCU: 최고 지휘관

보통은 MCU를 이야기할 때 임베디드 시스템의 **두뇌**라는 표현을 많이 사용하는데, 이런 비유를 하는 까닭은 무엇일까요? **두뇌**는 우리의 몸을 걷거나 뛰게 만들고 생각을 통하여 복잡한 문제를 풀 수 있도록 합니다. MCU도 마찬가지로 데이터를 기억하고, 데이터 연산을 하는 등, 시스템에서 두뇌와 유사한 기능을 합니다.

그런네 MCU를 두뇌로 생각하고 시스템을 이해하려 할 때 약간의 어려움이 있을 수 있습니다. 전자 제품의 예를 하나 들겠습니다. 어떤 제품의 케이스를 열었을 때 가장 눈에 띄는 것은 PCB^{Printed Circuit Board}라고 불리는 전자 기판입니다. 일단 가장 큰 데다가 모든 부품이 PCB 위에 있어서 그럴 수밖에 없습니다. 이때 PCB 위에 놓여 있는 부품들을 보고 'MCU는 두뇌다'라는 표현으로 MCU를 이해하려면 사람의 모습과는 달라 머릿속에서 한 번 더 생각을 해야 합니다. 즉 **두뇌 역할을 하는 MCU는 중앙에 있고 그 주변에 팔의 역할을 하는 GPIO가 있으며 감각의 역할을 하는 센서들이 있고**… 같은 과정이 필요할 것입니다.

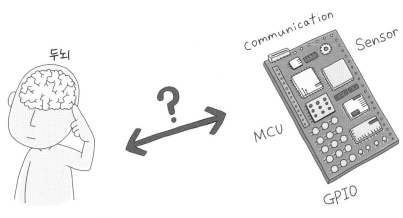

그림 1-1 사람의 두뇌와 MCU

그래서 저는 임베디드 시스템을 설명할 때 무조건 두뇌와 비교하는 것보다는 사령관 정도로 생각하는 것이 좋다고 생각합니다. 임베디드 시스템은 외부 기기를 연결하여 기능을 확장시킬 수도 있고 제품을 제어한다는 측면에서 봤을 때, 군대에서 조직을 구성하고 작전 명령을 내리는 사령관과 같다고 생각하는 것이죠.

조직 구성도

군대는 특수한 목적으로 구성된 조직이며 사령관과 같은 최고 지휘관의 명령에 따르고 있습니다. 육군의 경우 육군본부를 중심으로 각 사령부가 있으며, 예하 부대에는 부대장, 중대장, 소대장들이 지휘관으로 있습니다.

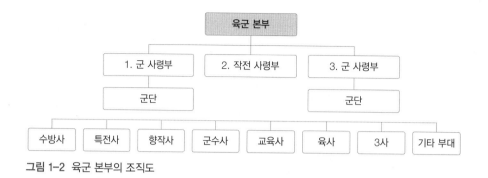

그림 1-2 육군 본부의 조직도

군대가 각 병과별로 나뉘어진 형태의 조직을 구성하는 이유는 무엇일까요? 가장 큰 목적은 각자의 전문성을 이용하여 효율을 극대화하려는 것입니다. 물론, 누구나 다른 사람의 역할을 대신할 수는 있습니다. 총을 쏘는 군인이 장갑차를 운전할 수도 있고 전산병이 총을 쏠 수도 있습니다. 그러나 주된 업무가 아니어서 전문적으로 하던 사람보다는 못하겠죠.

마찬가지로 임베디드 시스템도 좋은 효율을 위해서는 조직을 잘 구성해야 합니다. 프로세서에서 부족한 부분은 주변 부품이나 장치를 이용해서 처리해야 하고, 프로세서는 시스템을 관리하는 일에 집중할 수 있게 구성해야 하는 것이죠.

명령의 전달

조직을 구성하는 것과 관련하여 간과하지 말아야 할 것이 한 가지 있습니다. 참모와 같은 관리자가 많으면 무조건 좋으냐 하는 것이죠. 결론을 말하자면 단순히 참모가 많은 것보다 참모들의 협동, 그리고 능력에 맞는 역할 지정이 중요하기 때문에 참모가 많은 것이 꼭 좋다고 할 수는 없습니다. 오히려 그보다는 사령관의 전략을 수행하기 위해 명령 전달이 빠르고 정확한 것이 더욱 중요합니다.

사령관이 작전을 수행하려는 때는 훈련이나 그외 긴박한 상황일 수가 있는데요. 사령관은 모든 병사들을 직접 지휘하지 않습니다. 그래서 명령은 각 부대의 부대장들에게 전달되고 그 명령은 다시 각 중대장들에게 전달되며 최종적으로 병사들이 움직일 것입니다. 사령관이 직접 지휘하지 않지만 직접 지휘를 하듯이 각 부대의 장교들이 사령관의 명령을 수행해야 하는 것입니다. 이때 장교들이 사령관과 호흡이 잘 맞지 않으면 병사들에게 잘못된 명령을 내릴 수도 있습니다. 또한 부대장의 능력이나 상황에 따라 사령관의 명령이 늦게 전달되는 경우도 있겠죠.

그림 1-3 사령관의 명령 전달 체계

사령관이 직접 지휘하는 훈련은 각 부대가 단독으로 진행하는 것이 아니어서 다른 부대와의 호흡이 중요합니다. 그런데 명령의 전달이 늦거나 잘못된 명령이 전달되면, 그 훈련은 제대로 되었다고 할 수 없을 것입니다.

임베디드 시스템도 예외가 아닙니다. 프로세서와 연결될 부품들의 조합이 잘 맞아야 하는데요. 서로 처리 속도가 맞지 않다거나 다른 규격을 사용한다면, 어디선가 문제가 발생합니다. 그러다 보면 시스템의 속도는 느려지고 사용자는 불편하게 생각할 것입니다. 이런 일을 막기 위해 프로세서와 주변의 장치들의 조합을 고려하여 시스템을 설계하는 것이 중요합니다.

1.3 MCU의 구성

지금부터 본격적으로 프로세서의 한 종류인 MCU를 이야기하려 합니다. MCU의 겉모습은 검은색의 딱딱한 재질로 만들어져 있는데, MCU뿐만 아니라 대부분의 IC들이 이러한 형태를 가지고 있습니다. IC 중에서는 이번 장에서 이야기하는 MCU가 가장 복잡하고 많은 기능을 가진 IC입니다.

MCU들은 놀라운 속도로 발전되어 왔습니다. 예전에 가정에서 사용하던 16비트 컴퓨터가 현재 손톱만한 IC로 구현이 가능할 정도입니다. 이보다 고성능의 MCU는 태블릿이나 모바일 폰 등에 주로 사용되고 있습니다.

MCU는 기본적으로 **메모리, 명령어 처리 장치, 페리페럴** 그리고 이들을 연결하는 **버스** 등으로 이루어져 있습니다.

IC

MCU도 IC의 한 종류라고 했습니다. IC를 실리콘 칩 또는 그냥 칩이라고도 부르는데요. IC^{Integrated Circuit}는 **집적화된 회로**라는 뜻으로, 전자회로에 사용되는 저항, 커패시터 그리고 트랜지스터[1] 등의 부품들을 소형화하여 하나의 회로에 모아 만든 것입니다. 즉, 전자회로를 눈으로 보기 힘들 만큼 작게 만든 것이라 할 수 있습니다.

---

1 저항, 커패시터, 트랜지스터: 전자회로에 사용되는 부품으로 각각의 역할이 다릅니다.

그림 1-4 일반적인 IC의 모습

IC의 겉모습부터 살펴보면 검은색의 재질에 둘러싸여 있습니다. 이 검은색 재질은 주로 플라스틱이며 보통은 **패키지**Package라고 부릅니다. 이 패키지 내부에는 실제 IC의 모습인 **다이칩**Die Chip이 있습니다. 다이칩은 실리콘을 이용하여 만든 전자회로이며(실리콘 칩이라고 부르는 이유이기도 합니다), 작은 충격에도 손상을 입을 수가 있습니다. 그래서 플라스틱과 같은 딱딱한 재질로 보호하는 것이고, 패키지는 PCB와 같은 기판에 붙이기 쉬운 형태를 가지고 있습니다.

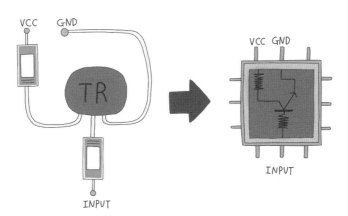

그림 1-5 전자기판과 같은 역할을 하는 IC

패키지의 정보는 데이터시트[2]를 통해서 확인할 수 있습니다. 그림 1-6은 데이터 시트에서 일부 내용을 발췌한 것인데요. VFQFPN48이라는 이름을 가진 패키지이고, 가로와 세로 사이즈 정보를 확인할 수 있습니다.

Package characteristics

In order to meet environmental requirements, ST offers these devices in different grades of ECOPACK® packages, depending on their level of environmental compliance. ECOPACK® specifications, grade definitions and product status are available at: *www.st.com*. ECOPACK® is an ST trademark.

Figure 60. VFQFPN48 7x7mm package outline

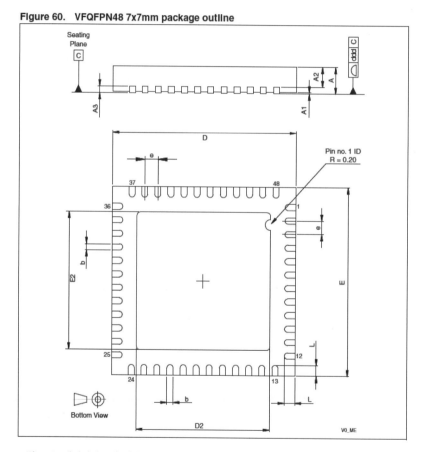

그림 1-6 데이터시트에 나와 있는 패키지 정보

---

2 IC의 기능이나 성능 및 크기에 관한 정보를 나타낸 문서

IC를 다루다 보면 만드는 회사는 다른데, 같은 패키지 이름을 사용하는 IC를 볼 수 있습니다. 이는 다이칩이 주 기능을 담당하기 때문에 각 회사가 만들고, 이를 보호하기 위한 패키지는 같은 것으로 사용했기 때문입니다. IC와 관련된 깊은 내용은 4장에서 다룰 것인데, 특징만 간략히 정리해 보았습니다.

다음은 IC의 특징을 정리한 내용입니다.

1. 부품들의 크기가 작아 같은 공간에 많은 부품을 넣을 수 있습니다.

2. 크기가 작으면 소비 전력이 적어집니다. 그 이유는 크기가 작아지면서 전기적인 특성의 간섭이 약해져 낮은 전압으로도 동작을 할 수 있기 때문입니다.

3. 소비 전력이 적어 열 발생이 적습니다. 근래의 CPU들이 높은 클럭으로 동작하면서 피치 못하게 열 발생 문제가 생겼는데, IC를 작게 만드는 기술(공정의 발달)과 멀티코어 기술로 이를 극복하고 있습니다.

4. 더 작게 만들수록 가격적인 면에서 이득을 볼 수 있습니다. '다이칩'은 실리콘 웨이퍼라고 부르는 한 장의 디스크를 가공하여 만드는데, 웨이퍼 한 장에 많은 수의 다이칩을 만들 수 있다면, 그만큼 낮은 가격에 판매를 할 수가 있습니다. 그래서 개발과 검증이 끝난 후에 칩으로 만들 때는 면적을 최소화하여 가격을 낮출 수 있도록 연구합니다.

이번에는 IC를 사용할 때의 주의할 점을 살펴보겠습니다.

1. IC는 작은 크기의 전자회로를 구성한 형태여서 전류의 세기가 제한적입니다. 크게는 몇 A(암페어)이며, 적게는 몇 mA(밀리 암페어) 정도 밖에 사용하지 못합니다. 그래서 전류를 많이 사용하는 부품은 IC의 크기도 커져야 합니다.

2. IC로 만들어진 부품은 디버깅하기가 어렵습니다. 크기가 작은 관계로 잘못된 동작을 할 때 측정 장비로 확인하기 어렵습니다. 그래서 실제로 IC로 만들기 전에 검증 단계에서 시뮬레이션 과정을 많이 거쳐야 합니다.

버스

MCU는 다양한 기능을 가진 IC라고 하였습니다. 그러한 기능들이 구현되다 보니 다른 IC에 비해 복잡한 구조를 가지고 있는데요. 내부에는 **메모리, 페리페럴**Peripheral 그리고 **명령어 처리 장치** 등이 존재합니다. 이후 자세히 다루겠지만, 우선 버스BUS 를 이해하기 위해 페리페럴과 연결되는 신호선은 어떤 것이 있는지 살펴보겠습니다.

1. 설정하려는 값을 페리페럴에 보내야 하므로 데이터(Data)를 주고 받을 수 있는 연결이 필요함

2. 각 페리페럴은 내부에 데이터를 저장할 수 있는 공간(레지스터)이 많아 각 공간들의 위치(Address)를 지정할 수 있는 연결이 필요함

3. 명령어 처리 장치가 페리페럴의 데이터를 읽어야 할지 써야 할지를 구분할 수 있는 신호(Control) 연결이 필요함

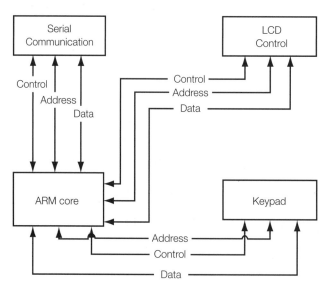

그림 1-7 페리페럴들을 제어하기 위한 선들

이와 같이 나열된 항목들에는 데이터 연결선Data과 주소 연결선Address 그리고 제어를 위한 연결선Control 등이 필요함을 알 수가 있는데요. 명령어 처리 장치와 각각의 페리페럴들이 서로 연결되야 한다면, MCU 안에 페리페럴의 개수가 많아질수록 그만큼 연결할 선들의 복잡성도 증가한다는 문제가 있습니다.

그래서 문제를 해결할 방법을 생각한 것이 바로 **버스**BUS를 이용하는 방법입니다. 버스는 명령어 처리 장치에 연결된 선들을 공용으로 사용하려는 목적으로 만들어졌습니다. 그래서 **데이터 연결선, 주소 연결선, 제어 연결선** 등이 **데이터 버스, 주소 버스, 제어용 버스** 등으로 대치될 수 있습니다.

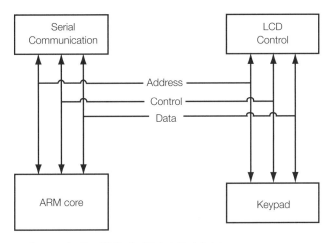

그림 1-8 버스를 이용한 페리들과의 인터페이스

그림 1-7의 연결선들을 버스 형태로 재구성하면 그림 1-8과 같은데, 데이터 버스, 어드레스 버스 그리고 제어용 버스를 사용하여 이전보다 공간도 절약되고 복잡성도 해결된 것을 볼 수가 있습니다.

버스 형태로 구성하면 조심해야 할 부분도 있습니다. 공용으로 버스선을 사용하다 보니 서로 간섭을 일으킬 수 있다는 것입니다. 예를 들어, 명령어 처리 장치는 키보드로부터 데이터를 읽어 오고 싶은데, 마우스가 키보드의 데이터와 동시에 값을 보낼 수도 있다는 것이죠. 버스를 사용하여 충돌이 날 수 있는 예를 설명했지만, MCU 내부에서는 명령어 처리 장치가 데이터를 보내는 시기를 조정하고 있어서 실제로는 이런 일이 발생하지는 않습니다. 이후 내용을 계속 학습해보면 이해가 될 것이라 생각합니다.

메모리

MCU를 공부할 때 빼놓을 수 없는 것이 메모리Memory의 이해입니다. 기본적으로 MCU는 처리해야 할 데이터와 프로그램 데이터가 모두 메모리에 담겨 있기 때문입니다. 예전에는 메모리를 ROM 또는 RAM으로 구분하여 가르치는 경우가 많았지만, 요즘은 ROM과 RAM으로 구분하기 보다는 휘발성Volatile이냐 비휘발성Non-Volatile이냐로 구분하여 학습하는 경우가 많습니다.

그림 1-9 휘발성 메모리와 비휘발성 메모리

휘발성과 비휘발성은 모두 데이터 및 프로그램을 읽고/저장하는 기능면에서는 같은 역할을 합니다. 하지만 메모리에 전원이 공급되시 않는 상황일 때 **사료(데이터 및 프로그램[3])가 지워지느냐 아니면 계속 보존할 수 있으냐?**의 차이가 있습니다.

---

3 메모리에 저장되는 자료는 모두 데이터이지만, 여기서 뜻하는 데이터는 명령어 실행에 필요한 값들을 뜻하며 프로그램은 MCU가 실행해야 할 명령어들을 뜻합니다.

그럼 자료가 지워지느냐 보존되느냐의 차이가 시스템에 어떤 영향을 주는 것일까요? 일반 모바일 폰을 예로 들어 설명하겠습니다. 새로 산 폰은 배터리가 빠져 있으므로 사용하려면 일단 배터리를 끼운 후 전원을 켜야 합니다. 이제 전원이 켜지면 MCU는 프로그램을 실행하여 화면도 띄우고 소리를 내는 등의 동작을 합니다. 이때 동작에 필요한 프로그램들은 모두 비휘발성 메모리에서 불러옵니다. 만약 이 프로그램들을 비휘발성 메모리가 아닌 휘발성 메모리에 저장했다면, 데이터가 사라진 상태라 화면을 나타내거나 소리를 내는 프로그램이 동작하지 못할 것입니다.

다음은 비휘발성 메모리와 휘발성 메모리의 특징입니다.

일단 비휘발성 메모리의 종류에는 PROM^{Programmable ROM}, EPROM^{Erasable ROM}, EEPROM^{Electrically Erasable ROM}과 Flash EEPROM(보통은 Flash Memory라고 부릅니다) 등이 있습니다.

ROM^{Read Only Memory} 메모리는 원하는 데이터를 생산 단계에서 저장하는 IC입니다. 메모리의 데이터가 읽기만 가능하기 때문에 Read Only Memory의 각 앞 글자를 따서 ROM이라고 부르는 것입니다.

PROM은 Programmable ROM의 약자로, 프로그램이 가능한 메모리를 말합니다. 프로그램은 단 한 번만 가능하기 때문에 생산할 때 메모리 내의 데이터를 모두 "0xFF"의 값을 가지도록 합니다. 이후에 사용자가 원하는 데이터를 쓰고 나면, 더 이상은 쓸 수 없고 읽기만 가능합니다.

EPROM은 Erasable PROM의 약자로, PROM에서 발전된 ROM입니다. 메모리 내용을 지우고 다시 새로운 내용을 쓰는 작업 등을 할 수 있습니다. 지우는 방법은 몇 가지가 있으나 가장 많이 사용되는 것이 자외선입니다. EPROM의 상단은 유리창 같아 내부의 칩이 보이는데, 그 창으로 자외선을 쬘 수 있습니다. 이렇게 자외선을 몇 시간 쬐고 나면 데이터가 모두 지워집니다. 그런 다음 다시 데이터를 쓸 수 있고 일반적인 메모리처럼 데이터를 처리할 수 있습니다.

EEPROM은 자외선이 아닌 전기적인 충격으로 내용을 지울 수 있는 Electrically Erasable PROM의 약자입니다. EEPROM이 개발된 후부터 자외선 같이 외부적인 처리가 아니라 내부적인 처리로 데이터를 지우고 쓸 수 있어 메모리를 사용하기가 편리해졌습니다. EEPROM에는 많은 종류가 있지만, 대표적인 EEPROM은 Flash EEPROM입니다. 이는 최근 가장 많이 사용되는 메모리이므로, 내부의 하드웨어 구성을 잠깐 살펴보겠습니다.

Flash EEPROM은 **플로팅 게이트 트랜지스터**Floating gate transistor라는 하드웨어로 구성되어 있습니다. 플로팅 게이트 트랜지스터는 디지털 회로와 아날로그 회로에서 가장 일반적인 트랜지스터인 **MOSFET 트랜지스터**와 비슷한 원리로 구동되지만, 게이트 부분이 고전압으로 동작하게 만들어진 트랜지스터입니다.

Flash EEPROM은 크게 NAND 타입과 NOR 타입이 있으며 보통은 NAND Flash, NOR Flash라고 부릅니다. 이 두 Flash 메모리의 차이점은 데이터에 접근하기 위한 주소 버스와 데이터 버스의 연결 구조에 있습니다.

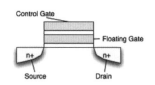

그림 1-10 플로팅 게이트 트랜지스터

NOR 타입의 Flash 메모리는 1비트를 저장할 수 있는 트랜지스터마다 주소 버스와 데이터 버스가 각자 연결되어 있는 구조입니다. 그래서 어느 위치에 있는 데이터라도 빠르게 접근이 가능합니다. 대신 이런 구조적인 이유로 주소 버스와 데이터 버스가 많이 필요하여, 메모리를 구성하는 데 있어서 많은 공간[4]을 필요로 합니다. 결국 다른 메모리에 비해서 각 비트의 데이터를 읽고/쓰기가 용이하지만,

---

4 데이터 저장 공간이 아닌 물리적으로 연결되기 위한 연결선들

같은 크기의 다른 IC에 비해 데이터를 저장할 수 있는 용량이 적다는 뜻이기도 합니다.

한편, NAND 타입의 Flash 메모리는 주소 버스와 데이터 버스가 1워드[5]마다 연결되어 있어 NOR 타입의 Flash 메모리에 비해 많은 공간을 필요로 하지 않습니다. 그래서 단위 면적당 저장할 수 있는 데이터가 NOR 타입의 Flash 메모리보다 많습니다만, 단점이 있습니다.

NAND Flash는 워드별로 사용하는 버스들 때문에 1비트씩 데이터에 접근하는 것이 쉽지 않습니다. 그래서 읽고 쓰는 작업이 NOR Flash 메모리보다 많이 걸립니다. 또한 공용으로 사용하는 버스의 구조 때문에 데이터를 지울 때 1비트씩 지울 수 없고, 1워드씩 지워야 하는 특징도 있습니다.

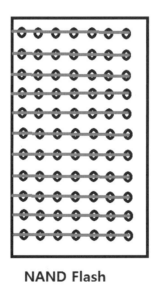

NAND Flash

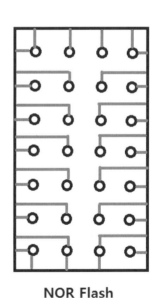

NOR Flash

그림 1-11 NAND와 NOR의 구조

그럼 이번에는 휘발성 메모리를 알아보겠습니다.

---

5 한 번에 데이터를 처리하는 단위

휘발성 메모리는 비휘발성 메모리와는 반대로 전원이 없는 상태에서는 데이터가 사라지는 특징을 가졌습니다. 대표적인 휘발성 메모리에는 SRAM, DRAM, SDRAM 등이 있습니다.

SRAMStatic Random Access Memory은 트랜지스터만으로 구성된 메모리입니다. 다수의 트랜지스터를 엮어 설계한 메모리로, 트랜지스터가 몇 개 사용되었느냐에 따라 3T SRAM, 6T SRAM 그리고 9T SRAM 등으로 불리기도 합니다. 트랜지스터만으로 구성된 메모리라 전원 공급이 항시 필요하지만, 대신 데이터의 변환이 빠르게 이루어집니다. 이 트랜지스터는 구성에 많은 부품이 필요하고, 비싸다는 단점이 있습니다.

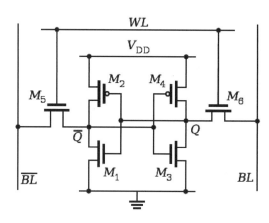

그림 1-12 SRAM의 구조

DRAMDynamic Random Access Memory은 커패시터와 트랜지스터만으로 구성되며, SRAM보다 사용되는 트랜지스터의 개수가 적어 만드는 데 필요한 공간이 적습니다. 그래서 같은 공간에 메모리를 구성하면 SRAM보다 메모리 용량이 커지며, IC 생산 가격은 SRAM보다 저렴합니다.

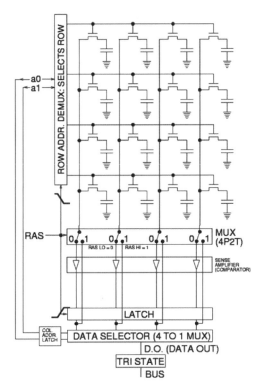

그림 1-13 DRAM의 구조

그러나 단점도 있습니다. 커패시터를 사용하면 전류가 한 번 채워진 이후에 시간이 흐름에 따라 전류가 줄어들기에, 다시 충전을 해줘야 데이터가 유지됩니다. 그래서 DRAM에는 Refresh time이라는 것이 존재하고, 여기에 Refresh를 위한 외부 단자가 추가적으로 구성되어야 합니다.

DDR 메모리로 많이 사용되는 SDRAM^Synchronous DRAM은 DRAM에서 발전된 형태의 메모리입니다. SDRAM은 동기식 메모리로, 외부에서 공급되는 클럭에 동기화되어 데이터를 읽고 쓸 수 있습니다. 대신 클럭 신호선이 따로 존재해서, 데이터 처리를 위한 지연 시간이 필요합니다. 이 지연 시간을 일반적으로 Latency라고 부릅니다.

메모리 맵

이번에는 MCU의 동작과 직접적인 관련이 있고 데이터시트에서 가장 많이 접할 수 있는 **메모리 맵**Memory Map을 알아보겠습니다.

일반적으로 책을 보면 앞쪽에 목차가 있습니다. 이 목차에 나와 있는 각 장의 제목을 바탕으로 책의 내용을 간단히 파악할 수가 있고 해당 페이지로 가면 자세한 내용을 볼 수가 있습니다. 책의 목차와 비슷하게 MCU에는 **메모리 맵**이 있는데, 메모리 맵은 하드웨어적으로 구성된 내용을 파악할 수 있도록 정보를 제공합니다. 이에 MCU를 구성하고 있는 기능들을 알아보거나, 그 기능들을 제어하기 위한 정보가 필요할 때 메모리 맵을 살펴보면 됩니다.

그림 1-14는 메모리 맵을 보여주는데, SRAM이나 Timer와 같이 메모리에 할당된 이름과 주소도 같이 확인할 수 있습니다. 이 정보로 알 수 있는 내용은 각 기능이 위치하고 있는 주소와 얼마만큼의 용량을 차지하는지 등입니다.

그림 1-14 메모리 맵

예를 들면, 내부 메모리(SRAM)는 0x00000000[6]에서부터 시작하고 용량은 15MByte(0x00FFFFFF)라는 것과 **타이머**Timer의 기능이 내부에 있고 그 타이머는

---

6 메모리에 사용되는 주소와 데이터를 나타낼 때는 16진수를 사용합니다.

0x03000000에 위치한다는 것을 알 수 있습니다.

메모리 맵의 종류에는 하드웨어적인 구성을 위한 정보뿐만 아니라 소프트웨어적으로 필요한 메모리 맵도 있습니다. 이는 대부분 내부 메모리SRAM를 사용 목적에 따라 나누어 놓고 설계하는 것인데요.

소프트웨어적인 메모리 맵은 이후에 공부할 **스택 메모리**Stack Memory나 **힙 메모리**Heap Memory를 위한 공간 할당에 사용할 수 있고, 일부 데이터를 위한 공간 그리고 OS가 저장될 공간 등으로 사용될 수 있습니다.

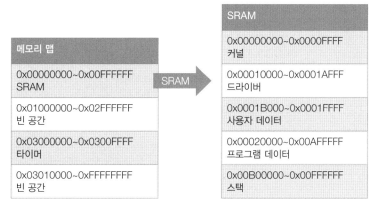

그림 1-15 소프트웨어적으로 구분된 메모리 맵

레지스터

레지스터Register는 MCU에서 사용되는 메모리 중에서 가장 빠른 메모리입니다. 일반 메모리처럼 연산 결과를 저장하거나 데이터를 읽어 들일 때 사용하지만, 구성하는 데 필요한 비용이 커서 페리페럴이나 명령어 처리 장치에서만 사용되고 있습니다. MCU 내부에서 명령어 처리에 사용되는 대표적인 레지스터로는 PCProgram Counter, SPStack Pointer, IRInstruction Register, DRData Register, ARAddress Register, **범용 레지스터**General Purpose Register 등이 있습니다.

표 1-1은 대표적인 레지스터들에 관한 설명인데, 당장 이해하기에는 부족함이 있을 수 있습니다. 이는 이후 설명할 레지스터들의 동작과 함께 살펴보면 이해하기 더 쉬울 것입니다.

표 1-1 32비트 프로세서 코어가 필요로 하는 레지스터들

레지스터 명	설명	예제
PC(Program Counter)	현재 실행해야 할 명령어의 위치를 기억함. 명령어가 한 번 실행되고 나면 자동으로 다음 명령어를 가리키고 있음	PC ⟨- PC+4(32비트 MCU는 PC의 값이 4바이트씩 증가함)
SP(Stack Pointer)	스택 메모리의 위치를 기억하고 있음	SP ⟨- SP-4(스택 포인터가 사용되면 메모리 주소를 감소시킴)
DR(Data Register)	데이터를 임시로 기억하는 용도로 사용됨	
AR(Address Register)	메모리의 주소를 임시로 기억하는 용도로 사용됨	
범용 레지스터	다목적으로 사용 가능한 레지스터로, 흔히 R0, R1, R2, R3... 등의 이름을 가짐	R0 ⟨- 0x01 R1 ⟨- 0x02 R2 ⟨- R0+R1

PC

프로세서 코어는 명령어를 실행하기 위하여 메모리로부터 명령어를 읽어 옵니다. 이때 메모리에서 가져와야 할 명령어가 있는 위치Address를 가리키는 레지스터가 PCProgram Counter입니다.

예를 들어 MCU가 전원이 인가되고 동작을 시작한다고 할 때 명령어 처리 장치가 프로그램을 읽어 와서 해석하고 실행시켜야 합니다. 프로그램은 메모리에 들어 있으므로 어느 위치Address의 프로그램을 실행해야 하는지 알고 있어야 하는데, 이때 PC 레지스터가 사용됩니다.

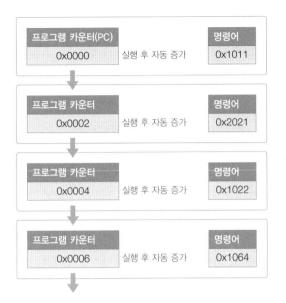

메모리(SRAM)

주소	데이터
0x0000	0x1011
0x0002	0x2021
0x0004	0x1022
0x0006	0x1064
0x0008	0x0329
0x000A	0x02A3
...	...

그림 1-16 16비트 프로세서의 PC 예제

그림 1-16를 보면 PC의 초기값이 0x0000으로 시작합니다. 그래서 PC값이 가리키는 위치의 메모리(SRAM)에서 데이터를 읽어 오는데, 그곳에는 0x1011이 들어 있습니다. 명령어 처리 장치는 0x1011의 값을 분석하여 명령어를 처리하며 PC 값은 자동으로 증가되어 0x0002[7]가 됩니다. PC값은 메모리로부터 데이터를 가져올 때마다 자동으로 계속 증가됩니다.

참고로 PC도 메모리이기 때문에 임의적으로 데이터 변경이 가능합니다. 그래서 메모리 데이터에 문제가 생겨 PC값이 잘못된 위치를 가리킨다면, MCU는 잘못된 동작을 하여 시스템이 멈추는 경우도 발생합니다.

---

7 메모리의 주소를 나타낼 때는 '헥사 코드(Hexa Code)' 값이며, 16비트 프로세서에서는 2바이트씩 증가합니다.

SP

하나의 프로그램은 데이터들을 처리하기 위해 많은 함수가 연결된 구조입니다. 함수 내에서 또 다른 함수를 부르기도 하며 지역변수를 사용하여 일시적인 데이터 공간을 마련하기도 하죠. 이러한 지역변수와 관련하여 고려해야 할 사항이 있습니다. 현재의 **함수 A**에서 데이터를 처리하기 위하여 범용 레지스터를 사용하고 있다면 **함수 A**가 다른 **함수 B**를 불렀을 때 범용 레지스터의 데이터들이 보존될 수 있느냐 하는 것이죠. 왜냐하면 범용 레지스터의 개수는 한정적이기 때문입니다.

데이터를 보존해야 할 필요성이 생기면 범용 레지스터에 저장되어 있는 기존 데이터들을 다른 메모리 공간으로 옮겨서 저장해야 합니다. 여기서 사용되는 메모리 공간을 **스택 메모리**Stack Memory라고 부르며 스택 메모리의 위치 정보를 **스택 포인터**Stack Pointer라고 합니다.

예를 들어 설명하면 이해가 쉬울 것 같은데요. 그림 1-17에는 LoadFunc 함수와 main 함수가 있습니다. LoadFunc 함수 내에는 데이터를 처리하는 명령어가 있고, main 함수에서는 LoadFunc 함수를 호출하게 되어 있습니다.

main 함수에서는 2개의 변수를 사용하고 LoadFunc 함수에서는 8개의 변수를 필요로 합니다. 일단 MCU는 범용 레지스터를 R0에서 R7까지 총 8개가 있다고 가정합니다. 먼저, main 함수가 실행되면 범용 레지스터 중 2개(R0~R1)를 변수용으로 사용할 것입니다. 그리고 LoadFunc 함수를 호출하면 LoadFunc 함수도 변수를 위해 8개의 레지스터를 필요로 할 것입니다. 그런데 main 함수가 이미 2개의 범용 레지스터를 사용하고 있으므로 남은 건 6개(R2~R7) 뿐입니다. 그래서 2개가 모자란 상황이 되는 것이죠. 이때 main 함수가 사용 중이던 2개의 레지스터 값을 임시로 다른 곳에 저장해 둔다면 LoadFunc이 8개(R0~R7)를 모두 사용할 수가 있을 것입니다. 이때 사용되는 임시저장소가 **스택 메모리**이며, 그 위치를 가리키는 값이 **스택 포인터**입니다.

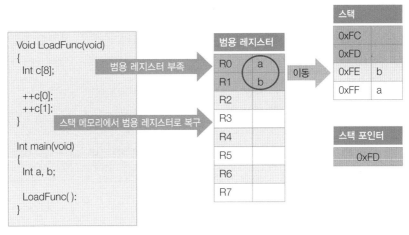

그림 1-17 스택 포인터의 할당과 소멸

DR, IR

프로그램에는 MCU를 제어할 명령어들과 데이터가 함께 들어 있는데, 모두 메모리에 저장되어 있습니다. 명령어 처리기가 메모리로부터 읽어 들여 명령어와 데이터를 처리하려면 임시적으로 명령어를 보관할 공간과 데이터를 분리하여 보관할 공간이 필요한데요.

그림 1-18 명령어와 데이터를 구분해서 저장하는 명령어 처리기

이때 명령어를 위한 임시 공간 즉, 레지스터가 IR^{Instruction Register}이고, 데이터를 위한 레지스터가 DR^{Data Register}입니다. IR와 DR는 MCU의 동작을 설명할 때 자세히 다룰 것입니다.

범용 레지스터

프로그램 중에는 데이터를 옮기기만 하거나 데이터를 읽기만 하는 등 단순한 일도 있고 복잡한 과정을 거치는 프로그램도 있습니다. 단순한 프로그램의 경우에는 하나의 DR만 있으면 되지만, 복잡한 프로그램의 경우 하나 이상의 DR을 요구합니다.

MCU는 이러한 목적으로 사용될 수 있게 만든 저장 공간이 있는데, 이 레지스터의 이름이 범용 레지스터입니다. 범용 레지스터는 말 그대로 범용으로 사용할 목적으로 만들었으므로 계산에만 사용되지 않고 때로는 스택 메모리의 스택 포인터로 사용하거나 디버깅 목적으로 사용하기도 합니다.

범용 레지스터와 관련한 예로 덧셈 과정을 알아보겠습니다.

1. 덧셈 명령어는 어떤 값이 될지는 모르지만, 첫 번째 값과 두 번째 값이 필요하고 명령어의 실행으로 결과를 얻습니다.
2. 첫 번째 값은 범용 레지스터 중에 1번 레지스터에 저장합니다.
3. 두 번째 값은 범용 레지스터 중에 2번 레지스터에 저장합니다.
4. 명령어를 실행한 후에 얻는 결과값은 3번 레지스터에 저장합니다.

1번 레지스터(R0)	명령어 레지스터(IR)	2번 레지스터(R1)	3번 레지스터(R2)
A	+	B	C

위의 예에서 살펴 보았듯이 명령어를 처리하기 위해서는 다수의 레지스터들을 필요로 합니다. 이때 사용되는 것이 범용 레지스터인데요. 범용 레지스터는 무조건

많다고 명령어 처리에 이득을 주는 것은 아니라서 보통은 8~16개 정도가 사용됩니다. 예를 들어 8개의 범용 레지스터가 있으면 8개의 임시 저장 공간을 이용하여 데이터를 처리할 수가 있으므로 복잡한 계산도 빠르게 처리할 수가 있습니다.

페리페럴용 레지스터

페리페럴들도 레지스터를 사용합니다. 데이터를 임시로 저장하기 위한 FIFO^{First In First Out} 형태의 데이터 레지스터들과 페리페럴을 제어하기 위해 사용하는 **설정용 레지스터**^{Configuration Register} 그리고 상태를 나타내는 **상태 레지스터**^{Status Register} 등이 대표적입니다.

표 1-2 레지스터와 특징

레지스터 이름	설명
Configuration Register	페리페럴의 세팅을 위한 레지스터
Data Registers(Buffer Register)	페리페럴에서 사용할 데이터 입출력용 버퍼
Status Register	페리페럴의 상태를 나타내는 용도로 사용됨

페리페럴들도 프로세서 코어와 마찬가지로 계산과 제어를 합니다. 이들은 직접적으로 메모리에서 데이터를 읽어 와서 처리하는 형태보다는 명령어 처리기와 연결되어 데이터 버스로 데이터를 주고 받고, 제어 버스를 통하여 제어를 합니다.

MMU(Memory Management Unit)

최근에 만들어지는 MCU들은 성능이 좋고 큰 용량의 메모리를 가지고 있는 경우가 많습니다. 이에 MCU를 제어하는 데 필요한 소프트웨어 또한 거대해졌는데, 대표적인 소프트웨어가 바로 OS^{Operating System}입니다.

OS는 시스템을 안정적으로 동작시키는 것을 목적으로 하고 있으며, 이를 위해 메모리 영역을 특별하게 관리합니다. 일반 프로그램이 동작하기 위해서는 메모리가 필수적으로 사용되어야 하는데, OS가 일반 프로그램이 사용하는 메모리 영역과 OS 자신이 사용할 메모리 영역으로 나누어 놓은 것이죠.

MMU는 메모리를 관리하기 위해 사용되는 기능입니다. 이를 설명하기 위해서는 메모리 관리의 필요성에 관한 이해가 필요한데요. 이를 위해 OS를 사용하지 않는 시스템과 OS를 사용하는 시스템에서 계산기 프로그램을 사용한다고 가정할 때 어떤 일이 생길 수 있는지 알아보겠습니다.

먼저, OS를 사용하지 않는 시스템에서 계산기 프로그램을 사용한다고 할 때, 프로그램이 실행되기 위해서는 일정 공간의 메모리를 필요로 합니다. 즉 입력값을 저장할 수 있는 저장 공간과 계산을 위해 임시적으로 사용할 저장 공간이 필요합니다. 또 계산기의 모양을 화면에 나타낼 때 사용하는 그림을 위한 저장 공간이 필요합니다.

계산기 프로그램은 관리를 받지 않는 상태에서 실행되는 것이라면 필요한 메모리 공간을 임의적으로 정하여 실행됩니다. 이런 계산기가 하나만 동작할 때는 이상이 발생하지 않을 것입니다. 그런데 계산기 프로그램이 동시에 2개 또는 그 이상 사용된다면 어떤 일이 벌어질까요?

예를 들어, 첫 번째 계산기 프로그램이 계산을 위해 1번 메모리에 데이터를 저장했다고 하겠습니다. 그런데 두 번째 계산기 프로그램이 그 자리에 있는 데이터를 바꾸어 버린다면, 먼저 그 자리를 사용 중이던 첫 번째 계산기는 엉뚱한 결과 값을 만들 것입니다.

이 상황의 해결책은 두 번째 계산기 프로그램이 1번이 아니라 4번 메모리와 같이 다른 메모리 위치를 사용하도록 지정하는 것입니다. 그에 맞게 새로운 계산기Ⅱ를 만들어 실행한다면, 각 프로그램이 다른 메모리를 사용하므로 문제가 해결된 것으로 보일 것입니다.

그런데 문제는 계산기 프로그램을 다시 추가로 사용해야 한다면, 세 번째로 실행된 계산기에서도 마찬가지로 메모리 문제가 발생한다는 것입니다. 그래서 이런 식으로 프로그램을 고치다 보면 끝이 없을 것입니다.

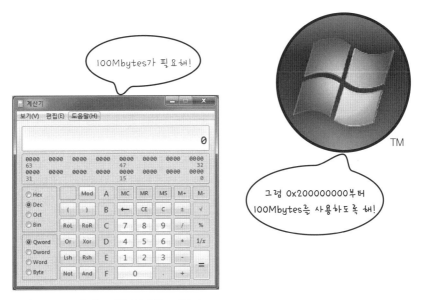

그림 1-19 OS에 메모리를 요구하는 계산기

반면, OS를 사용하는 시스템 환경에서는 계산기 프로그램은 어떻게 실행될까요? 사용자가 계산기 프로그램을 실행하면 계산기 프로그램은 스스로 사용할 메모리 공간을 선택하지 못하고 OS에게 필요로 하는 메모리 공간을 요청해야 합니다. 그 이유는 앞서 설명한 것처럼 OS가 시스템의 안정을 위해 메모리를 관리하고 있어 마음대로 메모리를 사용할 수 없기 때문입니다.

OS는 계산기 프로그램에게 사용할 수 있는 메모리 영역을 알려주고, 계산기 프로그램은 그 메모리 영역 안에서 동작합니다. 이를 통해 여러 개의 계산기 프로그램이 동작되어도 OS가 각 계산기에게 할당한 메모리의 위치가 달라 각 계산기가 서로 영향을 주지 않고 동작할 수 있습니다. 또한 계산기 프로그램은 메모리 관리를 스스로 하지 않으므로 내부 구조가 간단해지고 시스템도 안정적으로 동작하는 것이죠.

한편, 앞서 OS가 발전함에 따라 하드웨어도 발전을 했다고 언급했는데, OS와 함께 발전된 하드웨어가 바로 MMU^{Memory Management Unit}입니다.

MMU는 메모리를 관리하기 위한 하드웨어이며 IC 안에 포함되어 있는 기능 중한 가지입니다. MMU의 주기능은 **가상 메모리**^{Virtual Memory}와 **실제 메모리**^{Physical Memory}간의 변환 그리고 **메모리 보호**^{Memory Protection Unit} 등입니다.

가상 메모리는 말 그대로 가상으로 만들어진 메모리를 뜻하는데, 실제 메모리보다 큰 공간이 있는 것처럼 사용할 수 있습니다.

반면 **실제 메모리**는 실제의 하드웨어에 연결된 물리적인 메모리로, 메모리 주소는 실제의 하드웨어 메모리 주소와 동일합니다.

그럼 **가상 메모리**와 **실제 메모리**를 구분하여 사용되는 이유는 무엇일까요? 이는 소프트웨어와 밀접한 관련이 있습니다. 일단 OS를 만드는 소프트웨어 회사의 입장에서 살펴보면, OS를 설계할 때 사용될 시스템에 맞도록 설계해야 합니다. 즉 시스템이 사용하는 MCU에 맞는 프로그램을 제작하고, 시스템이 가지고 있는 메모리 공간에 맞는 관리 프로그램을 만드는 것입니다.

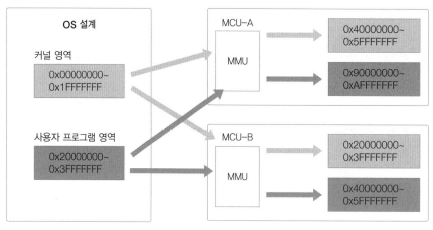

그림 1-20 MMU를 이용한 OS 설계

그럼 OS 설계를 예로 들어보겠습니다. 어떤 시스템이 하드웨어적인 메모리를 0x00000000~0x3FFFFFFF만큼 가지고 있다고 할 때 주어진 메모리 공간 내에서 설계를 해야 합니다. 설계 시 0x00000000~0x1FFFFFFF은 커널에서 사용하는 영역으로 정하고 0x20000000~0x3FFFFFFF은 사용자 프로그램 영역으로 정할 수가 있는 것이죠.

이렇게 설계된 OS 제작을 완료하였습니다. 그런데 하드웨어가 변경되어 메모리 공간이 커졌다면 어떻게 해야 할까요? 그리고 메모리의 위치가 0x00000000~0x3FFFFFFF이 아니라 0x10000000~8FFFFFFF으로 변경된다면 어떻게 해야 할까요? 이 경우 OS는 그에 맞게 새로 설계되어야 하는데, 개발자 입장에서는 무척 곤란한 일입니다. 그래서 이런 문제는 가상 메모리를 사용하여 해결하곤 합니다.

OS는 메모리 관련 설계를 진행할 때 가상 메모리에 설계할 수가 있습니다. 이 경우 하드웨어가 변경되어도 OS의 설계에는 영향을 주지 않습니다. 대신 실제 메모리의 위치를 알고 있는 것이 아니기에 가상 메모리와 실제 메모리 간의 변환 작업을 필요로 합니다. 우리가 좀 전에 살펴본 MMU가 바로 가상 메모리를 실제 메모리로 변환하는 작업에 사용됩니다.

MMU는 하드웨어적으로 변환 작업을 지원하기 때문에 OS는 소프트웨어적으로 진행되던 작업을 MMU에게 위임하고 그동안 다른 작업을 할 수 있으므로 그만큼 성능이 개선됩니다.

또한, MMU는 **메모리 보호** 기능도 있습니다. 메모리 보호는 OS가 사용하는 메모리 영역과 사용자가 사용하는 메모리를 구분하도록 해줍니다. 그래서 사용자 프로그램이 잘못된 실행으로 인해 메모리 영역을 벗어났을 때 OS의 메모리 영역을 침범하지 못하게 제어를 합니다.

예를 들어, OS는 메모리를 0x00000000~0x1FFFFFFF만큼 사용하고 사용자 프로그램은 0x20000000~0x3FFFFFFF만큼 사용할 수 있게 설정되어 있다고 할 때 사용자 프로그램이 실행되면서 프로그램의 실수로 0x00000000~0x00001000만큼에다가 모두 '0'이라는 데이터를 써버리면 어떤 일이 일어날까요?

OS는 0x00000000~0x1FFFFFFF에서 동작 중이었기 때문에 잘못된 데이터를 참조하여 프로그램이 제대로 동작하지 않을 것입니다. 이 문제를 막기 위하여 MMU에서 OS가 사용할 영역과 사용자 프로그램이 사용할 영역을 나누고, 사용자 프로그램이 OS 영역을 침범하면 중지를 시켜 놓은 채 OS에게 보고하는 것입니다. 그러면 OS는 현재의 프로그램을 종료시키거나 동작하지 못하게 한 후 에러를 띄워주는 등의 방법을 통해 사용자에게 알려줍니다.

이러한 영역 침범 에러는 Microsoft의 Windows 시스템에서 많이 볼 수 있었는데요. 바로 BSOD^{Blue Screen of Death}라는 이름으로 잘 알려져 있는 블루스크린 에러입니다. 블루스크린에 에러를 표시하고, OS가 멈춘다고 해서 Blue Screen of Death라고 합니다. 요즘은 OS에서 이러한 에러 처리 방법이 많이 개선되어 커널^{Kernel}과 통신하는 드라이버 문제가 아니고서는 블루스크린을 발생시키지 않고, 왠만한 에러는 디버그 에러 메시지를 표시한 후 해당 프로그램을 안전하게 종료시킵니다.

캐시 메모리

명령어 처리 장치는 기술적인 발전으로 인해 속도가 빨라지고 한 번에 명령어를 처리할 수 있는 능력이 커졌습니다. 그런데 SRAM 및 DRAM과 같은 메모리는 기술적인 한계로 인해 용량이 커지는 기술은 발전되었지만, 속도는 명령어 처리 장치만큼 키우지 못하고 있는데요. 그러다 보니 서로 간에 속도 차이가 생겼습니다. 이를 극복하기 위하여 CPU와 메모리 사이에 존재하는 무언가가 있는데, 이를 **중계자**라고 하겠습니다.

기본적인 중계자의 능력은 명령어 처리 장치와 데이터를 주고 받을 수 있다는 것입니다. 일단 중계자가 가진 속도가 명령어 처리 장치와 같다면 속도로 인한 둘

간의 성능 저하는 발생하지 않습니다. 그런데 중계자는 반대편의 메모리(SRAM)와도 연결되어야 하는데, 메모리는 중계자보다 속도가 느린 편이므로 명령어 처리 장치와 마찬가지로 속도의 차이가 발생합니다. 그래서 중계자는 명령어 처리 장치가 어떤 작업을 하는 동안 미리 메모리에서 데이터를 읽어 오는 능력이 있습니다. 이 능력 덕분에 명령어 처리 장치가 데이터를 필요로 할 때 중계자가 가지고 있는 데이터를 사용하여 높은 속도를 유지할 수 있는 것입니다.

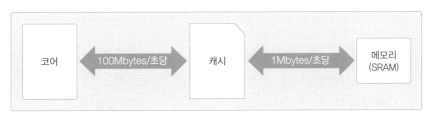

그림 1-21 캐시의 위치와 역할

지금까지 설명한 중계자는 **캐시 컨트롤러**Cache Controller라고 합니다. 캐시 컨트롤러는 **캐시 메모리**Cache memory라고 부르는 메모리를 별도의 공간에 가지고 있습니다. 캐시 메모리는 읽기/쓰기 속도가 아주 빠른 메모리입니다. 가격이 비싸기 때문에 대체로 MCU 안에 캐시 메모리 크기를 작게 만들곤 합니다.

캐시 메모리는 명령어 처리 장치와 데이터를 주고 받지만 사이즈에 한계가 있어서 모든 데이터가 캐시 메모리에 있을 수 없습니다. 그래서 명령어를 실행하거나 데이터를 사용할 때 캐시 메모리에 데이터가 있으면(Hit라고 합니다) 캐시 메모리에서 데이터를 가져오고, 캐시 메모리에 데이터가 없으면(Miss라고 합니다) 사용하려는 데이터를 포함한 일부를 메모리(SRAM)로부터 캐시 메모리로 복사하는 과정을 거칩니다. 이런 과정 때문에 Hit가 많이 발생할수록 MCU가 빠르게 동작할 수가 있고, Miss가 많이 발생하면 메모리(SRAM)에서 데이터를 읽어 들여야 하므로 성능 저하가 발생할 수 있습니다.

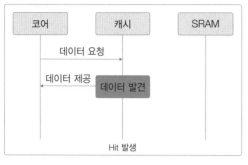

그림 1-22 Hit와 Miss의 발생

Miss가 발생하였을 경우 메모리(SRAM)로부터 캐시 메모리로 데이터를 복사해 와야 하는 현상 때문에 단점도 존재합니다. MCU 입장에서는 캐시 메모리에 필요 로 하는 데이터가 언제, 어떤 데이터가 필요한지 알 수가 없습니다. 어떤 때는 데 이터가 캐시 메모리에 있어 처리가 빠르고, 어떤 때는 캐시 메모리에 데이터가 없 어 처리가 늦어질 수가 있다는 것입니다. 이로 인해 생길 수 있는 문제는 데이터 를 가져올 때 필요한 시간을 계산할 수가 없는 것입니다. 예를 들어 MCU가 직접 적으로 외부 메모리에서 데이터를 읽어 온다면 항상 같은 시간 내에 처리가 가능 합니다. 즉, 클럭이 16번 움직일 때 데이터를 한 번 가져올 수 있다는 것을 알고 개발자는 계산을 통하여 데이터를 처리할 수 있을 것입니다. 그런데 캐시 메모리 를 이용할 때에는 Hit가 발생할 수도 있고 Miss가 발생할 수도 있기 때문에 어떤 때는 16클럭 만에 데이터를 가져오고, 어떤 때는 32클럭 만에 데이터를 가져올 수 도 있는 것이죠. 이런 문제를 개선하기 위해 MCU 중에는 캐시 메모리로 사용 가 능한 영역과 캐시 메모리로 사용하지 못하는 영역으로 나누는 것도 있습니다.

실제로 MCU를 사용하다 보면 Miss가 그렇게 많이 발생하지 않습니다. 그 이유는 **데이터와 명령어들은 대부분 일부 지역 내에서 실행된다**는 특성과 **가장 최근에 참조한 메모리 영역을 다시 참조한다**는 특성 때문입니다. 예를 들어, C 언어에서 while문의 경우 특 정한 조건이 되기 전까지 일부 명령어들이 계속적으로 실행되는 것과 같습니다.

즉, 대부분의 명령어와 데이터는 일부 공간에 모여있으므로 그 공간 안의 데이터들을 캐시 메모리에서 가지고 있다면 대부분 Hit가 발생하는 것이죠. 그리고 Miss가 발생하였을 때 캐시 메모리로 복사하는 과정은 하드웨어적으로 이루어지기에 소프트웨어적인 부담을 크게 덜어줍니다.

페리페럴

MCU는 **마이크로 컨트롤러**라고 부르는데, 이는 다양한 목적으로 사용할 수 있도록 여러 기능을 하나의 IC에 보유한 작은 컨트롤러이기 때문입니다. 예를 들어 MCU의 내부 또는 외부 기기와 통신하는 기능이나, LCD 모니터 같은 디스플레이를 제어하는 기능 등이 있는데요. 이런 기능들은 별도의 처리 능력을 가지도록 구성된 하드웨어이며 **페리페럴**Peripheral 또는 **페리**Peri라고 부릅니다.

MCU에서 가장 많이 사용하는 것에는 통신용 페리페럴이 있습니다. 통신용 페리페럴에는 UART, USB, Ethernet, SPI, I2C 그리고 CAN 등이 있는데, 가장 간단하면서도 많이 사용하는 UART를 통하여 페리페럴과 MCU의 관계를 알아보겠습니다.

UARTUniversal Asynchronous Receive Transmitter는 송신용TX 신호선, 수신용RX 신호선으로 이루어져 있으며 비동기 통신을 합니다. 비동기 통신은 데이터를 받는 쪽과 보내는 쪽이 서로 동작 클럭에 상관없이 통신이 가능한 것을 말합니다. 대신에 비동기 통신은 보내는 쪽과 받는 쪽에서 정해진 대로 동작을 해야만 통신이 가능합니다. 그래서 보내는 쪽과 받는 쪽의 데이터 길이와 속도를 맞추기 위하여 표준을 제정하였고, RS-232라는 것이 만들어졌습니다. 송신하는 쪽에서 RS-232 방식을 이용한다면, 수신하는 쪽에서도 RS-232 방식을 이용해야 통신이 이루어집니다.

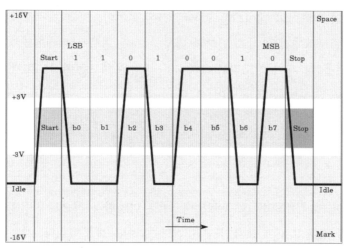

그림 1-23 RS-232 표준을 따르는 데이터 프레임

그림 1-23은 RS-232 표준을 대략적으로 나타낸 그림입니다. 이 그림을 보면 시작을 알리는 Start와 8비트 데이터 그리고 Stop으로 구성되어 있습니다. RS-232와 같은 비동기 통신을 지원하는 페리페럴이 MCU에 있다고 하면 이러한 표준으로 구동되는 하드웨어가 들어 있다는 것이죠. 그래서 개발자가 프로그램을 통해서 페리페럴을 제어하면 RS-232에 맞는 통신을 할 수가 있다는 것입니다.

이러한 페리페럴들의 정보는 데이터시트에서 얻을 수 있습니다. 예를 들어 Atmega128의 USART라는 비동기 통신용 페리페럴을 사용한다고 할 때 데이터시트를 살펴보면 다음과 같은 설명이 나와 있습니다.

Atmega128의 데이터시트의 USART 설명

The USART has to be initialized before any communication can take place. The initialization process normally consists of setting the baud rate, setting frame format and enabling the

Transmitter or the Receiver depending on the usage. For interrupt driven USART operation, the global interrupt flag should be cleared (and interrupts globally disabled) when doing the initialization.

Before doing a re-initialization with changed baud rate or frame format, be sure that there are no ongoing transmissions during the period the registers are changed. The TXC flag can be used to check that the Transmitter has completed all transfers, and the RXC flag can be used to check that there are no unread data in the receive buffer. Note that the TXC flag must be cleared before each transmission (before UDR is written) if it is used for this purpose.

...

데이터시트는 MCU를 개발한 회사가 작성하는데, MCU에 관한 정보가 부족하거나 사용법에 관한 내용이 잘못되어 있다면 판매되지 않기 때문에 신경 써서 만들 수밖에 없습니다. 이런 이유로 MCU의 모든 정보는 데이터시트에 있기 때문에 자세히 살펴야만 합니다. 혹시 데이터시트에 오류가 있다면, 여러분이 직접 MCU를 만든 회사에 연락해서 설명을 들을 수도 있습니다.

명령어 처리 장치

MCU와 CPU의 차이는 무엇일까요? MCU가 CPU인 걸까요? 아니면 MCU와 CPU는 별개의 프로세서일까요? 그리고 DSP와 MPU는 또 무엇일까요?

결론부터 말하자면, MCU, CPU, MPU, DSP는 모두 그냥 프로세서입니다. 단지 프로그램을 처리하는 처리 장치(코어)가 다르거나 처리 장치에 연결된 페리페럴들이 목적에 맞게 재설계되어 사용되는 것이며, 그 목적에 따라 구분 지어진 이름입니다.

예를 들어 MPU Multi Processor Unit나 DSP Digital Signal Processor는 많은 데이터 처리를 위해 특수하게 설계된 프로세서입니다. 연산이나 빠른 데이터 처리를 위해서 곱셈기나 빠른 메모리를 사용하고 명령어를 처리하는 처리기를 여러 개 사용하기도 하는 프로세서입니다.

MCU^{Micro Controller Unit}는 제어를 목적으로 많이 사용되는 프로세서입니다. 다양한 목적으로 사용될 수 있도록 통신 기능을 지원하고 외부 제어용 핀들이 있으며, 무엇보다 가격이 DSP나 MPU보다 저렴합니다.

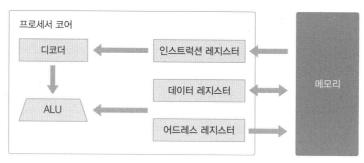

그림 1-24 프로세서 코어 내의 처리기들

명령어 처리 장치는 프로세서 코어라고도 불리는데, 내부 구성으로는 임시적으로 사용할 수 있는 범용 레지스터들과 상태를 나타내는 레지스터, 명령어를 해석할 해석기 그리고 계산 등의 일을 할 수 있는 연산기 등이 있습니다.

프로세서 코어에는 많은 종류가 있는데 x86, PowerPC, ARM 시리즈와 같이 많이 들어 본 이름도 있고, 잘 사용하지 않지만 특수한 목적으로 설계된 코어들도 많이 있습니다. 그중에서도 ARM 시리즈가 요즘은 가장 핫한 아이템이라고 할 수 있겠네요.

ARM 시리즈는 ARM사에서 설계를 하여 공급되고 있는 코어입니다. ARM은 실제로 MCU를 생산하지는 않고 MCU의 성능을 올리기 위한 코어를 전문적으로 개발하는 회사입니다. 그래서 MCU를 개발하는 회사에서는 ARM사로부터 프로세서 코어를 구입하고 다른 기능들과 합쳐서 MCU를 만들어 내는 것이죠. 최근의 모바일 기기 대부분이 ARM을 쓰고 있죠? 이는 그만큼 잘 만들고 검증이 되었다는 것으로 생각해도 될 것입니다.

현재는 ARM 코어도 발전을 거듭하면서 여러 가지 모델이 나와 있습니다. 큰 항목으로 분류하면 ARM7, ARM9, ARM11, Cortex 등이 있으며 여기에서도

ARM9TDMI, ARM926EJS, Cortex-A, Cortex-M시리즈 등과 같이 상세히 나눠집니다.

이렇게 많은 종류의 코어가 있다는 말은 각자의 기능과 목적이 다르다는 것과 같습니다. 그러므로 MCU를 선정할 때는 각 코어의 특징을 잘 살펴보고 프로젝트에 맞는 MCU를 선택해야 합니다.

1.4 구조를 알았으니 동작을 알아보자!

지금까지 MCU의 구성을 학습했습니다. 이번에는 이들이 서로 연결된 구조와 동작되는 과정을 알아 보려하는데요. 이번 절의 이해를 위해서 짧은 이야기를 한 가지 해보겠습니다.

식탁 위에 사과가 한 개 있습니다. 그리고 냉장고에도 사과가 한 개 있습니다. 엄마가 갓 산수를 배우기 시작한 딸에게 식탁 위에 사과 1개와 냉장고의 사과 1개를 더하면 몇 개냐고 물어봅니다. 딸은 식탁 위의 사과를 한 손으로 집어 들고, 냉장고 안에 있는 사과를 다른 한 손으로 집어 든 상태에서 방바닥에 모두 내려놓습니다. 이후 엄마한테 사과가 2개라고 말을 합니다. 엄마는 아이에게 계산을 잘 했다고 칭찬을 할 것입니다.

너무 쉬운 예이긴 하지만, 이 행동은 MCU의 동작과 비교해볼 수가 있는데요. MCU가 프로그램을 읽어 들였다고 하겠습니다. 프로그램에는 **1번 레지스터에 있는 데이터와 2번 레지스터에 있는 데이터를 더하여 3번 레지스터에다가 저장하라**라는 명령어(엄마의 요구)가 있습니다. 그래서 1번 레지스터에 있는 데이터(식탁 위의 사과) '1'과 2번 레지스터에 있는 데이터(냉장고 안의 사과) '1'을 더하여 (양손에 쥐고) 3번 레지스터(방바닥)에 저장('2')합니다.

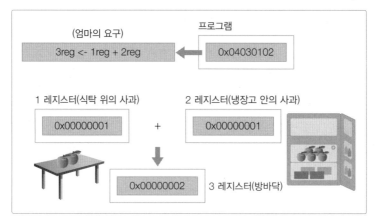

그림 1-25 사과를 계산하는 아이와 산수를 하는 MCU의 비교 그림

앞선 이야기를 시스템의 동작 과정으로 확장하여 시스템에 전원이 공급되는 단계부터 살펴보겠습니다. 전원이 공급되면 MCU는 리셋과 함께 구동을 시작할 것입니다. MCU가 구동된다는 말은 프로그램을 순차적으로 실행해 나간다는 뜻이기도 합니다. 이때 명령어 처리기는 프로그램 코드를 실행하기 위해서 메모리로부터 코드를 읽어옵니다. 그 코드에는 실행해야 할 명령어가 포함되어 있어 그 명령어에 따라 MCU가 통신을 하거나 외부에 연결된 장치를 초기화하는 등의 일을 합니다. 그렇게 메모리에 있는 명령어들을 순차적으로 실행하는 것이죠.

이 같은 시스템의 동작 과정에서 MCU가 명령어를 실행하는 과정만 따지면, 총 4단계의 과정으로 이루어진 것을 알 수 있습니다.

메모리로부터 **명령어를 가져오기**Fetch, **명령어 해석하기**Decode, **명령어 실행하기**Execute, **데이터 쓰기**Write Back입니다. 이들은 MCU가 발전하면서 좀 더 세분화되기도 하였지만, 기본적으로 MCU의 가장 기본이 되는 동작들입니다.

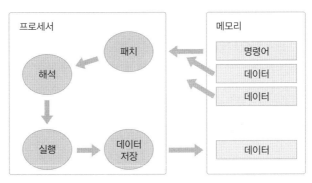

그림 1-26 전원이 인가된 후 MCU가 하는 일

그림 1-26은 명령어나 데이터가 **패치**, **해석**, **실행**, **데이터 저장**을 통해서 코드가 실행되는 과정을 나타낸 것입니다. 지금부터는 이러한 과정에 관해 조금 더 상세히 알아볼텐데요. 그와 함께 알아 두어야 할 **파이프라인**, **인터럽트** 그리고 **페리페럴**을 제어하는 과정도 알아보겠습니다.

리셋

MCU 내부에는 많은 페리페럴들과 레지스터들이 있습니다. 이는 버스를 통해서 연결되어 있거나 직접적으로 연결되어 있다고 하였는데요. 이들은 MCU의 동작과 밀접한 관련이 있어 초기에 가져야만 하는 값들이 있습니다. 예를 들어, 명령어의 위치를 가리키는 PC^Program Counter 레지스터는 최초에 가져야 하는 값이 항상 같지 않다면, 최초 실행되는 명령어가 어떤 것이 될지 모르기 때문입니다. 이렇듯 최초의 값이 잘못되어 있거나 의도되지 않은 값으로 되는 것을 방지하기 위하여 리셋^RESET을 사용합니다.

리셋이 활성화(MCU가 리셋임을 인지)되면, 모든 레지스터들은 기본 값으로 돌아가도록 설계합니다. 그래서 PC와 같은 레지스터가 항상 같은 값을 가질 수 있게 하는데, 이런 기본 값들은 데이터 시트를 통해서 알 수가 있습니다. 그림 1-27

은 리셋되었을 때 가지는 기본 값에 관한 정보를 데이터시트에서 발췌한 것입니다
(Initial Value라고 나와 있습니다).

Bit	7	6	5	4	3	2	1	0	
	−	SRL2	SRL1	SRL0	SRW01	SRW00	SRW11	−	XMCRA
Read/Write	R	R/W	R/W	R/W	R/W	R/W	R/W	R	
Initial Value	0	0	0	0	0	0	0	0	

- **Bit 7 – Res: Reserved Bit**

This is a reserved bit and will always read as zero. When writing to this address location, write this bit to zero for compatibility with future devices.

그림 1-27 레지스터의 초기화 값에 대한 정보

리셋이 활성화되면 기본 값으로 돌아간다고 했는데, 전원이 들어갔을 때 리셋을
하지 않는다면 기본 값이 아니라는 말이 됩니다. 기본 값이 정확하지 않으면, 어
떻게 동작할지 모르기 때문에 리셋은 하드웨어에 있어서 아주 중요한 체크 포인트
입니다.

참고로 리셋이 너무 빨리 동작해도 문제가 됩니다. MCU는 하드웨어적으로 초기
화되기 위한 시간이 필요한데, 이 시간보다 리셋 동작이 빨리 끝나면 그림 1-28
과 같이 리셋 동작을 하지 않은 것과 마찬가지가 되는 것입니다.

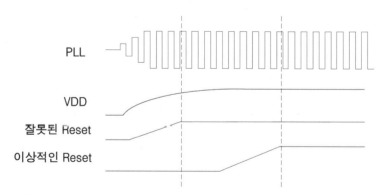

그림 1-28 Reset과 초기화에 필요한 시간

패치(Fetch)

PC$^{Program\ Counter}$는 현재 실행해야 할 명령어의 위치를 가지고 있다고 하였습니다. 메모리에서 PC값이 가리키는 위치로부터 명령어를 읽어 오는 단계를 **패치**^{Fetch} 단계라고 하는데, 앞서 살펴본 엄마와 딸의 이야기에서 딸에게 덧셈을 시키는 행동이 명령어이며, 아이가 듣게 되는 것이 **패치**입니다. 딱 거기까지입니다. 덧셈이 무엇이 되었든 딸이 엄마의 명령을 듣는 것까지가 패치이고, 이 명령을 구체적으로 따지는 것은 다음 단계입니다.

그림 1-29를 보면 MCU(32비트)에서 현재 PC의 값이 0x00000000이고 메모리의 주소인 0x00000000에는 값 0x04030102이 들어 있습니다. 이때 명령어 처리기는 PC값인 0x00000000을 참조하여 0x04030102를 메모리로부터 읽어 들입니다. 이렇게 읽어 들인 코드를 해석하는 일은 해석기^{Decoder}에게 넘기는데요. 이때 명령어를 넘기는 일은 명령어 해석기의 레지스터에 저장하는 방법을 사용합니다. 여기까지의 단계를 **패치**라고 합니다.

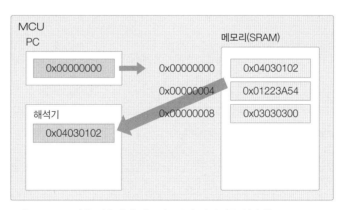

그림 1-29 PC값을 이용하여 메모리로부터 명령어를 읽어 옴

명령어 해석(Decode)

패치 과정을 통해 명령어 해석기에 새로운 코드가 도착하였다면, 명령어 해석기는 그 코드를 분석합니다. 하나의 코드에는 OP Code^{Operation code}라고 부르는 값과 OP Code가 사용할 레지스터에 대한 정보가 있습니다.

예를 들어 총 4바이트의 명령어가 있다고 할 때, 최상위 1바이트가 OP Code로 이루어진 프로그램 코드를 사용하고, OP Code의 값은 표 1-3과 같은 의미를 가지고 있다고 하겠습니다.

표 1-3 예제로 사용할 OP Code

명령어 값	동작
0x01	NOP(No Operation): 아무런 동작하지 않음
0x02	3번째와 4번째 레지스터의 값이 같으면 그 다음 명령어 실행
0x03	2번째 레지스터에 3번째와 4번째의 레지스터 값을 뺀 결과를 저장
0x04	2번째 레지스터에 3번째와 4번째의 레지스터 값을 더한 결과를 저장

먼저, 명령어 해석기는 패치를 통해 읽어 온 코드에서 상위 1바이트(OP Code)를 읽습니다. 그 상위 1바이트에 따라서 MCU는 데이터를 읽는 건지 저장하는 건지 알 수 있습니다. 패치의 예제에서 사용된 코드값은 0x04030102이므로 상위 1바이트에 있는 0x04가 OP Code인 것입니다.

명령어 해석기는 0x04가 의미하는 바를 알기 위해 표 1-3과 같은 내용을 참조합니다. 테이블 값에서 0x04의 의미를 찾아보면 '2번째 바이트가 가리키는 레지스터에 3번째와 4번째 바이트의 레지스터 값을 더한 결과를 저장'이라는 것을 알 수가 있는 것이죠.

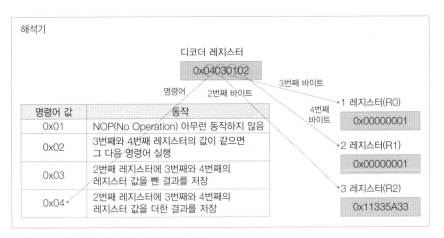

그림 1-30 해석기가 각 바이트의 의미를 해석

OP Code에 따른 내용 중 2번째 바이트가 가리키는 레지스터(0x03), 3번째 바이트가 가리키는 레지스터(0x01) 그리고 4번째 바이트가 가리키는 레지스터(0x02)들은 MCU가 사용할 수 있는 범용 레지스터들을 의미합니다.

즉, 0x03은 범용 레지스터 중 3번째 레지스터(R2)인 것이고, 0x01은 R0 그리고 0x02는 R1을 나타냅니다. 이제 MCU는 명령어 해석기를 통해서 어떤 명령을 실행해야 되는지를 알고 있는 상태가 되었고 어떤 레지스터를 이용하면 되는지를 알게 되었습니다.

명령어의 해석과 관련하여 실제의 하드웨어와 비교하면 이해하는 데 더욱 도움이 될 것입니다. 이는 데이터시트를 통해서 확인할 수 있습니다. 데이터시트에는 해석기에 관한 내용이 나와 있는데, **명령어 셋**Instruction Set이라고 되어 있을 것입니다.

그림 1-31과 그림 1-32가 비슷한 형태를 가지고 있는데요. OP Code에 해당되는 명령어 해석에 관련 내용은 그림 1-31에서 볼 수 있고, 명령어가 가지는 실제의 값은 그림 1-32와 같습니다.

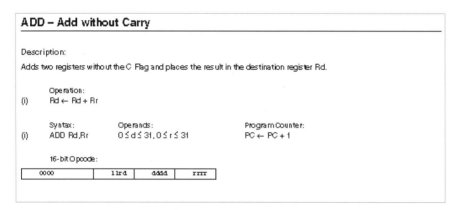

Instruction Set Summary

Mnemonics	Operands	Description	Operation	Flags	#Clocks
ARITHMETIC AND LOGIC INSTRUCTIONS					
ADD	Rd, Rr	Add two Registers	$Rd \leftarrow Rd + Rr$	Z,C,N,V,H	1
ADC	Rd, Rr	Add with Carry two Registers	$Rd \leftarrow Rd + Rr + C$	Z,C,N,V,H	1
ADIW	Rdl,K	Add Immediate to Word	$Rdh:Rdl \leftarrow Rdh:Rdl + K$	Z,C,N,V,S	2
SUB	Rd, Rr	Subtract two Registers	$Rd \leftarrow Rd - Rr$	Z,C,N,V,H	1
SUBI	Rd, K	Subtract Constant from Register	$Rd \leftarrow Rd - K$	Z,C,N,V,H	1
SBC	Rd, Rr	Subtract with Carry two Registers	$Rd \leftarrow Rd - Rr - C$	Z,C,N,V,H	1
SBCI	Rd, K	Subtract with Carry Constant from Reg.	$Rd \leftarrow Rd - K - C$	Z,C,N,V,H	1
SBIW	Rdl,K	Subtract Immediate from Word	$Rdh:Rdl \leftarrow Rdh:Rdl - K$	Z,C,N,V,S	2

그림 1-31 어셈블리어마다 가지는 동작에 대한 설명

ADD – Add without Carry

Description:
Adds two registers without the C Flag and places the result in the destination register Rd.

(i)
Operation:
$Rd \leftarrow Rd + Rr$

(i)
Syntax: Operands: Program Counter:
ADD Rd,Rr $0 \leq d \leq 31, 0 \leq r \leq 31$ $PC \leftarrow PC + 1$

16-bit Opcode:

0000	11rd	dddd	rrrr

그림 1-32 AVR core에서 사용되는 ADD 명령어의 코드 설명

명령어 실행(Execute)

명령어 해석기에 의해서 명령어가 해석되고 나면 실제로 실행하는 단계로 넘어갑니다. 예로 들었던 명령어의 해석 결과는 '**범용 레지스터 R2에 범용 레지스터 R0와 범용 레지스터 R1의 값을 더하여 저장하라**'였습니다. 이번 단계에서는 실제 명령어인 **더하기**를 실행할 차례인 것이죠.

명령어의 실행은 MCU 내에 있는 **연산기(ALU)**가 맡아서 하고 있는데, **연산기**는 두 개의 입력값과 하나의 출력값을 나타내는 구조를 가지고 있고 해석기에서 해석된 연산 명령에 따라 출력값을 만듭니다. 두 개의 입력값에는 임시적으로 저장할 수 있는 레지스터가 있고 출력값에도 마찬가지로 임시적으로 데이터를 보존할 레지스터를 가지고 있습니다.

해석된 명령어와 **연산기**를 연관시켜 살펴보면, R0의 데이터(0x00000001)와 R1의 데이터(0x00000001)가 입력용 레지스터에 저장되어 있습니다. 그리고 **연산기**는 명령어(더하기)를 수행한 결과를 연산기의 출력용 레지스터에 임시적으로 저장하고 연산 수행이 완료되었다는 상태를 나타내면서 실행을 완료하는 것입니다.

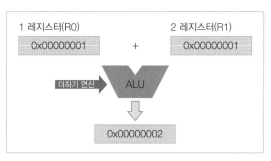

그림 1-33 명령어를 실행하여 연산 결과를 얻어 옴

데이터 저장(Write back)

앞서 명령어 해석기가 해석한 코드를 연산기가 실행하는 과정을 확인하고, 그 결과가 레지스터에 임시적으로 저장되는 것까지 확인했습니다. 여기서 연산기의 결과값이 출력용 레지스터에 임시적으로 수행된다고 말한 이유는 결과값이 범용 레지스터에 저장되어 있지 않은 상태이기 때문입니다.

MCU는 이번에 실행된 명령어 외에도 다른 연산을 계속 수행해야 합니다. 그래서 연산기의 레지스터가 아닌 다른 위치에 다시 쓰는 과정이 필요한데, 이를 **데이터 저장**Write back 단계라고 합니다.

연산기의 출력값이 바로 레지스터에 저장되지 않는 이유는 연산기의 연산 과정에서 명령어에 따라 결과값이 나오는 시기가 다르기 때문입니다. 명령어 중에는 시스템 측면에서 **더하기** 같이 쉬운 명령어가 있는 반면 **곱하기** 또는 **나누기**와 같이 복잡한 연산도 존재합니다. 그래서 쉬운 명령어는 1클럭 만에 완료되지만, 복잡한 명령어의 경우 4클럭 만에 끝나거나 그 이상의 클럭이 필요한 경우도 있습니다.

그래서 연산기의 연산이 완료되기를 기다리는 과정과 연산이 완료되었을 때 범용 레지스터로 옮기는 과정을 나누어 놓은 것입니다.

예제에서는 해석된 명령어에서 **결과를 R2에 저장하라**라고 하였으므로 **데이터 저장** 단계에서는 연산이 완료된 것을 확인한 후에 그 결과를 연산기의 출력 레지스터로부터 범용 레지스터 R2에 옮기는 것입니다.

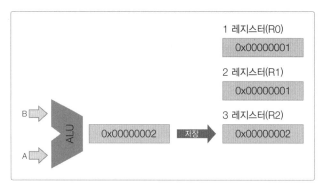

그림 1-34 명령어 처리 후 결과를 레지스터에 저장

파이프라인

이제 명령어가 어떻게 실행이 되고 데이터가 어떻게 저장될 수 있는지 그 과정을 이해했을 거라 생각합니다. 다시 한 번 요약을 하자면, **패치 → 해석 → 실행 → 데이터 저장**이라는 단계를 거치는데, 메모리에 있던 코드가 **패치**되어 해석기로 이동되고 **해석**이 완료된 명령어는 **실행**이 완료된 후에 다시 데이터를 **저장**하는 것입니다.

이러한 명령어 처리 단계는 프로세서 코어에 따라 새로운 단계가 추가되거나 빠져 있을 수 있습니다. 이렇게 차이를 보이는 이유는 모두 명령어 처리의 효율을 위한 것이라 할 수 있는데요. 그중에서도 명령어 처리와 관련하여 가장 많이 사용되는 **파이프라인**Pipeline 구조를 알아 둘 필요가 있습니다.

파이프라인 구조는 명령어 처리를 위한 각 단계(패치, 해석, 실행, 데이터 저장)가 독립적으로 실행될 수 있게 만든 구조입니다. 즉, 패치만 하는 부분, 해석만 하는 부분, 실행만 하는 부분 그리고 데이터 저장만 하는 부분으로 나누어진 것입니다.

하나로 연결된 '싱글라인' 구조에서는 **패치 → 해석 → 실행 → 데이터 저장**이 직렬로 연결되어 순차적으로 진행되는 구조입니다. 반면 파이프라인은 패치를 위한 싱글라인, 해석을 위한 싱글라인, 실행을 위한 싱글라인, 데이터 저장을 위한 싱글라인 등 각 단계마다 싱글라인을 가지고 있는 멀티라인 구조입니다.

파이프라인 구조에서의 동작과 관련 하여 예를 들자면, **패치**만 담당하는 파트에서는 메모리로부터 데이터를 읽어 들인 후 **해석기**에게 보내고, 다시 메모리로부터 데이터를 가져와서 해석기에서 해석이 완료되기를 기다립니다.

해석기만 담당하는 파트에서는 패치된 명령어를 **해석**하여 **실행** 단계로 보내며 다시 다음 명령어가 패치되기를 기다립니다. 이렇게 실행 단계, 데이터 저장 단계에서도 동작을 완료 후에 바로 다음 동작을 처리합니다.

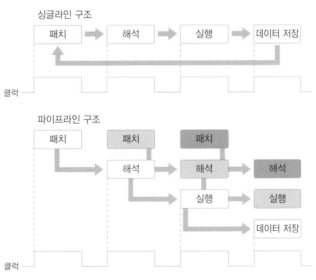

그림 1-35 싱글라인 구조와 파이프라인 구조

그림 1-35를 보면 싱글라인 구조와 파이프라인 구조의 차이점을 알 수가 있는데요. 싱글라인 구조는 패치가 한 번 되고, 데이터가 저장될 때까지 4클럭이 필요한 걸 알 수 있습니다. 파이프라인 구조에서도 마찬가지로 한 번 패치된 명령어가 데이터가 저장될 때까지 실행되려면 4클럭이 필요합니다.

그렇지만 명령어들이 계속 실행될때는 달라지는데요. 예를 들어 3개의 프로그램 코드를 처리하려면 파이프라인 구조에서는 6클럭 만에 3개의 명령어를 실행시킬 수가 있습니다. 반면 싱글라인 구조에서 3개의 명령어가 실행되려면 12클럭이 필요합니다.

그림 1-36 싱글라인 구조에서 명령어 처리에 필요한 클럭의 수

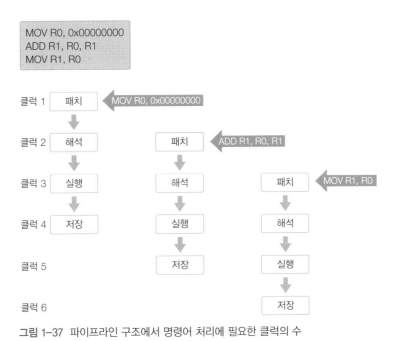

그림 1-37 파이프라인 구조에서 명령어 처리에 필요한 클럭의 수

인터럽트

지금까지의 명령어 처리 과정을 살펴보면 파이프라인 구조이든 싱글라인 구조이든 순차적으로 프로그램 코드를 실행하고 있습니다. 하지만 실제로 제품을 개발하다 보면, 외부로부터의 입력이나 페리페럴의 데이터를 즉시 처리해야 하는 경우가 많이 발생합니다.

예를 들어 지하철의 경우 중앙제어실과 지하철 운전사 간에 계속적인 연락을 하고 있는데, 중앙제어실에서 긴급 명령을 보내면 지하철 운전사는 그 명령에 따라 응답을 하거나 적절한 행동을 취해야 합니다. 그런데 중앙제어실에서 오는 명령이 운전사에 의해 제때 처리되지 못하면 사고를 초래할 수 있는 것이죠. 그래서 운전사는 예외로 처리할 사항을 두어 즉시 처리될 수 있도록 염두에 두고 일을 해야 합니다.

마찬가지로 이러한 예외사항은 MCU에서도 존재합니다. 즉시 처리되기를 원하는 명령어나 동작들이 있는 것이죠. 이러한 사항을 임베디드 시스템에서는 **인터럽트** Interrupt 내지는 **예외 처리**exception라고 부릅니다.

인터럽트(예외 처리)가 발생하면 이를 처리하기 위하여 어떤 일이 생길까요? 간단히 말하자면, 인터럽트가 발생하면 **PC**Program Counter**가 정해진 값으로 바뀐다**는 것이 가장 큰 특징이라고 할 수 있습니다. 이 말은 인터럽트가 발생하면, 정해진 위치의 프로그램 코드가 실행된다는 말과 같은 것입니다.

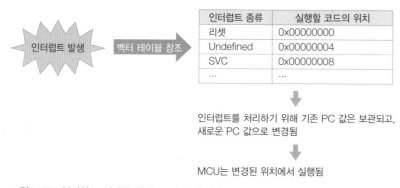

그림 1-38 인터럽트 처리를 위해 PC값이 변경됨

MCU에는 다양한 종류의 인터럽트들이 있습니다. 프로그램의 실행과 관련된 인터럽트들이 있고, 각 페리페럴들과 연동되는 인터럽트들이 있습니다. 그중에서 MCU에서 대표적으로 사용되는 인터럽들에 관해서 살펴보겠습니다.

MCU 내에는 벡터 테이블이라고 부르는 테이블의 값이 있습니다. 이 테이블 값들은 인터럽트들마다 원하는 처리가 달라 이들을 대응하기 위해 사용되는데, 이 값들은 하드웨어적으로 정해져 있는 위치들의 값입니다. 그래서 인터럽트가 발생되면 정해진 위치의 값을 참조하고, 인터럽트를 처리하기 위한 코드를 해당 테이블과 연결시켜서 코드가 실행이 되는 구조입니다.

표 1–4 ARMv6의 인터럽트 벡터 테이블

인터럽트 벡터(메모리 위치)	인터럽트 내용
0x00000000	Reset
0x00000004	Undefined
0x00000008	SVC
0x0000000C	Prefetch
0x00000010	Abort
0x00000014	NOP(Reserved Area)
0x00000018	IRQ(Interrupt Request)

표 1–4를 참조하여 예를 들면, Reset 인터럽트가 발생하였을 때 PC값이 하드웨어적으로 0x00000000으로 바뀝니다. 그러면 해당되는 메모리의 위치(0x00000000)로부터 코드를 패치하여 실행합니다.

마찬가지로 페리페럴에서 인터럽트 처리를 요청할 경우에는 IRQ^{Interrupt Request}가 발생하는데, 이때 PC값은 0x00000018로 바뀝니다. 그리고 어떤 페리페럴에서 인터럽트 처리 요청이 들어왔는지 확인하고, 그에 해당되는 처리를 합니다.

인터럽트와 관련하여 알아 둬야 할 용어가 몇 가지 있습니다. **인터럽트 벡터**, **인터럽트 핸들러**, ISR 등입니다. **인터럽트 벡터**는 인터럽트를 처리하기 위한 PC값을 뜻하는데, 벡터 테이블에서 PC값을 가져오는 것과 같습니다.

인터럽트 핸들러는 핸들러라는 말이 의미하듯이 해당하는 인터럽트를 처리할 프로그램 코드를 의미합니다. 인터럽트를 처리하는 프로그램이므로 함수의 형태를 가지고 있습니다. 이 함수를 인터럽트 핸들러 또는 ISR^{Interrupt Service Routine}이라고 부릅니다.

인터럽트 처리 방법은 프로세서마다 조금씩 다른데, MCU마다 나름 대로 가장 효율적인 방법을 사용하기 때문입니다. 요즘 MCU들이 제공하는 기능 중에는 보호 모드라는 것도 있어 인터럽트를 처리할 때 위에서 설명한 내용보다는 조금 더 복잡하게 동작하고 있습니다. 이는 3장에서 이야기하도록 하겠습니다.

페리페럴 제어

MCU에는 여러 페리페럴이 있을 수 있다고 하였습니다. 각 페리페럴들은 내부에 각자의 처리 로직을 가지고 있으며 데이터를 임시로 저장하거나 페리페럴을 제어할 수 있는 레지스터들을 가지고 있습니다. 이들은 프로세서 코어의 입장에서는 제어의 대상이며 페리페럴 내의 데이터 입출력용 레지스터와 제어용 레지스터를 이용하도록 구성되어 있습니다.

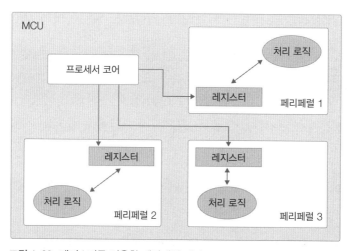

그림 1-39 레지스터를 이용한 페리페럴 제어

이러한 페리페럴의 구성을 이해하기 위해서는 데이터시트를 참조하는 것이 좋습니다. 여기에는 페리페럴을 제어하기 위해서 어떤 레지스터를 이용해야 하고, 데이터 입출력은 어떻게 할 수가 있는지 등이 나와 있습니다.

간단한 예를 들어 GPIO를 제어한다고 할 때 데이터시트의 내용은 그림 1-40과 같습니다.

이는 "만약에 DDxn이 '1'로 되어 있으면 PORT는 출력으로 설정되고, DDxn이 '0'으로 되어 있으면 PORT는 입력으로 설정된다."정도의 뜻입니다. 여기서 말하는 DDxn이나 PORTxn 등은 레지스터의 이름을 말합니다. 실제로는 0x30801100과 같이 주소의 값을 가지지만 이해하기 쉽도록 이름을 사용하는 것이죠. 그리고 이 레지스터의 이름을 가지고 실제의 주소값을 알기 위해서 앞서 설명했던 **메모리맵**을 이용할 수 있는 것입니다.

Configuring the Pin	Each port pin consists of three Register bits: DDxn, PORTxn, and PINxn. As shown in "Register Description for I/O Ports" on page 86, the DDxn bits are accessed at the DDRx I/O address, the PORTxn bits at the PORTx I/O address, and the PINxn bits at the PINx I/O address.
	The DDxn bit in the DDRx Register selects the direction of this pin. If DDxn is written logic one, Pxn is configured as an output pin. If DDxn is written logic zero, Pxn is configured as an input pin.
	If PORTxn is written logic one when the pin is configured as an input pin, the pull-up resistor is activated. To switch the pull-up resistor off, PORTxn has to be written logic zero or the pin has to be configured as an output pin. The port pins are tri-stated when a Reset condition becomes active, even if no clocks are running.
	If PORTxn is written logic one when the pin is configured as an output pin, the port pin is driven high (one). If PORTxn is written logic zero when the pin is configured as an output pin, the port pin is driven low (zero).
	When switching between tri-state ({DDxn, PORTxn} = 0b00) and output high ({DDxn, PORTxn} = 0b11), an intermediate state with either pull-up enabled ({DDxn, PORTxn} = 0b01) or output

그림 1-40 Atmega128의 데이터시트(66page)

1.5 개발 환경 만들기

지금까지 MCU의 구성과 동작에 관한 이론을 살펴보았는데, 이번에는 실습을 통해 다시 한 번 학습하겠습니다. 실습을 하려면 개발 환경이 필요합니다. 먼저 MCU가 알아볼 수 있는 기계어로 만들기 위해 **컴파일러**가 필요하고, 실제로 동작하는지 살펴보기 위해서는 MCU가 내장된 실습용 보드가 필요합니다.

실습은 실제 보드에 프로그램을 업로드하여 동작시키면 가장 좋겠지만, 실제 보드를 구매하는 데 드는 비용 및 디버깅을 위한 환경을 꾸며야 하는 등의 추가적인 작업 때문에 시뮬레이터를 사용하겠습니다. 사실 실제 보드를 사용하는 것과 시뮬레이터로 실습하는 것에 큰 차이가 없습니다.

실습에 사용할 시뮬레이터는 **ARMulator**입니다. ARMulator는 ARM core의 명령어들을 테스트할 때 많이 사용하는 좋은 시뮬레이터입니다. ARMulator를 사용하는 또 다른 이유는 기본적으로 제공되는 페리페럴 중에 Timer 인터럽트 외에 사용자가 임의적으로 추가할 수 있다는 점 때문입니다. 그래서 실제의 하드웨어에 연결하기 전에 유사한 환경을 만들어 놓고 검증을 할 수 있습니다.

ADS

ADS^ARM Developer Suite는 코드워리어사에서 제공하는 통합 개발 환경^IDE로, 컴파일러, 디버거, **ARMulator**가 모두 포함되어 있어 편리한 개발 환경을 제공합니다. ADS를 설치하기 위해서는 설치 파일이 필요하겠죠? ARM 개발자 사이트인 http://vo.to/APM에서 다운받을 수 있습니다.

설치하는 법은 어렵지 않고 일반적인 프로그램과 같아서 따로 설명하지 않겠습니다. 단, 다운받은 프로그램을 설치할 때 주의할 점이 한 가지 있습니다. Windows7에서는 설치할 때는 Program Files에 설치해야 한다는 것입니다.

설치가 완료되면 AXD Debugger, Codewarrior for ARM Developer Suite, Online books 등이 설치됩니다. 각 프로그램의 용도는 표 1-5에서 자세히 볼 수 있습니다.

표 1-5 각 프로그램의 용도

프로그램	설명
AXD Debugger	Jtag 및 ARMulator와 연동하여 디버깅할 수 있는 프로그램
Codewarrior for ADS	편집기 및 컴파일러 등 실제로 프로그램을 할 수 있는 개발 환경
Online books	도구에 대한 설명 및 컴파일 옵션에 관한 내용 등이 있으며 도움말 기능을 가지고 있음

ARMulator 설정하기

ARMulator는 ARM 코어를 위한 시뮬레이터라고 했는데요. ARM 코어용 시뮬레이터란 무엇을 이야기하는 걸까요? 시뮬레이터는 실체가 아닌 가상으로 꾸며진 환경에서 테스트를 하는 것을 말합니다. ARM 코어 시뮬레이터는 ARM 코어를 시뮬레이션할 수 있다는 뜻인데, 정확히는 ARM 코어의 명령어들을 가상으로 만든 머신에서 동작시키는 것을 말합니다. 여기서 말하는 가상 머신은 일반 PC에서 동작하는 ARM 코어가 내장된 MCU입니다.

ARMulator도 가상 환경에서 동작하는 MCU이므로 메모리 맵이 필요합니다. 어떤 페리페럴을 사용할지 그리고 메모리는 어떻게 구성할지 등을 설정해야 합니다. 이들은 모두 ADS를 통해서 설정할 수 있으며, Armulator의 설정을 확인하면 여러분의 프로그램 코드가 어떻게 동작하는지 정확히 알 수 있습니다.

ADS[ARM Developer Suite]를 설치하면서 같이 설치된 툴들 중에 AXD Debugger라는 프로그램이 있습니다. 이 프로그램은 ARM 코어를 디버깅할 때 사용하는 프로그램인데, ARMulator의 환경설정도 여기서 진행합니다.

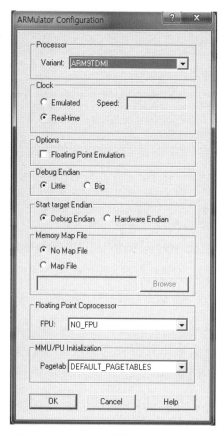

그림 1-41 ARMulator 설정하기

AXD Debugger에서 Option → Configure-Target → ARMUL → Configure을 선택하면, 그림 1-41과 같은 창이 나옵니다. 여기서 ARMulator를 설정합니다.

먼저 위쪽부터 살펴보면 ARMulator에서 사용할 Processor core를 선택할 수 있습니다. ARM core도 여러 버전의 제품이 있으므로 각 코어의 특징을 고려하여 선택하면 됩니다. 예제에서는 ARM7TDMI를 선택하였습니다.

클럭 그룹에서는 클럭을 세팅할 수 있게 되어 있는데, '시뮬레이터인데 무슨 클럭을 얘기하느냐'라고 생각할 수도 있을 것입니다. 그러나 실제 MCU가 동작할 때 몇 클럭이 사용되는지를 확인할 수 있기 때문에 알아두면 좋습니다. 가령 메모리의 경우는 DRAM과 SRAM에서 속도 차이가 생기는데, 이때 클럭의 속도에 따라 얼마만큼의 시간이 차이가 나는지 등을 알 수 있습니다. 클럭을 따로 정의하지 않고 Real-time을 사용하면 기본적으로 20Mhz로 세팅이 됩니다.

한편 메모리 맵 파일을 통해서 MCU의 구성을 선택할 수가 있고, 가상의 페리페럴들도 사용할 수가 있습니다. **Memory Map File** 그룹을 보면 **No Map File** 또는 **Map File**을 선택할 수 있습니다. 여기서 No Map File은 기본 메모리 맵을 사용하는 것이고, Map File은 개발자가 임의로 만든 메모리 맵을 사용하는 것입니다.

No Map File 선택 시에는 기본 설정 파일을 사용하는 것인데, 이 안에는 다음과 같은 파일들이 들어 있습니다.

표 1-6 ARMulator를 위한 메모리 맵 설정

파일명	설명
default.ami	ARMulator에서 사용할 페리페럴을 설정
peripherals.ami	각 페리페럴에 대한 상세한 설정
example1.ami	페리페럴 수정 시 참고할 예제
bustypes.ami	프로세서 코어와 버스 간의 연결 설정
processors.ami	프로세서의 이름을 간단히 하기 위한 설정
vfp.ami	Floating Point 연산에 관련된 설정

• default.ami: 파일 안에는 다음과 같이 'Default_Timer'라고 명시되어 있습니다. 만약에 Timer를 사용하지 않으면, No_Timer와 같이 No_를 첫 부분에 명시하면 됩니다.

예제 1-1 default.ami 파일의 내용

```
{
    Timer=Default_Timer
}
```

• peripherals.ami: 파일 안에는 Waits, Range:Base, CLK, IntOne, IntTwo 같은 변수가 있는데, 자세한 설명은 표 1-7에서 볼 수 있습니다

표 1-7 Peripheral을 설정하기 위한 항목들

항목	내용
Waits	ARM core에서 Timer에 접근하는 데 걸리는 지연 시간
Range:Base	페리페럴이 가지는 메모리 정보
CLK	페리페럴의 클럭 속도
IntOne, IntTwo	인터럽트 컨트롤러에 연결한 번호(인터럽트 할당 번호)

예제 1-2 peripherals.ami 파일의 내용

```
{
    Default_Timer=Timer
        Waits=0
        Range:Base=0x0a800000
        ;Frequency of clock to controller.
        CLK=20000000
        ;; Interrupt controller source bits - 4 and 5 as standard
        IntOne=4
        IntTwo=5
}
```

- example1.ami: 개발자가 임의적으로 메모리 맵을 수정할 때 참고로 사용할 수 있는 예제 파일입니다.
- bustypes.ami: 프로세서 코어의 상태와 버스 간에 연결을 설정하는 파일로, 프로세서를 임의적으로 수정하지 않는 이상 수정할 필요는 없습니다.
- processors.ami: 프로세서의 이름에도 버전별로 달라질 수 있습니다. 이를 보완하기 위하여 길게 만들어진 이름을 짧게 설정할 때 사용됩니다.
- vfp.ami: Floating Point와 관련하여 설정할 때 사용됩니다.

ARMulator 설정 파일을 통해 메모리 맵을 파악해 보면, 다음과 같은 메모리 맵을 얻을 수 있습니다.

0x00000000~0x6FFFFFFF SRAM
0x07000000~0x08000000 스택
0x0a000000 인터럽트 컨트롤
0x0a800000 타이머
0x0b000000 Watchdog

그림 1-42 ARMulator 메모리 맵

설정이 완료되었으면 ARM9TDMI 프로세서 코어가 내장되어 있고 SRAM, Interrupt Controller, Timer, Watchdog 등이 들어 있는 가상의 MCU를 만든 것입니다.

이제 프로그램을 만드는 일만 남았는데요. 이어지는 절에서 그림 1-42의 메모리 맵을 참조하여 프로그램 코드를 만들 것입니다.

1.6 샘플 코딩 따라하기

이번에 실습할 내용은 ARMulator에 내장되어 있는 Timer 페리페럴을 제어하는 것입니다. Timer와 인터럽트를 동작시켜 보면서 지금까지 공부했던 레지스터와 페리페럴 그리고 프로세서 코어의 동작을 이해할 수 있을 것입니다.

Timer 제어하기

Timer는 통신용 페리페럴과 마찬가지로 프로그램을 만들면서 많이 사용하는 페리페럴 중에 하나입니다. ARMulator에 기본적으로 내장되어 있으므로 쉽게 사용할 수 있습니다. 그럼 Timer를 제어하는 방법을 알아보겠습니다.

프로그램을 시작하기 전에 Timer가 동작하는 원리를 이해한다면, Timer를 제어하기도 쉬울 것입니다. Timer는 동작을 시작할 때 기본적으로 값을 가져야 합니다. 이 값은 MCU의 클럭이 발생할 때마다 계속 감소하거나 증가하는 카운터라고 생각하면 됩니다(본 예제의 ARMulator는 감소하는 형태입니다).

ARMulator의 Timer도 마찬가지로 최초에 시작하는 타이머의 값이 있습니다. ARMulator는 감소를 하는 Timer이므로 최초에 어떤 값에서 시작할지를 정해야 하며, 이와 관련된 타이머의 레지스터 이름이 TimerLoad입니다.

또 다른 레지스터 중에는 Timer가 현재 얼마나 진행되었는지(어떤 값을 가지고 있는지)를 확인할 수 있는 레지스터도 있습니다. 이 레지스터의 이름은 TimerValue 인데, 이 값을 읽으면 현재 타이머가 얼마나 진행되었는지 알 수 있습니다.

참고로 타이머는 값이 감소하는 속도를 조절할 수가 있습니다. 한 개의 클럭에 1만큼 감소시키는 것이 아니라 16번째 클럭마다 1을 감소시킨다든지, 256클럭마다 1을 감소시킨다든지 같은 내용을 정할 수 있는 것입니다.

이와 관련된 타이머의 레지스터 이름은 TimerControl인데요. 이 TimerControl에는 추가적인 타이머를 동작시킬지 멈추게 할지를 제어하는 기능도 포함되어 있습니다.

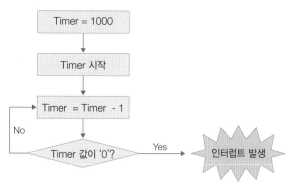

그림 1-43 Timer 제어하기

지금까지 설명한 내용을 그림으로 나타내면, 그림 1-43과 같습니다. 순서대로 말하면 다음과 같습니다.

1. Timer가 시작할 값을 설정합니다.

2. TimerControl 레지스터를 제어하여 Timer 동작을 시작하도록 합니다.

3. Timer는 설정된 Timer의 값을 계속 감소시켜 나갑니다.

4. Timer의 값이 '0'이 되면 인터럽트가 발생합니다.

지금까지 이야기된 내용을 바탕으로 ARMulator에서 사용하는 Timer의 레지스터 내용을 살펴보겠습니다.

4.16.2 Timer

The base address of the timer, TimerBase, is configurable (see *Timer* on page 2-34).

See Table 4-12 for the location of individual registers.

Table 4-12 Timer memory map

Address	Read	Write
TimerBase	Timer1Load	Timer1Load
TimerBase + 04	Timer1Value	Reserved
TimerBase + 08	Timer1Control	Timer1Control
TimerBase + 0C	Reserved	Timer1Clear
TimerBase + 10	Reserved	Reserved
TimerBase + 20	Timer2Load	Timer2Load
TimerBase + 24	Timer2Value	Reserved
TimerBase + 28	Timer2Control	Timer2Control
TimerBase + 2C	Reserved	Timer2Clear
TimerBase + 30	Reserved	Reserved

그림 1-44 Timer의 메모리 맵

ARMulator는 타이머를 2개 가지고 있는데, 각 이름은 Timer1, Timer2입니다. 이들은 같은 동작을 하고 같은 레지스터들을 가지고 있다고 생각하면 됩니다. 참고로, 다음 레지스터 설명에서 Timer#Load라는 것은 Timer1Load, Timer2Load 모두를 뜻하는 것입니다.

- Timer#Load: Timer가 시작하게 될 초기 값을 설정하는 레지스터
- Timer#Control: Timer의 동작과 관련하여 제어하는 레지스터. 각 비트별 의미는 다음 표를 참조합니다.

표 1-8 TimerControl의 각 비트별 의미

해당 비트	내용
Bit 31~Bit 8	사용하지 않음
Bit 7	0: 타이머 동작 멈춤 1: 타이머 동작 시작
Bit 6	0: 타이머 값이 '0'에 이르면 '0xFFFF'부터 다시 시작 1: 타이머 값이 '0'에 이르면 TimerLoad값부터 다시 시작
Bit 5	사용되지 않음
Bit 4	사용되지 않음
Bit 3	00: 1/clk, prescale–〉0
Bit 2	01: 16/clk, prescale–〉4 10: 256/clk, prescale–〉8 11: 사용되지 않음
Bit 1	사용되지 않음
Bit 0	사용되지 않음

• Timer#Clear: Timer가 인터럽트를 발생시켰을 경우 인터럽트를 초기화시키는 레지스터

다음은 지금까지 설명한 내용을 바탕으로 작성한 Timer의 코드입니다.

예제 1-3 Timer 예제 프로그램

```c
int main(void)
{
    unsigned long TimerValue = 0;

    /* 타이머 초기화 */
    rTimer1Load = 1000;    // 타이머의 초기 값은 1000
    rTimer1Control = 0x00000080;    // 타이머 동작 시작

    while(1)
    {
        TimerValue = rTimer1Value;    // 현재 타이머의 값을 TimerValue에 저장
    }
}
```

```
    return 0;
}
```

이제 ARMulator로 프로그램을 직접 만들기 위해 툴을 사용하는 방법을 알아보겠습니다.

이미 설치가 완료된 ADS(CodeWarrior for ARM Developer Suite)를 실행시키고 프로젝트를 만듭니다. File 메뉴에서 New를 누르면 다음과 같은 창이 나타날 것입니다. 이 창에서 프로젝트를 생성하거나 새로운 파일을 생성할 수 있습니다.

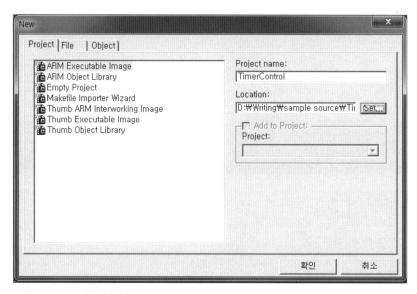

그림 1-45 프로젝트 생성

먼저 프로젝트를 생성해야 하므로 Project 탭에서 Project name:을 TimerControl로 만듭니다. 그리고 Location:은 프로젝트 파일을 저장할 폴더를 말하는 것인데, 원하는 폴더를 선택합니다. 이제 확인 버튼을 누르면 다음과 같은 화면이 나타날 것입니다.

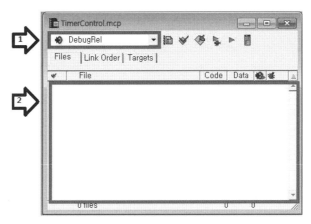

그림 1-46 프로젝트 창

그림 1-46은 프로젝트와 관련된 파일, 컴파일, 디버깅 및 옵션 변경 등이 가능한 창입니다. 1번 사각형에서는 현재 프로젝트에 대한 컴파일 옵션을 분리 세팅할 수 있습니다. 이 옵션에는 DebugRel, Debug, Release 등이 있는데, 특징은 다음과 같습니다.

표 1-9 옵션별 컴파일 설정

구분	설명
DebugRel	릴리즈에 디버깅 정보를 포함한 세팅
Debug	디버깅 버전을 위한 세팅
Release	릴리즈 버전을 위한 세팅

그리고 2번 사각형은 현재 프로젝트에서 사용되는 파일들을 나타냅니다. 이 파일들은 각 컴파일 옵션마다 사용하는 파일이 다를 수 있으므로 파일의 내용도 달라질 수 있습니다.

이젠, 타이머 프로그램을 만들기 위해 파일을 하나 생성하도록 하겠습니다.

프로그램 메뉴에서 File을 선택한 후에 New를 누릅니다. 이번에는 프로젝트 생성이 아니라 실제 프로그램을 코딩할 파일을 만들어야 하므로 File 탭을 선택할 것입니다.

File name:은 새로 생성할 파일 이름을 적는 곳인데, 이 이름을 main.c로 하겠습니다.

Location:은 현재의 프로젝트 폴더가 나타나는 곳입니다. 만약에 다른 곳에 파일을 생성하고 싶으면 바꿔도 됩니다.

그리고 Add to Projcet에 체크 후에 그 밑에 나오는 Targets:에도 꼭 체크를 해야 합니다. 이 체크 옵션은 컴파일 옵션과 관계가 있는데, 만약 체크를 하지 않으면 파일만 생성하고 실제 프로젝트에는 파일이 보이지 않기 때문입니다.

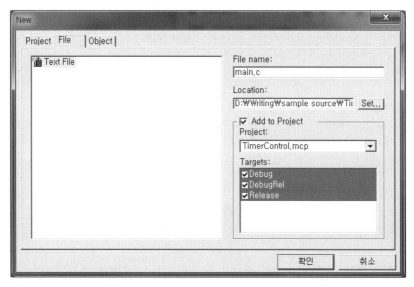

그림 1-47 소스 파일 생성

파일을 생성하는 과정을 마치고 나면, 프로젝트 관리 창에 main.c 파일이 추가된 것을 확인할 수 있을 것입니다.

이제는 본격적인 코딩만 남았습니다. 프로그램은 타이머를 공부하면서 만들어 놓았던 코드를 그대로 사용하고, 거기에 몇 줄을 더 추가합니다.

- 타이머의 현재 값이 얼마인지 화면에 출력

- 다음 값이 나오기 전 엔터키 입력을 기다림

최종적으로 사용할 프로그램은 다음 예제와 같습니다. 단, 여기서 기억할 것은 다음 프로그램에서 사용된 printf( ), getchar( ) 함수는 ARMulator에서 디버깅 용도로 사용되는 함수라는 것입니다. 실제 보드에서 사용할 MCU에서는 이 함수들을 사용할 수가 없습니다.

예제 1-4 Timer 예제 프로그램

```
#define rTimer1Load        *(unsigned long*)(0x0a800000)
// 타이머1의 TimerLoad
#define rTimer1Value       *(unsigned long*)(0x0a800004)
// 타이머1의 TimverValue
#define rTimer1Control     *(unsigned long*)(0x0a800008)
// 타이머1의 TimverControl

#include "stdio.h"    // printf 함수와 getchar 함수를 사용

int main(void)
{
    unsigned long TimerValue = 0;

    // 타이머 초기화
    rTimer1Load = 1000;   // 타이머의 시작을 1000부터
    rTimer1Control = 0x00000080;  // 타이머 동작시작

    while(1)
    {
        TimerValue = rTimer1Value;  // 현재 타이머의 값을 TimerValue에 저장
        printf("Timer is %08lx\r\n", TimerValue);  // 현재 타이머의 값을 표시

        getchar();  // 키보드 입력을 기다림
    }
```

```
    return 0;
}
```

이제 컴파일을 진행해야 하는데, 그 전에 점검해야 할 사항이 두 가지 있습니다.

1. 내가 사용할 MCU에 맞게 컴파일이 되나?

2. 내가 사용할 MCU의 메모리 맵에 맞춰져 있나?

이 두 가지 사항은 컴파일 옵션에서 확인할 수 있습니다. 방법은 일단 프로그램 메뉴의 Edit → DebugRel Setting을 선택합니다. 그럼 세팅을 할 수 있는 창이 하나 생길 것입니다. 이 창에서 1. **내가 사용할 MCU에 맞게 컴파일이 되나?**를 확인하기 위하여 왼쪽 창의 Language Settings → ARM C Compiler를 살펴봅니다. 그런 다음 Architecture or Processor 박스에서 여러분이 원하는 프로세서가 선택되어 있는지도 확인합니다.

이 책의 예제에서는 ARM7TDMI를 사용하므로 다음 그림과 같이 선택되어 있는 것을 확인할 수 있습니다.

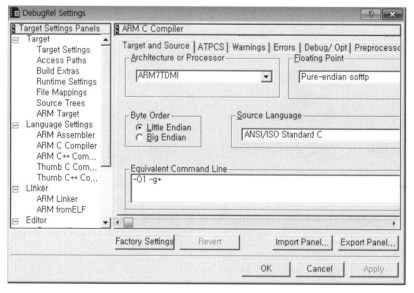

그림 1-48 컴파일 환경 설정 확인

이번엔 2. 내가 사용할 MCU의 메모리 맵에 맞춰져 있나?를 확인할 것인데, 이 내용이 잘 못되면 프로그램이 정상 동작하지 않으므로 꼭 확인해야 합니다.

DebugRel Setting 창에서 Linker → ARM Linker를 선택하면 선택 가능한 옵션이 많이 보입니다.

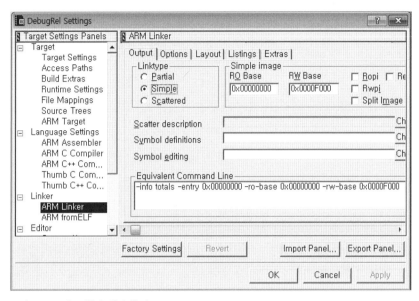

그림 1-49 링크 환경 설정 확인

여기서 Output 탭에 있는 옵션 사항을 확인해야 합니다.

> **참고** 여러분은 MCU의 ROM이 어디서부터 시작해서 얼마만큼의 용량을 가지고 있으며, RAM이 어디서부터 시작해서 얼마만큼의 용량을 가지고 있는지 등을 알아야 합니다. 이 내용들은 프로그램을 컴파일하여 최종 이미지를 만들 때 필요하기 때문입니다.

일단 Output 탭에서 RO Base에는 0x00000000을 사용하고, RW Base에는 0x0000F000을 사용합니다. RO Base는 ROM의 시작 주소를 말하는 것입니다. 그러나 우리는 ARMulator를 사용하므로 ROM이 없고 SRAM이 있습니다. 그래서 SRAM의 일부를 ROM이라고 가정하고 사용하기 위해 RO Base를 0x00000000으로 지정했습니다.

여기서 RW Base는 RAM의 시작 주소입니다. ROM으로 사용할 영역 (0x00000000~0x0000EFFF) 이후를 RAM의 시작 주소로 사용한 것입니다.

Options 탭을 보면, Image entry point가 있습니다. 이는 프로그램이 시작할 시작점의 값입니다. 샘플 프로그램은 RO Base(0x00000000)부터 시작하므로 Image entry point는 0x00000000입니다. Image entry point와 관련된 추가적인 내용은 이후 2장에서 자세히 다루겠습니다.

이제 최종 이미지를 만들고 결과를 볼 것입니다. 최종 이미지를 만드는 방법은 아주 간단합니다. 프로그램 메뉴에서 Project → Make를 선택하면 소스에 대한 컴파일 및 링크가 진행되고, 최종 이미지가 만들어지는 방식입니다. Make가 완료되면 결과에 대한 리포트 창이 나타나고, 최종 이미지는 이전에 지정해 두었던 프로젝트 폴더의 하위에 있는 DebugRel 폴더에 TimerControl.axf 파일로 생성됩니다.

이젠 마지막으로 컴파일이 완성된 프로그램 코드의 동작을 살펴볼 것인데, 프로그램의 결과는 'AXD Debugger'를 통해서 볼 수 있습니다.

원래 AXD Debugger는 JTAG라는 케이블을 MCU와 연결하여 직접 디버깅할 수 있는 좋은 툴입니다. 디버깅은 직접 작성한 프로그램의 어셈블리 및 기계어를 직접 보면서, MCU의 동작과 1대1로 매칭하여 정확하게 동작하는지 확인하는 과정입니다. 그래서 디버깅은 프로그램 코딩만큼 중요한 일입니다.

이제 컴파일이 완성된 이미지의 동작을 살펴보기 위해 AXD Debugger를 실행합니다. 그리고 프로그램 메뉴에서 File → Load Image를 선택한 후 샘플 프로그램의 최종 이미지 TimerControl.axf를 선택합니다. 여기까지 진행하면 다음과 같은 화면을 볼 수 있습니다.

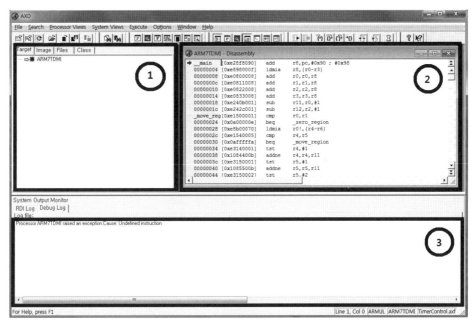

그림 1-50 AXD Debugger

1번 사각형에서는 현재 MCU의 상태들을 살펴볼 수 있습니다. 내부에 있는 레지스터들에는 현재 어떤 값들이 들어 있는지 확인할 수 있으며 PC$^{Program\ Counter}$, SP$^{Stack\ Pointer}$ 등도 확인할 수 있어 디버깅이 용이합니다.

2번 사각형에서는 현재 프로그램의 기계어 코드 및 어셈블리어를 볼 수 있습니다. 이때 프로그램 메뉴의 Execute를 위한 몇 가지 옵션을 선택할 수 있습니다. Execute란 실행을 한다는 말인데, 현재 프로그램의 위치인 PC$^{Program\ Counter}$ 값을 한 줄씩 검증하며, 진행할지를 결정할 수 있습니다.

표 1-10 AXD Debugger의 메뉴별 설명

항목	내용
Go	프로그램이 멈추지 않고 계속 진행됨
Step In	프로그램이 한 번 실행되고 멈춤. 함수와 같이 Jump 동작이 있을 때에도 계속적으로 한 번씩 실행됨

항목	내용
Step	프로그램이 한 번 실행되고 멈춤. 단, 함수와 같이 Jump 동작이 있을 때에는 Jump 동작 실행 완료 후 멈춤
Step Out	Step In 동작 중에 함수 실행을 완료하거나 Jump 동작이 완료되는 곳까지 진행함
Run to Cursor	어셈블 코드에서 마우스를 클릭한 후에 실행하면, 현재 클릭한 곳까지 자동으로 진행됨

이제 **Go**를 선택하면, 다음 그림과 같은 결과를 볼 수 있을 것입니다.

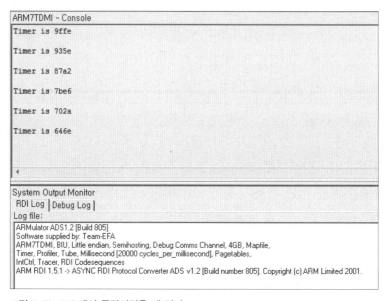

그림 1-51 AXD에서 동작시켰을 때 결과

앞서 프로그램 내에서 현재의 타이머 값을 표시하기 위하여 Timer is xxxx라는 문구를 사용하였으므로 결과 창에서도 Timer is xxxx라는 메시지를 볼 수 있습니다. 그리고 프로그램 내에서 **getchar( )**를 사용하였으므로 Console 창에서 엔터키를 눌러주면 다음 타이머의 값이 나타나는 것도 확인할 수 있습니다.

스타트업 코드

지금까지 MCU의 구조와 동작을 학습했습니다. 지금까지 살펴본 내용들은 MCU를 제어하는 데 있어서 가장 일반적인 내용이라고 볼 수 있는데요. 이번에 설명하는 **스타트업 코드**Startup Code는 관심을 두지 않으면 지나치는 경우가 많은 프로그램 코드라 확인하고 넘어가려 합니다.

스타트업 코드는 MCU가 시작할 때 가장 먼저 실행해야 할 코드를 모아놓은 것이라 할 수 있습니다. 스타트업 코드에 대해서 모르거나 알고 있더라도 코드가 자동으로 생성되는 부분이 많아 의미를 모르고 지나치는 경우가 많은데요. MCU가 리셋되고 난 후 초기화된 PC값에 의해서 프로그램이 실행된다고 설명했습니다. 그리고 우리는 기본적으로 main 함수부터 실행되는 프로그램을 만들곤 합니다. 여기서 생각해 봐야 할 것이 있습니다. MCU가 리셋되고 나서 main 함수 프로그램이 실행되려면 PC의 값이 main 함수를 가리키고 있어야 한다는 것이죠.

그렇다면 컴파일러에 의해서 생성되는 프로그램 코드는 main 함수가 실행될 수 있게 이 PC값에 자동으로 맞춰지는 것일까요? 안 될 이유는 없습니다. 강제로 main 함수가 초기화된 PC값에 맞추도록 옵션을 조정하면 되기 때문입니다.

그럼 그 외에 범용 레지스터나 다른 레지스터들은 어떨까요? 그리고 스택 포인터나 나머지 시스템에서 사용하는 레지스터들은 어떨까요? 예를 들어 스택 포인터가 이미 메모리를 거의 다 쓰고 공간이 얼마 남지 않은 상태에서 리셋이 되어 버렸다고 하겠습니다. 스택 메모리가 지역변수를 위한 공간으로 사용되었으니 이 위치를 가리키는 스택 포인터의 값은 스택 메모리의 얼마 남지 않은 공간을 그대로 가리키고 있을 것입니다.

그리고 리셋이 되었으므로 다시 main 함수가 실행될 것이고 지역변수들이 사용되면서 스택 포인터의 값이 계속 증가합니다. 이때 스택 포인터는 초기화되지 않은 상태로 계속 증가하다가 결국에는 스택 메모리의 한계를 벗어나 시스템에 치명적인 문제를 발생시킬 것입니다.

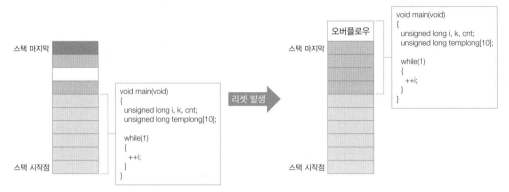

그림 1-52 리셋이 발생할 때의 스택 포인터

이러한 문제점들을 해결하기 위해 스타트업 코드를 사용합니다. 스타트업 코드에서는 방금 설명한 레지스터들을 세팅하거나 인터럽트를 초기화시키고, 스택 포인터나 힙 포인터^{Heap Pointer}도 초기화시킵니다. 추가적으로 PLL 세팅 메모리의 세팅 기능도 있으나 이러한 세팅은 main 함수에서 하기도 합니다.

스타트업 코드는 일반적으로 어셈블리어로 만듭니다. 그 이유는 스타트업 코드를 실행할 위치^{Address}를 임의적으로 정하기 용이하고, 임의적으로 레지스터를 세팅하거나 사용할 수 있기 때문입니다. C 언어로 작성할 경우에 레지스터를 임의적으로 지정하기 어려운 데다 컴파일러에 따라서 달라질 수 있기 때문이기도 합니다.

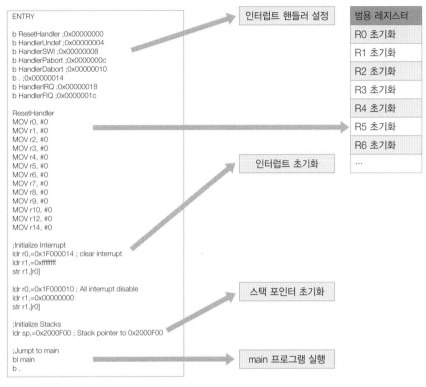

```
ENTRY

b ResetHandler ;0x00000000
b HandlerUndef ;0x00000004
b HandlerSWI ;0x00000008
b HandlerPabort ;0x0000000c
b HandlerDabort ;0x00000010
b . ;0x00000014
b HandlerIRQ ;0x00000018
b HandlerFIQ ;0x0000001c

ResetHandler
MOV r0, #0
MOV r1, #0
MOV r2, #0
MOV r3, #0
MOV r4, #0
MOV r5, #0
MOV r6, #0
MOV r7, #0
MOV r8, #0
MOV r9, #0
MOV r10, #0
MOV r12, #0
MOV r14, #0

;Initialize Interrupt
ldr r0,=0x1F000014 ; clear interrupt
ldr r1,=0xffffffff
str r1,[r0]

ldr r0,=0x1F000010 ; All interrupt disable
ldr r1,=0x00000000
str r1,[r0]

;Initialize Stacks
ldr sp,=0x2000F00 ; Stack pointer to 0x2000F00

;Jumpt to main
bl main
b .
```

인터럽트 핸들러 설정

범용 레지스터
R0 초기화
R1 초기화
R2 초기화
R3 초기화
R4 초기화
R5 초기화
R6 초기화
...

인터럽트 초기화

스택 포인터 초기화

main 프로그램 실행

그림 1-53 ARM core의 스타트업 코드 예제

1.7 MCU 학습을 마치며

이번 장을 통해서 MCU의 기본 개념이 어느 정도 이해가 되었기를 바랍니다. MCU에 대한 설명을 하면서 어느 레벨까지 학습 범위를 정해야 할까 고민을 많이 했지만, 모든 걸 자세히 설명하는 것은 MCU의 데이터시트를 그대로 옮기는 것뿐이라 중요한 점만 선별하여 설명하도록 노력했습니다.

MCU에 대해서 더 깊이 알고 싶다면 사용하려는 MCU의 데이터시트를 정독하는 것도 좋습니다. 책 속에서도 다루었던 이야기이지만 데이터시트는 MCU를 판매하는 사람들이 만들었기 때문에 해당 MCU는 그 누구보다도 자세히 설명해줄 것입니다.

01 연/습/문/제/ 생각해봅시다!

1.1 메모리에서부터 명령어가 처리되는 과정을 4단계로 구분할 때 각 단계에 관하여 설명하세요.

1.2 명령어를 처리할 때 SRAM을 직접 이용하지 않고 레지스터를 사용하는 이유는 무엇일까요?

1.3 다음은 데이터시트의 일부입니다. 이를 참조하여 포트핀의 출력값이 '0(Low)'가 설정될 수 있도록 레지스터의 이름을 포함하여 방법을 설명하세요.

Each port pin consists of three Register bits: DDxn, PORTxn, and PINxn. As shown in "Register Description for I/O Ports" on page 86, the DDxn bits are accessed at the DDRx I/O address, the PORTxn bits at the PORTx I/O address, and the PINxn bits at the PINx I/O address.

The DDxn bit in the DDRx Register selects the direction of this pin. If DDxn is written logic one, Pxn is configured as an output pin. If DDxn is written logic zero, Pxn is configured as an input pin.

If PORTxn is written logic one when the pin is configured as an input pin, the pull-up resistor is activated. To switch the pull-up resistor off, PORTxn has to be written logic zero or the pin has to be configured as an output pin. The port pins are tri-stated when a Reset condition becomes active, even if no clocks are running.

If PORTxn is written logic one when the pin is configured as an output pin, the port pin is driven high (one). If PORTxn is written logic zero when the pin is configured as an output pin, the port pin is driven low (zero).

When switching between tri-state ({DDxn, PORTxn} = 0b00) and output high ({DDxn, PORTxn} = 0b11), an intermediate state with either pull-up enabled ({DDxn, PORTxn} = 0b01) or output low ({DDxn, PORTxn} = 0b10) must occur.

Normally, the pull−up enabled state is fully accept− able, as a high−impedant environment will not notice the difference between a strong high driver and a pull−up. If this is not the case, the PUD bit in the SFIOR Register can be written to one to disable all pull−ups in all ports.

Switching between input with pull−up and output low generates the same problem. The user must use either the tri−state ({DDxn, PORTxn} = 0b00) or the output high state ({DDxn, PORTxn} = 0b11) as an intermediate step.

Table 25 summarizes the control signals for the pin value.

Table 25. Port Pin Configuration

DDxn	PORTxn	PUD (In SFIOR)	I/O	Pull−up	Comment
0	0	X	Input	No	Tri−state(Hi−Z)
0	1	0	Input	Yes	Pxn will source current if ext. pulled low.
0	1	1	Input	No	Tri−state(Hi−Z)
1	0	X	Output	No	Output Low(Sink)
1	1	X	Output	No	Output High(Source)

02

컴파일러
프로그램 코드의 변환 도구

번역을 하기 위해서는 번역가가 필요하듯이
고급 언어를 기계어 코드로 변환하려면
컴파일러가 필요합니다.

컴파일러는 능력 좋은 통번역가라고 할 수 있습니다.

2.1 들어가며

이전 장에서 컴파일러Compiler를 잠시 언급하며, **프로그램 코드를 변환하는 도구**라고 간략하게 소개한 바 있습니다. 이는 풀어 말하면 **개발자가 작성한 고급 언어를 MCU가 이해할 수 있는 프로그램 코드(기계어)로 변환하는 도구**라고 할 수 있습니다.

여러분은 **리버스 엔지니어링**이라는 말을 들어 보았을 것입니다. 이는 시스템을 역으로 추적하여 분석하는 기법을 뜻합니다. **리버스 엔지니어링**을 할 때도 컴파일러가 사용되는데, 일반 컴파일러와는 반대로 기계어 코드에서 저급 언어 또는 고급 언어로 변환하는 도구이며 이를 **리버스 컴파일러**라고 부릅니다. 이 또한 컴파일러의 한 종류이죠.

이번 장에서는 컴파일러가 어떻게 기계어 코드로 변환을 하는지, 그리고 왜 컴파일러가 필요한지를 이야기할 것입니다. 이를 통해서 소프트웨어와 하드웨어의 관계를 알 수 있고, 디버깅에 필요한 지식도 얻을 수 있습니다.

2.2 컴파일러: 능력 좋은 통번역가

MCU는 디지털 로직의 집합이라고 이야기합니다. 디지털 로직은 하드웨어적으로 0과 1의 값만 사용할 수가 있는데요. 이는 MCU가 0과 1로만 이루어진 명령어를 이해할 수 있는 것과 같습니다. 그런데 개발자는 C 언어와 같은 프로그램 언어를 사용하므로 MCU가 이해할 수 있도록 변환이 필요합니다.

실생활에서도 이와 비슷한 경우가 있습니다. 바로 통역과 번역에 관한 것인데요. 한국인이 미국인과 이야기를 나누고 싶다면 "안녕하세요"를 영어로 바꿔서

"Hello"라고 말해야 하죠. 이때 "Hello"라고 말하기 위해서 통역사의 도움이 필요한 것입니다.

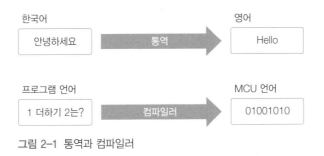

한국어
| 안녕하세요 | → 통역 → | 영어 | Hello |

프로그램 언어
| 1 더하기 2는? | → 컴파일러 → | MCU 언어 | 01001010 |

그림 2-1 통역과 컴파일러

명령어를 처리하는 프로세서 코어에는 다양한 종류가 존재한다고 말했습니다. 이는 다양한 형태의 기계어가 존재한다는 뜻이고, 그에 따르는 컴파일러들 또한 다양해진다는 것과 같습니다. 지면상 모든 컴파일러에 관하여 알아보지 못하기에 여기서는 최근 들어 많이 사용되는 **ARM 프로세서 코어**를 사용할 것입니다.

국가 간의 의사소통

인간은 언어를 사용하는 동물입니다. 언어를 통해서 서로 의견을 교환하고, 소통을 하고 있습니다. 그런데 언어는 같은 민족끼리 또는 같은 지역에서 발생한 것이어서 다른 민족과는 소통을 할 수가 없습니다. 그래서 통역과 같은 단계가 필요한 것이죠.

통역을 하려면 한쪽에서 사용되는 언어에 맞는 뜻을 미리 알고 있어야 합니다. 사전에는 각 단어의 뜻이 잘 정리되어 있죠. 그런데 만약에 사전이 잘못 만들어져 있다면 어떤 일이 생길까요?

예를 들어, 외국의 어느 식당에서 음식을 주문해야 한다고 할 때 내가 먹고 싶은 음식에 관련된 단어가 사전에 잘못 설명되어 있다면, 식당의 종업원은 잘못된 음식을 가지고 올 것입니다.

그림 2-2 외국에서 메뉴를 고르기는 어렵다

마찬가지로 컴파일러가 개발자의 프로그램 코드를 MCU가 이해할 수 있는 코드로 변환할 때 컴파일러가 잘못 만들어져 있다면 MCU는 제대로 된 동작을 못할 수도 있습니다. 그래서 대체로 상업용으로 판매하는 컴파일러를 사용하는데요. 상업용 컴파일러는 기본적인 컴파일의 기능 외에도 부수적인 기능을 많이 제공합니다.

통번역의 과정

고급 언어를 저급 언어로 변환하는 방식에는 인터프리터 방식과 컴파일 방식이 있습니다. 둘 간의 차이점을 통역하는 사람과 번역하는 사람의 예를 통해 알아 보겠습니다. 일단 통역하는 사람은 말을 전달하기 위해 항상 따라다녀야 합니다. 즉석에서 상대방의 언어를 이해할 수 있어서 소통은 빠르지만, 같이 다녀야 하는 이유로 교통비나 식사 비용이 추가로 필요하기도 하죠.

반면에 번역하는 사람은 번역이 완료된 내용을 전달하기만 하면 되므로 추가적인 비용이 들지 않습니다. 하지만 상대방과 말을 할 필요가 있을 때 즉석에서 도움을 주지 못해 문서로 만들어야 할 것입니다.

동시통역을 하듯이 언어를 즉석에서 실행하는 **인터프리터**Interpreter 방식이라고 하고, 번역을 하듯이 완전한 내용으로 만든 후 실행하는 **컴파일**Compile 방식이라고 합니다. 물론 요즘에는 인터프리터 방식과 컴파일러 방식을 적절히 혼합한 형태도 있습니다.

동시통역하는 인터프리터

번역하는 컴파일러

그림 2-3 인터프리터와 컴파일러

이번 장에서는 컴파일러에 관하여 알아보고 있으므로 이와 유사한 번역의 과정을 살펴보겠습니다.

동시통역은 말로써 전달하는 것이 목적이므로 들리는 대로 말을 합니다. 그래서 특별한 과정이 필요하지 않습니다. 그러나 번역의 경우에는 몇 가지의 과정이 있는데요. 그 과정을 순서대로 나타내면 다음과 같습니다.

1. 번역에 필요한 원서에서 그림이나 숫자와 같이 해석이 필요없는 부분들은 그대로 옮겨 적습니다.
2. 각 단어별로 뜻을 해석합니다.
3. 각 단어들을 의미가 전달될 수 있게 배열하여 적습니다.

번역하는 과정은 번역하는 사람의 능력에 따라 다를 수 있습니다. 능력이 좋은 번역가의 경우에는 머릿속에서 해석이 빠르게 이루어져 빠른 결과와 좋은 결과물이 나올 것입니다. 하지만 초보 번역가의 경우에 각 단어를 찾기 위해 사전을 찾거나 결과물이 의미를 전달하는 데 있어서 부족할 수도 있죠. 마찬가지로 컴파일러가 기계어 코드로 변환할 때도 그 도구의 성능에 따라 변환하는 데 필요한 시간이나 결과물의 성능에도 차이가 납니다.

임베디드 시스템에서는 인터프리터보다는 컴파일러를 이용한 방식이 주로 사용되는데요. 인터프리터는 실행에 필요한 리소스가 많이 필요하여 임베디드 시스템처럼 작은 시스템에서는 성능이 좋지 않습니다. 그래서 컴파일러를 이용한 방식이 많이 이용됩니다.

2.3 프로그램 언어와 컴파일러

컴파일은 본래의 언어를 다른 언어로 변환하는 것이라고 하였습니다. MCU 입장에서는 **기계어 코드**Machine Code가 되는 것이고 개발자의 입장에서는 **C 언어**와 같은 고급 언어가 되는 것이죠.

번역을 하기 위해서는 번역가가 필요하듯이 기계어 코드로 변환하기 위해서는 어떠한 도구가 필요할 것입니다. 또한 번역가 중에는 고급 번역가도 있고 초급 번역가가 있듯이 컴파일에 사용되는 도구들도 성능 차이를 보입니다.

우리가 흔히 이야기하는 컴파일러는 사실 **컴파일러 + 어셈블러 + 링커** 등이 합쳐진 것입니다. 3개의 도구를 통틀어 컴파일러라고 부르고 있지만 실제로는 **컴파일러, 어셈블러, 링커**는 다른 목적으로 사용되는 도구입니다. 컴파일러는 고급 언어에 가까운 도구라고 한다면, 어셈블러는 저급 언어 즉, 하드웨어에 가까운 도구이고 링커는 여러 코드들을 하나의 코드로 만드는 도구입니다.

개발자는 프로젝트를 컴파일용 도구만으로는 진행할 수가 없습니다. 부수적으로 프로그램 코드를 작성할 수 있는 도구(편집기), 프로그램 분석을 위한 도구(디버거), 가상으로 실행해 볼 수 있는 도구(시뮬레이터) 등이 있어야 하죠. 이는 반드시 있어야 하는 것들은 아니지만 개발에 도움이 되는 것들입니다.

이번에는 프로그램 언어와 컴파일에 필요한 도구들을 살펴보려 합니다.

C/C++, JAVA, FORTRAN, BASIC

안드로이드용 프로그램은 JAVA, iOS용 프로그램은 Objective-C, 임베디드 제품은 C, Windows 프로그램은 Visual C++ 등 여러 종류의 프로그램 언어가 개발자를 괴롭히고 있습니다. 그럼 왜 이렇게 많은 프로그램 언어가 있는 것일까요? 그이유를 찾기 위해서는 프로그램 언어의 목적부터 이해를 해야 합니다.

컴퓨터의 역사를 설명할 때 전자계산기에 관한 이야기를 많이 합니다. 전자계산기의 탄생 이유가 계산을 빠르게 하고 자동으로 하기 위한 것이었고, 여기서부터 발전된 것이 컴퓨터이기 때문입니다. 처음에 개발되었던 자동계산기는 데이터를 저장하기 위하여 긴 종이에 구멍을 뚫어 사용하거나 자기 테이프 형태를 사용하기도 하였습니다. 이후에 컴퓨터가 상업화되고 폰노이만 구조[1]를 가지게 되면서 컴퓨터를 동작시키는 명령어와 데이터를 쉽게 변경할 수 있게 되었죠.

이때부터 프로그램 언어의 필요성이 생겼습니다. 프로그램 언어가 탄생되기 이전에는 0과 1로 이루어진 디지털 코드를 쓸 수밖에 없어서 분석도 어려웠고, 작성도 어려웠습니다. 그래서 이를 좀 더 효율적으로 작업하기 위해 어셈블리가 생겨나게 되었고, 이후 포트란, 코볼, C 같은 고급 언어가 생겨나게 된 것입니다.

----

1 폰노이만(Von-neumann): 명령어 저장용 메모리와 데이터 저장용 메모리를 하나의 메모리에서 사용하는 구조

즉, 프로그램 언어의 목적은 사람이 좀 더 이해하기 쉽고 작성하기 쉽도록 하는 것이었고, 프로그램 언어가 탄생한 이후에는 효율성이나 목적성에 맞게 계속적인 발전을 이루게 된 것입니다.

그럼 여기서 잠시 각 언어의 특징을 살펴보겠습니다.

표 2-1 각 언어별 특징

언 어	특 징
어셈블리어	MCU가 알 수 있는 기계어 코드와 매칭이 가능한 언어, MCU가 사용할 수 있는 코드 위주로 작성되어 코드의 양이 많고 분석하기가 쉽지 않음
C	If, then, while과 같은 자연어를 사용한 언어로, 어셈블리어보다 적은 코드의 양으로 프로그램 작성이 가능하고 분석하기가 쉬움
C++	C 언어에서 발달한 언어로, 코드의 재활용성을 높이고 객체의 개념을 도입한 언어
JAVA	C++과 같이 객체 개념을 사용하고 잘 쓰지 않는 기능을 제거하여 간단하게 사용할 수 있도록 만든 언어
BASIC	지금은 Visual Basic으로 발달하여 Windows용 프로그램에서 사용되지만, BASIC 언어의 구조가 간단하여 출시된 당시에는 일반 컴퓨터에서 가장 많이 사용하였던 언어
FORTRAN	최초의 고급 언어로, 공학에서 수식 변환을 위해 주로 사용하는 언어

프로그램 언어를 이야기할 때 고급 언어High-level language와 저급 언어Low-level language를 많이 언급합니다. 이 둘의 차이는 MCU 위주의 프로그램이냐 사람 위주의 프로그램이냐에 따라 나눠지는 것인데요. MCU 위주의 언어인 어셈블리어의 경우 저급 언어로 분류되고, 사람이 이해할 수 있는 단어들을 사용하는 프로그램인 C는 고급 언어로 분류됩니다.

저급 언어들은 기계어로 바로 쉽게 변환될 수 있을 만큼 하드웨어에 가까운 언어인 반면에 고급 언어들은 저급 언어로 변환되는 단계가 추가적으로 필요합니다. 그 이유는 고급 언어도 최종적으로는 기계어로 만들어져야 하기 때문인데요. 그러기 위해서 고급 언어에서 저급 언어로 변환되고, 저급 언어에서 다시 기계어로 변환되는 것입니다. 그런데 이렇게 변환 과정을 거쳐야 하는데 왜 고급 언어를 써야 할까요?

일단, 고급 언어를 만든 이유가 사람이 이해하기 쉽도록 하는 것이어서 사용하기가 편리합니다. 그래서 작성된 프로그램을 분석하기도 쉬운 것인데요. 게다가 어떠한 저급 언어로도 변환이 가능하다는 특징이 있습니다. 즉, 고급 언어로 작성된 프로그램은 저급 언어로 변환하는 과정을 거치는데, 그 단계에서 원하는 저급 언어로 선택하여 변환할 수 있는 것입니다.

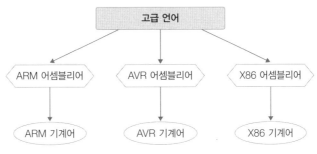

그림 2-4 MCU에 따라 변환 가능한 고급 언어

반대로, 저급 언어의 특징을 보면, CPU마다 사용하는 저급 언어가 다르므로[2] MCU가 바뀌면 CPU도 바뀌면 경우가 많으므로 프로그램도 바뀌어야 합니다. 그리고 MCU 위주로 작성되어야 하기 때문에 고급 언어에 비해서 이해하기가 쉽지 않습니다. 하지만 성능적인 측면에서 보면 저급 언어는 하드웨어에 가까운 언어이므로 MCU의 성능을 최대한 끌어올릴 수가 있습니다.

고급 언어 중 임베디드 제품에서는 C를 많이 사용하는데요. 그 이유는 C는 고급 언어이면서 저급 언어와 같이 MCU 위주로 작성할 수가 있기 때문입니다. C 언어와 다른 고급 언어와의 가장 큰 차이점을 든다면, **포인터**Pointer라는 개념을 사용하는 것인데요. 포인터는 프로그램에서 가장 문제를 많이 일으키는 원인이기도 하지만, C가 MCU에 가장 친근한 언어가 되도록 하기도 합니다.

----
2 MCU는 여러 회사에서 제작하면서 서로 다른 기계어 코드를 사용합니다.

어셈블리어와 기계어

컴파일러는 고급 언어를 어셈블리어 같은 저급 언어로 만들고 이 어셈블리어가 다시 MCU가 실행할 수 있는 기계어 코드로 변환되는 것이라고 하였습니다. 그중에서 어셈블리어가 기계어로 변환되는 과정은 고급 언어에서 어셈블리어로 변환되는 과정보다 단순한 구조로 되어 있습니다. 그 이유는 기계어를 사람이 그나마 읽기 좋은 형태로 변환시킨 것이 어셈블리어이기 때문인데요.

MCU를 위한 기계어는 0과 1로 만들어진 바이너리 코드입니다. 자연어를 사용하는 인간이 해석하기는 힘든 것이죠. 그래서 가독성을 높이기 위한 방법으로 바이너리 코드를 대신해서 어셈블리어를 사용한 것이고, 어셈블리어 한 줄은 명령어 한 줄을 의미하는 것입니다.

이러한 탄생 배경을 가진 어셈블리어를 이해하기 위해서는 바이너리 코드의 기계어도 이해할 필요성이 있다고 생각합니다. 여기서 ARM 명령어를 잠깐 살펴보겠습니다.

그림 2-5 기계어 코드와 어셈블리어

ARM은 고정된 크기와 형식의 명령어를 사용합니다. 이 형식에는 각 명령어를 구분할 수 있는 코드와 명령어에 따라 필요한 레지스터들 및 값들에 대한 정보를 가지고 있습니다.

ARM Instruction Set Format

	31	28 27				16 15		8 7			0	Instruction type
Cond	0 0 I	Opcode	S	Rn	Rd		Operand2					Data processing / PSR Transfer
Cond	0 0 0 0 0 0	A	S	Rd	Rn	Rs	1 0 0 1	Rm				Multiply
Cond	0 0 0 0 1	U	A S	RdHi	RdLo	Rs	1 0 0 1	Rm				Long Multiply (v3M / v4 only)
Cond	0 0 0 1 0	B	0 0	Rn	Rd	0 0 0 0	1 0 0 1	Rm				Swap
Cond	0 1 I	P U B W L	Rn	Rd	Offset							Load/Store Byte/Word
Cond	1 0 0	P U S W L	Rn	Register List								Load/Store Multiple
Cond	0 0 0	P U 1 W L	Rn	Rd	Offset1	1 S H 1	Offset2					Halfword transfer : Immediate offset (v4 only)
Cond	0 0 0	P U 0 W L	Rn	Rd	0 0 0 0	1 S H 1	Rm					Halfword transfer: Register offset (v4 only)
Cond	1 0 1	L	Offset									Branch

그림 2-6 ARM 명령어 세트의 형태

그림 2-6은 ARM9의 명령어 중 일부를 나타낸 것인데, 32비트의 고정된 길이를 가지고 있습니다. 이 데이터 안에는 Cond, Opcode, S, A, U, B, P, W, L, Rn, Rd, Operand, Offset, Register List라는 요소들이 있는데요. 각 요소의 의미를 알아야 기계어를 해석할 수 있기에 표 2-2에 정리했습니다.

표 2-2 명령어 세트에서 각 요소의 의미

요소	의미
Cond	Condition을 의미하며 MCU의 상태 레지스터를 참조하거나 업데이트할 때 사용됨
Opcode	데이터를 처리할 명령어를 구분하는 코드로, 이 값에 따라 ADD, ADDC, SUB 등의 명령어들을 구분함
I	상수 값을 사용할지 레지스터를 사용할지 결정
S	Set Flag라는 의미로 연산의 결과를 MCU의 상태 레지스터에 업데이트할 때 사용

요소	의미
A	Accumulate의 약자로, Multiply 명령어 수행 시 Accumulate를 사용할지 말지를 결정
U	Up or Down이라는 의미로 Offset값을 사용하는 명령어에서 Base address로부터 Offset만큼 더한 위치를 이용할 것인지 Offset만큼 뺀 값을 이용할 것인지 결정
B	Byte or Word라는 의미이며 데이터를 처리할 때 사이즈를 결정함
P	Pre or Post라는 의미이며 명령어 수행 전(Pre)에 Offset 등을 적용할지 수행 후(Post)에 적용할지를 결정
W	Write-back을 의미하며 Offset 적용 후의 위치를 Base address에 적용할지를 결정
L	Load or Store를 의미하는 비트이며 데이터를 메모리에서 읽거나(Load) 쓰는(Store) 작업을 의미
Rn	연산에 사용할 첫 번째 레지스터 번호
Rd	결과를 저장할 레지스터 번호
Rm	연산에 사용할 두 번째 레지스터 번호
Operand	연산에 사용될 레지스터 또는 값이 올 수 있음
Offset	Address를 계산할 때 사용될 값으로 Base address로부터의 거리 차이를 이야기함
Register List	하나의 명령어로 여러 개의 레지스터를 제어할 때 사용됨

명령어 세트를 이해하기 위한 예제로 ADD 명령어를 기계어로 변환하는 과정을 살펴보겠습니다.

ADD 명령어는 데이터들의 **더하기** 연산을 위해 사용하는 것으로, 값 A와 값 B를 가공Data Processing하는 명령어입니다. 그림 2-6에서 보듯이 데이터를 처리하는Data Processing 명령어로 구분되는 것이죠. 실제로 ADD 명령어의 어셈블리어는 ADD r2, r0, r1과 같이 사용되는데요. 이를 기계어로 변환하기 위해서는 **Data Processing** 명령어에 맞게 Cond + 00 + I + Opcode + S + Rn + Rd + Operand 형태를 갖춰야 합니다.

| 31 | 2827 | | | | 1615 | | 87 | | 0 | **Instruction type** |

Table:

Cond	0 0	I	Opcode	S	Rn	Rd	Operand2			Data processing / PSR Transfer

ADD r2, r0, r1;

Cond	1110	Always
00	00	더미 데이터
I	0	레지스터 사용
Opcode	0100	ADD 명령어의 Opcode
S	0	결과를 업데이트 안함
Rn	0000	연산에 사용할 첫 번째 레지스터 번호
Rd	0010	결과를 저장할 레지스터 번호
00000000	00000000	더미 데이터
r1	0001	연산에 사용할 두 번째 레지스터 번호

1110 00 0 0100 0 0000 0010 00000000 0001 -> 0xe0802001

그림 2-7 ADD 명령어를 기계어로 변환

Data Processing 형태에서 Cond, I, Opcode, S, Rn, Rd, Operand2의 값을 정하기 위해서는 해당되는 값의 의미를 알아야겠죠? 이제 그 값들을 설명할 것인데 혹시 설명이 부족한 부분은 데이터시트[3]를 참조하여 주십시오.

ADD 명령어는 단순히 값을 더하는 역할을 하므로 MCU의 상태 레지스터와 상관 없이 동작합니다. 그래서 항상 실행되는 조건을 가지는 것인데요. 데이터시트에서 볼 수 있듯이 항상 실행되는 조건으로 인해 Cond의 값이 1110(AL=Always)으로 결정됩니다.

ADD r2, r0, r1은 상수값을 사용하는 것이 아니라 레지스터를 사용하는 것으로 해야 하므로 I의 값은 0이 됩니다. Opcode는 데이터 처리를 하는 명령어를 구분하기 위하여 사용되는 값이며, ADD 명령어는 바이너리로 0100의 값을 가지고 있습니다. 그리고 S 옵션은 명령어를 처리한 후 MCU의 상태 레지스터에 업데이트를 할지 결정하는 비트입니다. 현재의 ADD 명령어는 업데이트할 데이터가 없으므로 S 옵션은 0을 사용합니다.

----

3 http://infocenter.arm.com/help/topic/com.arm.doc.qrc0001mk/QRC0001_UAL.pdf

마지막으로 연산에 사용될 레지스터들(R0, R1, R2)을 정해주면 32비트의 명령어가 완성됩니다.

이렇게 완성된 코드는 **실행조건 + Opcode + 레지스터들**을 가지고 있으며 이를 32비트 바이너리 코드와 헥사 코드로 나타내면 ('1110000010000000001000000000001', 0xE0802001)가 되는 것입니다.

명령어 세트를 표현할 때는 또 다른 형태로 표현하기도 하는데요. 그림 2-6이 조금 복잡하게 느껴진다면 단순히 Opcode, Rd, Rn, Rm과 같이 나타낼 수도 있습니다.

Cond + Opcode + …은 명령어마다 구분될 수 있는 값을 모두 포함하고 있어 복잡하게 보이는데요. 이를 Opcode로 단순히 나타내고 명령어 처리를 위해 사용될 레지스터들만 나열하면 Opcde, Rd, Rn, Rm과 같이 되는 것입니다.

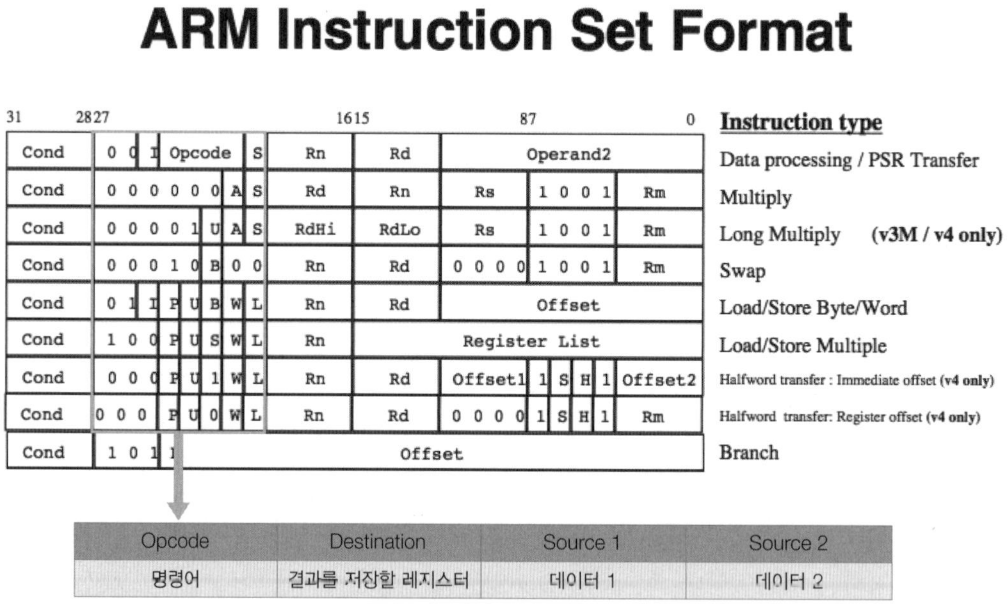

ARM Instruction Set Format

그림 2-8 단순화시킨 명령어 세트

이렇게 단순화시킨 형태는 어디선가 많이 본 것 같지 않나요? 바로 지금까지 봐오던 어셈블리어와 같은 모습입니다. 즉 어셈블리어 ADD r2, r0, r1은 기계어를 단순화시켜 설명하는 Opcode + Destination + Source 1 + Source 2와 같은 형태라는 것을 알 수 있습니다.

RISC vs CISC

인간이 사용하는 언어와 닮은 고급 언어는 MCU를 동작시키기 위한 저급 언어로 변환시켜야 하고 저급 언어는 다시 기계어로 변환되는 과정이 필요하다고 하였습니다. 이러한 변환 작업은 컴파일러와 어셈블러를 이용하는데요 이때 고급 언어로 작성된 프로그램을 다른 종류의 MCU를 위한 어셈블리어로 변환시키는 작업도 가능합니다.

한편 어셈블리어가 기계어 코드로 변환된다고 하였는데요. 기계어 코드는 MCU의 명령어 처리기와 밀접한 관계가 있어 그 특징을 학습할 필요가 있습니다.

기계어는 0과 1로 이루어진 바이너리 코드로 되어 있습니다. 이 코드들은 MCU 내부의 명령어 처리기에 의해 해석된 후 MCU가 동작하는 것인데요. 이를 다르게 해석하면, 명령어 처리기가 해석하는 방식에 따라 바이너리 코드가 달라져야 한다는 것과 같습니다.

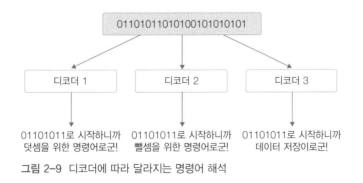

그림 2-9 디코더에 따라 달라지는 명령어 해석

명령어 처리기에 맞는 형식을 갖추기 위해서는 그 구조를 알아야 하는데요. 기본적으로 CISC와 RISC 또는 혼합된 구조의 명령어 처리기가 있습니다. 보통은 RISC와 CISC를 이야기할 때 CISC는 복잡한 구조, RISC는 단순한 구조 등으로 이야기를 많이 하는데요. CISC와 RISC를 정확히 이해하기 위해서는 명령어를 해석하는 방법을 이해하면 됩니다.

CISCComplex Instruction Set Computer라는 뜻을 있는 그대로 해석하면 **복잡한 명령어 세트**입니다. 이 구조는 컴파일러의 부담을 덜어주기 위하여 복잡한 명령어도 한 줄의 명령어에 의해 실행될 수 있도록 하드웨어적으로 구성되었다는 것입니다.

프로그램의 계산 중에는 A+B+C×2+10과 같은 복잡한 것이 있는가 하면 A+1과 같은 단순한 것도 있습니다. CISC 구조에서는 이들을 모두 하드웨어적으로 지원하기 위한 구조를 가지고 있는 것이죠. 짧은 명령어와 긴 명령어를 모두 지원하려다 보니 그림 2-10과 같이 구조가 복잡해지고 기계어의 길이도 제각각일 수밖에 없었는데요. 그래서 CISC를 복잡한 명령어 세트라고 부르는 것입니다.

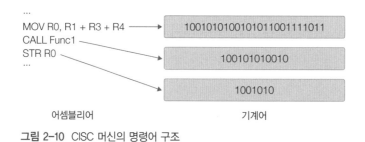

그림 2-10 CISC 머신의 명령어 구조

반면에 RISCReduced Instruction Set Computer라는 뜻을 그대로 해석하면 **줄어든 명령어 세트**입니다. 이 구조는 컴파일러를 지원하는 것과 상관없이 MCU의 하드웨어 구조를 간단히 만들고, 성능을 높이기 위해 고안되었습니다.

CISC 구조에서는 모든 명령어들을 지원하기 위한 하드웨어 구조를 가졌지만, 연구결과 가장 많이 사용하는 명령어들은 20%[4] 정도 밖에 되지 않는 것으로 나타났

---

4 IBM 연구소에서 근무하던 John Cocke에 의해 제안됨

습니다. 그래서 CISC 명령어들 중 가장 많이 사용하는 것만 골라서 명령어 세트들을 만들게 되었는데요. 이때 하드웨어적인 구조 또한 간단히 하기 위하여 명령어 세트들의 길이를 고정된 형태로 사용하였습니다. 이런 하드웨어 구조와 고정된 형태의 명령어 세트를 가진 구조를 RISC 머신이라고 부릅니다.

또한 RISC 머신은 고정된 길이의 명령어들로 인해 명령어 처리의 효율을 좀더 높일 수 있는 파이프라인을 구성할 수가 있습니다. 그리고 하드웨어 구조가 간단하여 시스템 클럭의 속도를 높일 수가 있었습니다. 현재 RISC 머신 구조를 가진 프로세서 코어 중에서 가장 유명해진 회사가 여러분도 잘 아는 ARM^{Advanced RISC Machine}입니다.

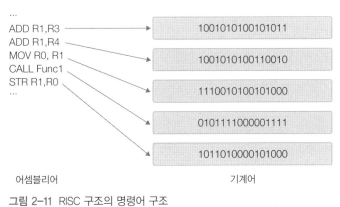

그림 2-11 RISC 구조의 명령어 구조

앞서 RISC 머신이 만들어질 당시에는 CISC 머신의 복잡한 구조와 명령어들을 간단히 하기 위한 것이라고 하였는데요. RISC 머신이 탄생했던 때와는 달리 현재는 RISC 머신도 점점 복잡해지고 명령어가 많아지고 있습니다. 그 이유는 CISC 머신에 비하여 명령어가 여러 개로 나뉘어져 있기 때문에 성능이 저하되는 부분이 생기는데, 이를 끌어올리기 위한 것이라고 할 수 있습니다. 그래서 지금은 RISC와 CISC의 장점을 혼합한 형태의 머신들이 계속 만들어지고 있습니다.

IDE

앞서 ADS라는 개발 환경을 사용하였습니다. ADS에는 통합 개발 환경이라는 말답게 편집기, 컴파일러 그리고 디버거 등의 도구들이 포함되어 있었는데요.

원래는 편집기, 컴파일러, 디버거 등은 단독으로 사용되던 도구였습니다. 개발 시에 많이 사용되는 도구들이지만 따로 흩어져 있어 불편함이 있었는데요. 이들을 개발자들의 편의를 위하여 한 곳에 모아 **통합 개발 환경**IDE, Integrated Development Environment을 탄생시킨 것입니다.

그림 2-12 IDE의 구성

그림 2-12는 일반적으로 많이 사용되는 IDE의 구성도입니다. 각 목록은 표 2-3에 어떤 목적으로 사용되는지와 함께 정리했습니다.

표 2-3 일반적인 IDE에 포함되어 있는 도구들

툴 이름	목적	사용하는 단계
소스 편집기	프로그램을 작성하거나 수정할 수 있는 편집기	프로그램 시작
컴파일러	작성이 완료된 소스를 분석하여 어셈블리어로 변환	컴파일 첫 단계
링커	어셈블리어로 만들어진 오브젝트 코드들을 하나의 어셈블리어로 통합	컴파일 후
어셈블러	컴파일러에 의해 작성된 어셈블리어를 기계어 코드로 변환	링크 단계를 거친 후

툴 이름	목적	사용하는 단계
디버거	MCU와 연결하여 동작시키면서 MCU의 상태 변화를 확인	MCU가 동작 중일 때
에뮬레이터	MCU와 PC 또는 다른 기기와 연결시키는 도구	MCU를 동작시킬 때
시뮬레이터	실제 MCU 대신에 가상 MCU와 PC 또는 다른 기기와 연결시키는 도구	MCU를 동작시킬 때

프로젝트를 진행할 때 개발 환경을 먼저 구축해야 본격적인 개발을 시작할 수 있습니다. 또 개발 환경이 잘 구축되면, 개발 진행 속도가 빨라지고 정확한 방향으로 진행 가능합니다. 그래서 개발 환경 구축은 가장 기본이면서 중요한 일 중에 하나입니다.

한편 새롭게 구축해야 하는 개발 환경 때문에 MCU를 잘 바꾸지 않으려 하는 개발자도 종종 있습니다. 이들은 도구의 사용법을 다시 익혀야 하고 새로운 환경에 적응해야 한다는 이유 때문인데요.

MCU를 제조하여 판매하는 업체들은 개발자들의 어려움을 잘 알고 있습니다. 그래서 자신들의 MCU를 판매하기 위하여 IDE를 무료로 배포하거나 세미나를 개최하는 등의 노력을 하는 것입니다.

IDE에 포함되어 있는 도구 중에서 개발자가 가장 많이 사용하는 도구는 편집기일 것입니다. 편집기는 소스 코드를 작성하는 도구로, 이 도구가 잘 만들어져 있으면 개발자가 편리함을 느낍니다. 그래서 이 편집기의 기능에 따라 IDE를 선택하기도 합니다. 대표적인 예로, Windows용 프로그램을 개발할 수 있는 Visual Studio에는 각 소스 코드를 쉽게 이동하거나 자동으로 정렬해주는 등의 편리한 기능들이 제공되고 있습니다.

그러나 아쉽게도 임베디드 시스템에서 사용되는 IDE들은 Visual Studio의 편집기만큼 강력하지가 않습니다. 물론, 지금도 계속 나아지고 있는 추세이긴 하지만, 아직 부족한 게 현실이죠. 그래서 개발자들 중에는 IDE에 포함되어 있는 편집기 말고 Source Insight나 Vim 같은 편집 전용 도구를 사용하는 경우도 많습니다.

2.4 컴파일 과정

컴파일러의 목적은 MCU 제어를 위한 기계어 코드를 만드는 것이라고 하였습니다. 그 목적을 달성하기 위해 진행되는 몇 가지 과정이 있고, 이러한 과정을 통해 고급 언어에서 저급 언어로 변환될 수 있는 것인데요. 우선, 이 과정을 모두 나타내면 그림 2-13과 같습니다.

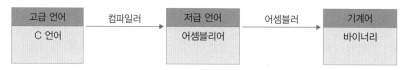

그림 2-13 컴파일 진행 과정

그림으로 나타낸 과정은 크게 두 번의 과정을 거칩니다. 고급 언어를 저급 언어로 바꾸기 위해 **컴파일러**를 이용한 변환 과정 그리고 저급 언어를 기계어 코드로 변환하기 위한 **어셈블러**를 이용한 과정입니다. **컴파일러**가 변환하는 과정이나 **어셈블러**가 변환하는 과정은 새로운 과정들로 이루어져 있습니다. 이번 절에서는 그러한 상세한 과정을 통하여 어떻게 변환이 되는지 알아보겠습니다.

단순화

C 언어에는 define이나 include와 같이 개발자의 가독성이나 편의를 위해 제공되는 기능이 있습니다. 이를 저급 언어로 변환하는 작업을 하기 위해서는 작업하기 쉬운 형태로 정리해야 합니다. 그 정리 작업이란 define된 값이나 include와 같은 헤더 파일을 실제 사용하는 소스로 치환시키는 것인데요.

다음 예제를 통해 자세히 살펴보겠습니다. 예제에는 define 값에서 INIT_VAL가 사용되었습니다. 이는 실제로 b = INIT_VAL에서 사용되는데요. 이를 b = 1과 같이 변환하는것이 **단순화 작업**입니다. define은 개발자가 프로그래밍을 쉽게 하기 위해 사용된 것이므로 컴파일할 때는 실제의 값이 되어야만 하는 것이죠. 이 과정에서 define이 잘못되거나 include 파일을 찾을 수가 없다면 **define을 찾을 수 없습니다** 내지는 include **파일을 찾을 수 없습니다**라는 에러가 발생하는 것입니다.

예제 2-1 C 언어로 작성된 프로그램

```c
#define INIT_VAL        1

void main(void)
{
    int a, b;

    b = INIT_VAL;

    a = a+ b;
    if ( b == INIT_VAL) b = 0;
    else b = INIT_VAL;
}
```

낱말 분석

어셈블리어는 명령어와 데이터로만 이루어져 있습니다. 그래서 고급 언어도 명령어와 데이터로 구분해야만 하는데요. 그러기 위해서 작성된 프로그램 코드를 확인하여 명령어가 무엇이고 데이터가 무엇인지 그리고 나머지 기호들은 어떤 관계를 갖는지 정리해야 합니다. 예제를 명령어와 데이터로 구분하면 다음과 같습니다.

예제 2-2 명령어와 데이터 및 기호 정리

```
void    // 함수의 리턴 값
main    // 함수의 이름
(       // 파라미터 시작
void    // 파라미터 값
)       // 파라미터 끝
{       // 함수 내용 시작
```

```
int      // 데이터 타입
a     // 데이터 변수명1
,     // 데이터 구분 표시
b     // 데이터 변수명2
;     // 데이터 선언끝
b     // 데이터 변수명2
=     // 명령어 '대입'
1     // 데이터
;     // 데이터 대입 끝
a     // 데이터 변수명1
=     // 명령어 '대입'
a     // 데이터 변수명1
+     // 명령어 '더하기'
b     // 데이터 변수명2
;     // 데이터 대입 끝
... 생략
```

위와 같이 정리가 끝나면 몇 개의 데이터용 메모리가 필요하고 몇 개의 명령어가 필요한지 알 수 있습니다. 이번 과정에서 명령어와 데이터를 구분할 수 없다면 단어에 오류가 있는 것이므로 그에 해당하는 에러를 발생시킬 것입니다. 이렇게 하나의 단어 또는 기호를 분리하기 위해 분석하는 작업을 낱말 분석Lexical Analysis이라고 하는데요. Lexical이라는 의미는 하나의 뜻을 가지는 단어 즉, 낱말을 의미합니다.

코드 최적화

낱말에 오류가 없다면 최적화Optimization를 진행합니다. 최적화 작업은 프로그램 코드를 효율적으로 동작할 수 있게 코드를 수정하는 것이라고 말할 수 있는데요. 다음 예제를 살펴봅시다.

예제 2-3 코드의 최적화

최적화 전 코드	최적화가 된 코드

int a, b;
 	
a = 3;
b = a;
 	
++a;
b = b + 1;
	int b;
	
	b = 3;
	
	b = b + 1;

코드를 살펴보면 최적화 전의 코드에는 3번째 줄에 a라는 변수에 3이라는 값을 대입한 후 다시 변수 b에 변수 a의 값을 대입합니다. 이 코드를 조금 단순화시킨다면, a=3을 생략하고 b=a 대신에 b=3을 사용하여 똑같은 결과를 얻을 수가 있습니다. 최종적으로는 사용되지 않는 코드를 삭제하는 것이죠. 이렇게 최적화 과정을 거치면 코드의 사이즈가 줄어 코드를 위한 저장 공간도 적게 사용하고, 필요없는 명령어가 사용되지 않으므로 자연스레 속도 또한 올라갑니다.

메모리 테이블화

프로그램 코드 내에는 많은 변수가 사용되고 있습니다. 변수들이 저장되고 읽히기 위해서는 메모리가 필요한데요. 각 변수에게 필요한 메모리를 제공하기 위해서는 메모리와 변수의 이름을 연결할 필요가 있습니다. 그래서 사용하는 방법은 변수들이 사용해야 할 메모리를 위해 심볼 테이블을 작성하는 것입니다.

심볼 테이블 Symbol Table은 변수들을 ID 형태로 관리하는 테이블이라고 할 수 있습니다. 예제 2-1에서 사용한 변수의 이름은 아스키 코드로 쓰여진 값입니다. 즉, a라는 변수는 이름을 기억하기 위해 a를 위한 1바이트의 공간이 필요하고 abcd라고 사용한다면 총 4바이트가 필요한 것입니다. 이렇게 변수를 사용하게 되면 변수를 위한 공간이 데이터 저장에 필요한 공간보다 더 많은 공간을 필요로 합니다. 그래서 변수에 사용된 이름을 그대로 사용하지는 않고 각 변수의 이름 대신 ID를 할당하여 테이블을 만드는 것입니다.

심볼 테이블과 관련하여 조금 더 쉽게 말하자면, 찜질방에 가면 옷을 넣기 위한 옷장과 비교할 수 있습니다. 이 옷장은 덩치가 큰 사람이든 작은 사람이든 상관없이 똑같은 크기의 옷장을 사용합니다. 그리고 열쇠에 적힌 번호로 자신의 물건을 보관해 둔 위치를 알 수 있는 것이죠. 마찬가지로 심볼 테이블에는 자신이 사용할 데이터의 위치를 알 수 있게 테이블 번호가 부여됩니다.

그림 2-14 개인별로 사용 가능한 찜질방의 옷장

실제의 예제를 가지고 말하자면, ID는 4바이트를 가지는 값이라고 할 때, 예제 2-1의 프로그램에서 변수 a와 b는 표 2-4와 같이 ID를 가질 수 있습니다.

표 2-4 심볼 테이블

ID	변수명
0x00000001	a
0x00000002	b
0x00000003	미정

이 심볼 테이블을 사용하여 a = a + b라는 문장을 나타내면 다음과 같은 형태가 되는 것입니다.

```
ID(0x00000001) = ID(0x00000001) + ID(0x00000002);
```

구문 분석

지금까지의 과정에서 문제가 발생하지 않았다면 각 낱말이나 명령어는 정상이라는 것입니다. 그럼 이번에는 이들의 조합인 문법을 확인할 차례입니다.

```
a = a + "abcd";
```

위의 문장은 a라는 상수 변수와 abcd라는 스트링 변수를 사용하는데요. 세부사항을 살펴보면, 변수도 이상이 없고 =을 사용한 대입 자체도 문제가 없습니다. 그러나 "abcd"라는 **스트링은 일반 상수 변수와 함께 사용할 수 없다는 조건**으로 인해 문법적으로는 문제가 되는 것입니다. 그래서 이번 과정에서 발생되는 오류는 문법에 관한 것입니다.

이렇게 문법을 확인하기 위하여 많이 쓰이는 방법으로 구문 나무^{Syntax Tree}가 있는데요. 여기서 쓰인 Syntax라는 뜻은 **단어들이 모여 이루는 의미**를 말하는 것입니다. 우리가 사용하는 언어에서 **주어 + 동사**의 형태를 가져야 의미가 전달되듯이 프로그램 언어에서 의미를 가지기 위하여 그 언어의 문법^{Syntax}을 따라야 한다는 것입니다.

구문 나무라는 것은 그림 2-15와 같이 명령어에 따라 필요로 하는 인자들을 나무 형태로 나열하는 것입니다. 이러한 나무 형태로 만드는 이유는 명령어와 변수를 구분하기 쉽고, 어셈블리어로 변환하기도 쉽기 때문입니다.

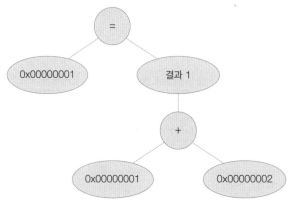

그림 2-15 프로그램을 이진 트리로 나열하기

그림 2-15는 앞선 예제에서 사용된 ID(0x00000001) = ID(0x00000001) + (0x00000002)를 구문 나무로 만든 것입니다. 최상위에 있는 = 명령어를 중심으로 왼쪽에는 결과를 저장할 메모리가 위치하고, 오른쪽에는 저장할 값이 위치해야 합니다. 이렇게 왼쪽과 오른쪽이 정해지는 기준은 중간에 위치한 명령어에 따릅니다.

이런 전제를 바탕으로 ID(0x00000001) = ID(0x00000001) + ID(0x00000002)를 다시 살펴보면, 왼쪽에는 ID(0x00000001)과 같이 결과값을 저장할 메모리가 정해졌습니다. 반면에 오른쪽에는 ID(0x00000001) + ID(0x00000002)와 같이 추가적인 명령어가 있는데요. = 명령어를 실행하기 이전에 + 명령어를 먼저 실행하도록 되어 있습니다. 그래서 이 + 명령어는 **왼쪽과 오른쪽을 더하여 결과 값을 저장한다**라는 전제와 함께 구문 나무가 만들어지고, 이렇게 처리된 결과가 = 명령어에 의해 **ID(0x00000001)**의 메모리에 저장되는 것입니다.

어셈블리어 명령어 치환

나무 형태로 만들어지면 어셈블리어로 쉽게 변환이 가능하다고 하였습니다. 왜냐하면 어셈블리어는 명령어와 데이터만으로 구성되는데, 구문 트리는 이미 명령어와 데이터가 완벽히 구분되어 있기 때문입니다.

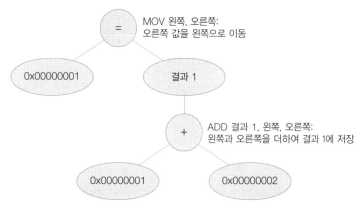

그림 2-16 이진 트리와 어셈블리어의 관계

그림 2-16과 그림 2-15를 참조하자면, = 명령어는 어셈블리어로 MOV가 사용될 수 있고 + 명령어는 ADD가 사용될 수 있다는 것을 나타냅니다. 또한 어셈블리어에서 MOV 명령어는 MOV a,b와 같은 형태를 가진다고 할 때, a는 = 명령어를 중심으로 왼쪽 변을 뜻하고 b는 오른쪽 변을 뜻합니다. 마찬가지로 ADD 명령어는 ADD c,a,b와 같은 형태를 가진다고 할 때, c는 결과값을 저장할 메모리를 뜻하고 a와 b는 연산에 사용할 값들을 나타냅니다. 그래서 ID(0x00000001) = ID(0x00000001) + ID(0x00000002)를 어셈블리어로 변환하면, 다음과 같은 어셈블리 코드가 되는 것입니다.

```
ADD 0x00000003, 0x00000001,0x00000002;
MOV 0x00000001,0x00000003;
```

어셈블리어 완성

지금까지는 심볼 테이블을 이용하여 변수들을 위한 메모리를 사용하였는데요. 이젠 실제로 사용할 메모리를 각 ID에 할당해야 합니다. 이때 사용되는 메모리는 계산이나 임시저장용으로 MCU 내에 만든 범용 레지스터를 이용하는 것입니다.

그림 2-17 ID를 실제 메모리로 할당

레지스터를 할당하는 과정은 몇 가지의 복잡한 과정이 필요합니다. 그리고 컴파일러 대신에 링커라는 도구를 이용합니다. 이 부분은 중요한 내용들이 많으므로 이후 오브젝트 코드와 링크를 설명할 때 다시 자세히 학습하겠습니다.

기계어 코드 생성

컴파일 과정 중 마지막 단계로 기계어 코드를 생성하는 단계입니다. 어셈블리어를 기계어 코드로 변환하는 과정은 그 어떤 단계보다 간단합니다. 그 이유는 어셈블리어가 기계어와 1대1 매칭이 가능하도록 만들어졌기 때문이죠.

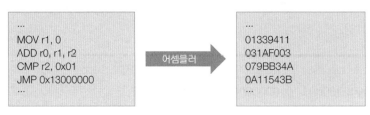

그림 2-18 어셈블러에 의한 기계어로 변환

이번에는 어셈블리어를 기계어 코드로 변환시켜 주는 도구인 **어셈블러**^{Assembler}가 사용됩니다.

2.5 컴파일러를 제대로 알고 사용하기

컴파일러는 기계어 코드로 이루어진 파일을 만드는 것이 목적이라고 했습니다. 기계어 코드를 생성할 때 여러 정보도 함께 만드는데요. 여기에는 개발에 필요한 정보들이 포함되어 있습니다. 여기에는 ROM 코드가 필요로 하는 용량과 RAM이 필요로 하는 용량 및 최종 이미지에서 함수들의 위치 등이 있습니다. 이러한 정보들은 읽어보면 프로그램의 어떤 부분이 잘못 되었는지 파악이 가능합니다. 또한 디버깅 정보로 어떤 문제가 생길 가망성이 있는지를 알 수도 있기 때문에 꼭 알아두어야 합니다.

오브젝트 코드와 링크

컴파일 과정 중 어셈블리어 코드로 만들어지면 **링커**^{Linker}를 통해서 링크가 이루어진다고 하였습니다. 이 과정에서 사용되는 코드는 어셈블리 코드이지만 완벽한 형태를 갖춘 것은 아닌데요. 이 상태의 코드를 오브젝트 코드라고 부릅니다.

소스 코드로부터 컴파일 과정을 거쳐 오브젝트 코드가 만들어지기 까지는 이해가 되었다면 최종 이미지로 만들어지는 과정 또한 궁금할 것입니다. 보통은 링크 과정이 자동으로 진행되므로 오브젝트 코드가 어떤 구조로 되어 있으며 어떻게 오브젝트 코드끼리 연결이 되는지는 잘 모르는 경우가 많습니다. 그 궁금함을 해결하기 위해 오브젝트 코드가 어떤 구조로 되어 있으며 링크 과정은 어떤지 알아보겠습니다.

먼저, 오브젝트 코드는 왜 만들어지는지를 생각해 볼 필요가 있는데요. 컴파일 과정에서 프로그램 소스를 분석하여 오브젝트 코드를 생성하는 이유는 프로그램 언어의 특징에서 찾아 볼 수가 있습니다.

C 언어의 경우 모듈화라는 특성이 있습니다. 이 특성은 필요한 기능들을 따로 모아 함수로 구현하고, 프로그램 내 다른 함수에서 불러 쓸 수가 있다는 것이죠.

우리가 프로그램을 코딩할 때 **라이브러리**Library를 사용하여 컴파일하는 경우가 많은데요. 라이브러리들도 오브젝트 코드의 형태를 가지고 있으며 링크 과정에서 개발자가 작성한 코드들과 합쳐져 최종 코드가 되는 것입니다.

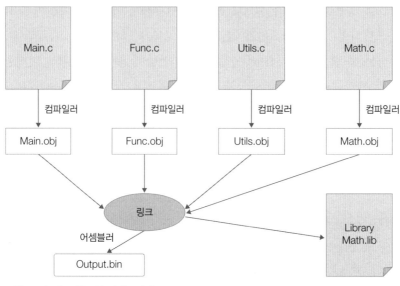

그림 2-19 오브젝트와 라이브러리

이러한 링크 과정은 코드를 통하여 직접 확인하면 이해가 빠를 것입니다. 예제로 func.c와 main.c라는 2개의 파일을 만들어 링크가 이루어지는 과정을 살펴보겠습니다. 이번 과정도 **ADS**를 사용하였으며, 다음과 같은 순서로 진행을 하여 프로젝트와 파일들을 생성하였습니다.

1. ADS를 실행시키고, File->New 를 클릭합니다.

2. Project, File, Object 탭이 보이는데요. 여기서 Project 탭의 "ARM ExecuTable Image"를 선택한 후 Project Name을 정하였습니다.

3. Project가 만들어졌으므로 Func.c, Main.c 파일을 생성해야 하는데요. 이번에도 ADS 의 File->New를 선택합니다.

4. 그리고 이번에는 Project 탭이 아닌 File 탭의 Text File을 선택하고 Func.c를 만듭니다.

5. 4번과 같은 과정으로 Main.c를 만듭니다.

이러한 과정을 거치고 나면 Project에는 Func.c와 Main.c가 만들어질 것입니다. 이 파일들에 다음과 같은 프로그램 코드를 사용하겠습니다.

예제 2-3 func.c

```c
void func_1(void)
{
    int a, b;

    a = 1;
    b = a + 1;
}

void func_2(void)
{
    int a, b;

    a = 3;
    b = a + 4;
}
```

예제 2-4 main.c

```c
extern void func_1(void);
extern void func_2(void);
```

```
int main(void)
{
    int a, b;

    a = 5;
    b = a + 6;

    func_1();
    func_2();

    return 0;
}
```

여기까지 문제 없이 진행되었다면 컴파일만 진행하면 됩니다. 이번에 진행할 컴파일 과정은 최종 이미지를 보기 위한 것이 아니라 링크가 되는 과정을 이해하기 위한 것입니다. 그래서 최종 이미지를 만드는 Make가 아닌 Compile만 진행할 것입니다. 참고로, Make 과정은 Compile + Link 과정을 모두 포함하고 있습니다.

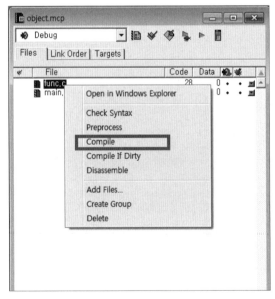

그림 2-20 소스 파일을 Compile만 진행하기

Compile만 진행하는 방법은 해당 소스 파일에 마우스를 가져다 놓고 마우스 오른쪽 버튼을 이용하면 메뉴가 나타나는데요. 여기에서 Compile을 선택하면 됩니다.

이렇게 컴파일된 소스는 오브젝트 파일을 만드는데요. 오브젝트 파일은 보통 소스 이름의 확장자명이 *.o 내지 *.obj 형태를 가집니다. 가령, 예제 2-3의 경우에는 프로젝트 폴더 내에 Func.o가 만들어져 있을 것입니다.

이 오브젝트 파일은 텍스트와 바이너리 코드가 혼합된 형태를 가지고 있습니다. 그래서 이 파일을 열어봐서는 바로 해석하기 힘듭니다. 이럴 때는 ADS 툴을 이용하면 쉽게 내용을 파악할 수가 있습니다.

Compile을 할 때와 마찬가지로 해당 소스 파일 위에서 마우스 오른쪽 버튼을 누르면 Disassemble이라는 메뉴를 볼 수가 있습니다. 이 Disassemble은 오브젝트 파일을 개발자가 읽을 수 있게 여러 정보들과 함께 텍스트 파일로 보여주는 기능을 합니다.

그럼 이 또한 예제를 통해 알아보도록 하죠. 먼저 func.c를 Compile한 후에 Disassemble을 하면 다음과 같은 내용들을 볼 수가 있습니다.

```
=======================================================================

** ELF Header Information

    File Name: C:\Users\Home\Google Drive\sample source\object\object_
Data\Debug\ObjectCode\func.o

    Machine class: ELFCLASS32 (32-bit)
    Data encoding: ELFDATA2LSB (Little endian)
    Header version: EV_CURRENT (Current version)
    File Type: ET_REL (Relocatable-object) (1)
    Machine: EM_ARM (ARM)

...
```

```
** Section #5 '.text' (SHT_PROGBITS) [SHF_ALLOC + SHF_EXECINSTR]
   Size   : 28 bytes (alignment 4)

   func_1
   $a
   .text
      0x00000000:    e3a00001    ....    MOV    r0,#1
      0x00000004:    e2801002    ....    ADD    r1,r0,#2
      0x00000008:    e0813000    .0..    ADD    r3,r1,r0
      0x0000000c:    e12fff1e    ../.    BX     r14
   func_2
      0x00000010:    e3a00003    ....    MOV    r0,#3
      0x00000014:    e2802004    . ..    ADD    r2,r0,#4
      0x00000018:    e12fff1e    ../.    BX     r14

** Section #6 '.debug_abbrev' (SHT_PROGBITS) [SHF_COMDEF]
   Size   : 1004 bytes

...
```

──

그림 2-21 Func.c에 대한 오브젝트 파일 분석

오브젝트 파일도 1차적으로 컴파일이 진행된 파일이기 때문에 특정한 파일 형식을 가지고 있습니다. ADS에서 사용하는 오브젝트의 파일 형식은 ELF라는 형식을 사용합니다. 그러한 이유로 Disassemble을 통해 생성된 내용에는 그림 2-21과 같이 ELF 정보부터 시작하는 것을 볼 수가 있습니다(ELF 파일의 자세한 설명은 이후 다시 하도록 하겠습니다).

ELF 헤더에는 파일에 대한 정보, 데이터 인코딩 및 머신 코드 타입 등이 나타나 있고, 이어지는 내용에는 코드 영역과 데이터 영역 그리고 디버깅 영역 등이 설명되어 있습니다.

이 중에서 프로그램에 관련된 코드 영역을 살펴보려면 '** Section #5 '.text"라는 부분을 참조해야 합니다. 여기에는 함수 이름인 func_1과 func_2가 있는 것을 볼 수가 있고 여기에서 func_1과 func_2가 어셈블리어로 변환된 코드와 기계어를 같이 볼 수가 있습니다.

표 2-5는 func.c가 컴파일된 결과를 C 언어, 기계어 그리고 어셈블리어와 직접 비교한 것입니다. 이를 확인하면 **C 언어 → 어셈블리어 → 기계어** 단계를 거치면서 얻는 결과를 쉽게 비교할 수 있을 것입니다.

표 2-5 func.c에 대한 결과물 비교

C 언어	기계어	어셈블리어
void func_1(void) { int a, b, c;		
a = 1;	0xE3A00001	MOV r0,#1
b = a + 2;	0xE2801002	ADD r1,r0,#2
c = b + a;	0xE0813000	ADD r3,r1,r0
}	0xE12FFF1E	BX r14
void func_2(void) { int a, b;		
a = 3;	0xE3A00003	MOV r0,#3
b = a + 4;	0xE2802004	ADD r2,r0,#4
}	0xE12FFF1E	BX r14

그런데 표 2-5에서 한 가지 이상한 점을 발견할 수 있습니다. a = 1, b = a + 2 등은 명령어이므로 당연히 어셈블리어로 만들어져야 하고 실제로 만들어졌는데요. 함수의 프로그램 코드가 끝나는 중괄호 }에는 왜 명령어가 있는 걸까요?

이는 함수의 호출과 관련된 알고리즘 때문입니다. 프로그램 코드 중 어딘가에서 func_1 및 func_2 함수를 호출할 것이고 함수의 실행이 완료되고 나면 원래의 위치로 돌아와야 합니다.

이 부분을 MCU의 레지스터 관점에서 설명하자면, 함수를 호출하기 위하여 현재의 PC^{Program Counter}값을 임시로 저장해 두고 새로운 PC값으로 변경합니다. 그리고 함수의 실행이 완료되고 나면 PC의 값은 원래의 위치로 돌아와야 하죠. 이 알고리즘을 위해서 MCU는 **링크 레지스터**(예제의 ARM 프로세서 코어는 r14입니다)를 이용합니다.

현재 프로그램이 실행 중인 위치(PC)를 r14에 저장하고 PC값을 새로운 값으로 변경하여 함수를 호출합니다. 그리고 함수의 실행이 완료되고 나면 실행된 함수가 링크 레지스터(r14)의 값을 읽어 들여 새로운 PC값으로 사용하는 것입니다. 새롭게 사용되는 PC값은 함수가 실행되기 이전의 PC값이므로 실행 중이던 마지막 위치로 돌아가는 것이죠. 그래서 표 2-5에는 a = 1, b = a + 2, c = b + a까지 실행을 완료하고 "BX r14(r14의 값을 PC값으로 사용)"를 실행하는 것입니다. 그리고 기계어 코드를 조금 더 살펴보면, 이전에 공부했던 ARM Instruction Set의 형태를 그대로 가지고 있는 것 또한 볼 수 있는데요. 이 부분은 여러분께서 직접 그림 2-6과 비교하면서 확인해보기 바랍니다.

이번엔 main.c를 컴파일한 후 Disassemble하겠습니다.

```
========================================================================
==

** ELF Header Information

    File Name: C:\Users\Home\Google Drive\sample source\object\object_
Data\Debug\ObjectCode\main.o

    Machine class: ELFCLASS32 (32-bit)
    Data encoding: ELFDATA2LSB (Little endian)
    Header version: EV_CURRENT (Current version)
    File Type: ET_REL (Relocatable-object) (1)
    Machine: EM_ARM (ARM)


...
```

```
** Section #5 '.text' (SHT_PROGBITS) [SHF_ALLOC + SHF_EXECINSTR]
    Size   : 28 bytes (alignment 4)

    main
    $a
    .text
        0x00000000:    e92d4038    8@-.    STMFD    r13!,{r3-r5,r14}
        0x00000004:    e3a04005    .@..    MOV      r4,#5
        0x00000008:    e2845006    .P..    ADD      r5,r4,#6
        0x0000000c:    ebfffffe    ....    BL       func_1
        0x00000010:    ebfffffe    ....    BL       func_2
        0x00000014:    e3a00000    ....    MOV      r0,#0
        0x00000018:    e8bd8038    8...    LDMFD    r13!,{r3-r5,pc}

** Section #21 '.rel.text' (SHT_REL)
    Size   : 16 bytes
    Symboltable 2-'.symtab'
    2 relocations applied to section #5 '.text'



** Section #6 '.debug_abbrev' (SHT_PROGBITS) [SHF_COMDEF]
    Size   : 1004 bytes

...
```

그림 2-22 main.c에 대한 오브젝트 파일 분석

main.o도 func.o와 크게 다르지 않습니다. ELF 파일 형식을 사용하고 여러 영역들로 나뉘어져 있는 것을 볼 수가 있는데요. 마찬가지로 C 언어와 기계어 그리고 어셈블리어를 비교하여 설명하겠습니다.

표 2-6 main.c에 대한 결과물 비교

C 언어	기계어	어셈블리어
int main(void) { int a, b;	0xE92D4038	STMFD r13!,{r3-r5,r14}
a = 5;	0xE3A04005	MOV r4,#5
b = a + 6;	0xE2845006	ADD r5,r4,#6
func_1();	0xEBFFFFFE	BL func_1
func_2();	0xEBFFFFFE	BL func_2
return 0;	0xE3A00000	MOV r0,#0
}	0xE8BD8038	LDMFD r13!,{r3-r5,pc}

Func.o에서는 특이한 점을 찾지 못했는데 main.o를 보면 특이한 점이 한 가지 있습니다. 바로 func_1과 func_2 함수를 불러오는 곳인데요.

표 2-7 함수를 불러오는 코드

func_1();	0xEBFFFFFE	BL func_1
func_2();	0xEBFFFFFE	BL func_2

func_1 함수를 사용하는 곳에 어셈블리어로 **BL func_1**으로 되어 있습니다. 이를 기계어 코드로 나타내면 **0xEBFFFFFE**라고 되어 있습니다. 그 밑에 줄에는 func_2를 실행하는 곳인데요. 이상하게 여기에서도 기계어 코드가 **0xEBFFFFFE**이네요? 무언가 이상하지 않나요?

어셈블리어가 BL func_1과 BL func_2이면 기계어도 분명히 달라야 할텐데 똑같은 코드를 사용하고 있는 것입니다. 이 상태로 프로그램이 실행된다면 분명히 잘못된 함수를 실행할 것으로 보이는데요. 이러한 현상은 링크 단계를 거치지 않은 상태에서 항상 볼 수 있습니다.

컴파일 단계 중 링크 단계는 **링커**Linker라는 도구를 사용한다고 하였습니다. 링커의 역할은 흩어져 있는 여러 오브젝트 파일을 하나의 코드로 만들기 위해 합성하는 단계입니다. 하나의 코드로 만드는 과정에는 외부에 있는 함수나 데이터를 참조할 수 있게 주소 정보를 삽입하는 과정이 포함되어 있습니다.

링커가 최종 코드를 만들기 위해 합치는 과정에서 프로그램이 MCU에서 구동될 수 있게 프로그램의 주소가 할당되고, 이 주소 할당 단계에서 func_1 함수와 func_2 함수의 프로그램적인 위치를 갖는 것입니다. 그래서 표 2-7과 같은 코드가 링크 과정을 거치면, 표 2-8과 같이 func_1의 주소 정보(@4)와 func_2의 주소 정보(@7)가 들어 있는 코드가 되는 것입니다.

표 2-8 링크 과정을 거친 코드

| func_1(); | 0xEBFFFFF4 | BL func_1 |
| func_2(); | 0xEBFFFFF7 | BL func_2 |

그림으로 표현하면, func.c와 main.c가 링크를 거쳐 최종 이미지가 되는 과정은 다음과 같습니다.

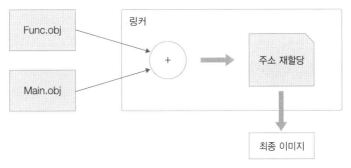

그림 2-23 func.c와 main.c의 링크 과정

헥사 코드, 바이너리 코드, ELF, AXF

컴파일러를 사용하는 목적이 최종 이미지를 만드는 것이라고 설명했습니다. 이 최종 이미지는 파일의 형태를 가지고 있으므로 어떤 형태의 파일로 만들 것인지를 엔지니어가 정하는데요. 최종 이미지의 형태가 개발하는 데 있어서 아주 중요한 것이 아닐 수 있지만 혼란스러워 하는 분들이 있어서 살짝 설명을 하고 넘어가겠습니다.

컴파일러에 의해서 생성하는 최종 이미지의 타입은 컴파일러 옵션을 사용할 수가 있습니다. 그 옵션 중에는 바이너리^{Binary} 형태가 있고 헥사 코드^{Hexa Code}도 있으며 때로는 각 회사의 목적에 맞는 특수한 형태가 있습니다. MCU는 기계어 코드를 실행하므로 바이너리 코드만 있으면 될 것 같은데 왜 다른 옵션들이 존재하는 걸까요?

일단 바이너리 코드는 임의적으로 가공하지 않은 원본 데이터라고 할 수가 있습니다. 그래서 프로그램의 사이즈가 MCU에서 사용되는 데이터 사이즈와 일치하는 것인데요. 그러나 바이너리 코드는 원본 데이터를 유지하기 위하여 0과 1의 데이터뿐이어서 엔지니어가 직접 내용을 파악하기가 쉽지 않고 이 바이너리 파일에 오류가 생겼을 경우에 검출할 방법이 없습니다.

한편 헥사 코드는 형태가 조금 다른데요. 바이너리 코드의 경우 원본 데이터를 유지하므로 메모장이나 기타 편집 프로그램으로 열어 봤을 때 알 수 없는 코드들로 가득 차 있습니다. 그렇지만 헥사 코드는 최종 이미지가 텍스트 형태로 되어 있어 메모장이나 다른 편집 프로그램으로 열었을 때 데이터의 형태를 알아볼 수가 있습니다. 예를 들어 바이너리 코드로 되어 있는 데이터는 메모장으로 열면 *&%$#* 라고 보이는데, 그 데이터가 헥사 코드로 만들어져 있으면 E42A662B로 보이는 것입니다.

이러한 헥사 코드에는 원본 데이터를 텍스트로 변환하여 저장한 데이터와 이 데이터들이 위치해야 할 위치 정보 그리고 에러 검출을 위한 코드까지 포함되어 있습니다. 그러한 이유로 헥사 코드로 파일을 저장할 경우 바이너리 코드에 비해 데이터의 사이즈는 커지지만 에러 검출 코드가 있어 데이터가 잘못되는 경우를 방지할 수 있습니다.

ELF^{Executeable Linkable Format}는 헥사 코드보다 더 많은 정보를 가지고 있습니다. ELF의 이름에서 알 수 있듯이 실행 가능하고 링크가 가능한 포맷인데요. 실행 가능한 코드이므로 바이너리 코드의 형태를 가지고 있으며 링크가 가능해야 하므로 링크와 관련된 함수의 위치나 프로그램의 영역에 관한 정보가 들어 있습니다. 그래서 ELF만으로 프로그램의 정보를 파악할 수 있고 링크까지 진행할 수가 있으므로 디버깅을 위한 용도로도 사용됩니다.

AXF^{ARM Executeable Format}은 ELF에서 ARM을 위해 약간 변형된 형태입니다. 파일에 대한 정보와 상세한 디버깅 정보를 가지고 있는데요. ELF와 차이는 바로 디버깅 정보에 있다고 할 수 있습니다. AXF는 ARM Debugger를 이용할 수 있게 특화된 형태입니다.

표 2-9 각 파일의 비교

항목	바이너리 형식	Hexa format	ELF	AXF
파일 크기	크기가 적음	크기가 큼	크기가 큼	크기가 큼
파일 에러 검출	없음	있음	있음	있음
링크를 위한 정보	없음	없음	있음	있음
디버깅 정보	없음	없음	있음	있음

최적화

앞서 잠깐 언급된 적이 있는 내용 중에 최적화^{Optimization}가 있습니다. 최적화를 간단히 말하면 프로그램의 동작 속도를 높이거나 프로그램의 사이즈를 줄이는 것을 목표로 현재의 프로그램 코드를 최적의 코드로 변환하는 것입니다. 이러한 최적화를 위해 사용되는 알고리즘에는 여러 종류가 있는데요.

예를 들어 GCC 컴파일러를 사용한다고 할 때 최적화에 사용되는 알고리즘은 http://gcc.gnu.org/onlinedocs/gcc/Optimize-Options.html에서 확인할 수 있으며, 흔히 사용되는 옵션은 표 2-10과 같습니다.

표 2-10 GCC 컴파일러에서 사용하는 최적화 옵션

구분	내용
-O 또는 -O1	코드의 사이즈와 실행 시간을 줄임
-O2	몇 개의 알고리즘을 제외한 최적화를 수행하며 컴파일되는 시간과 최종 이미지의 성능을 끌어올림
-O3	-O2에서 사용된 알고리즘보다 더 많은 알고리즘을 사용하는 이유로 컴파일 시간이 더 느려짐
-O0	최적화를 수행하지 않아 컴파일 시간이 빠르며 기본 옵션으로 사용됨
-Os	-O2에서 사용하는 알고리즘을 사용하되 코드의 사이즈를 최소화시키는 것에 중점을 둠

최적화 옵션들은 모두 컴파일러에 의존적입니다. 컴파일러가 사용되던 초창기에는 최적화 작업이 개발자가 직접 검토하는 것보다 좋지 못한 결과도 만들었죠. 컴파일러가 코드를 잘못 수정하는 경우가 있는가 하면 코드의 사이즈가 더 늘어나는 경우도 있었습니다. 그러나 최근에는 좋은 알고리즘들이 많이 개발되었고 컴파일러가 오랫동안 사용되어 오면서 오류들이 많이 수정된 상태입니다. 그래도 개발된 지 얼마 되지 않은 컴파일러를 사용할 경우 결과가 의심스럽다면, 최적화 옵션을 사용하지 않고 결과를 비교할 필요는 있습니다.

그리고 한 가지 더 고려해야 할 사항이 있습니다. 최적화는 완성된 소스 코드를 여러 알고리즘을 사용하여 재검사하고 수정하는 작업을 합니다. 그러므로 최적화 옵션을 사용하지 않는 컴파일 과정보다 더 많은 시간을 필요로 하는데요. 이 시간은 얼마나 많은 알고리즘을 사용하도록 옵션에서 정하느냐에 달려 있다고 하겠습니다.

코드 영역과 데이터 영역

우리가 작성하는 프로그램 코드는 크게 변수와 함수 그리고 연산 기호들로 이루어져 있습니다. 폰노이만 구조에서는 이러한 데이터와 명령어들이 하나의 메모리에 분리된 영역을 가지고 있다고 하였습니다.

이러한 영역들은 엔지니어가 직접 정할 수도 있고, 컴파일러가 자동으로 정해주기도 합니다. 자동으로 영역이 정해진다고 해서 넘길 것이 아니라 개발자는 얼마만큼의 영역이 사용되었고 어디서부터 어디까지 사용되었는지를 알고 있어야만 합니다. 이름은 컴파일러마다 약간씩 차이를 보이기는 하지만, 표 2-11과 같이 영역을 구분할 수가 있습니다.

표 2-11 명령어마다 사용되는 프로그램 영역

프로그램 코드	사용되는 영역
+, -, = 등의 연산 기호와 명령어	코드 영역 사용(Code Area)
전역변수 및 데이터	데이터 영역 사용(Data Area)
지역변수 및 함수 실행	스택 영역 사용(Stack Area)
메모리 할당	힙 영역 사용(Heap Area)

프로그램 코드는 메모리 내에서 CODE, DATA, STACK 그리고 HEAP 영역으로 나뉘어져 사용됩니다.

CODE 영역은 MCU가 실행해야 할 명령어들이 존재하는 영역인데요. MCU가 실행해야 할 명령어들은 전원이 켜졌을 때 바로 실행되어야 하므로 RAM 같은 휘발성 메모리에 있으면 안 됩니다. 그래서 Flash Memory와 같은 비휘발성 메모리에 프로그램을 저장합니다.

특별한 경우에는 RAM에 저장할 수도 있는데요. 디버깅을 목적으로 단기적으로 실행만 해보려 하거나 빠른 동작을 위해 Flash에서 RAM으로 복사한 후 동작시키는 경우에 RAM을 이용해도 무방합니다.

그림 2-24 지워지지 않아야 할 프로그램 코드

DATA 영역은 변경이 가능한 데이터를 사용할 목적으로 할당하는 영역입니다. 프로그램 내에서 데이터를 위해 변수를 할당하여 사용할 때 이 변수들이 위치하는 영역인데요. 모든 변수가 데이터 영역에 존재하는 것은 아닙니다. 변수 중에서도 값이 변하는 변수가 있는 반면에 고정된 값을 갖는 변수가 있는데 이렇게 고정된 값을 갖는 경우 DATA 영역이 아닌 CODE 역에 저장하여 사용하기도 합니다.

그림 2-25 데이터 영역은 비휘발성 메모리와 휘발성 메모리 모두에 있을 수 있다

STACK 영역은 데이터를 임시적으로 저장하고 불러 쓰는 형태를 가지고 있습니다. STACK 영역에서는 원하는 위치에 값을 쓰고 읽는 형태가 아닌 순차적으로 쓰고 순차적으로 읽어 내는 형태LIFO, Last In First Out입니다. 예를 들면, 프로그램 내에서 함수를 불러서 사용할 경우 함수가 위치한 프로그램으로 옮겨서 함수를 동작시킨 후에 다시 원래의 위치로 돌아와야 할 때 스택을 사용하기도 하는데요. 함수가 위치한 곳으로 옮겨가기 전에 현재 프로그램이 실행 중인 위치(PC값)를 스택 메모리에 저장합니다. 그리고 함수를 실행하기 위한 새로운 PC값으로 변경하여 함수 내의 명령어를 모두 처리합니다. 이렇게 처리가 완료되고 나면 스택 메모리에 저장했던 PC값을 읽어 들여 함수가 실행되기 이전 위치로 옮겨갈 수가 있는 것입니다.

여러분은 **스택 오버플로우**Stack overflow라는 말을 한 번쯤은 들어 보았을 것입니다. **스택 오버플로우**는 스택 메모리를 사용할 때 정해진 만큼의 크기를 벗어나서 생기는 문제인데요. 예를 들어 10이라는 크기만큼의 스택 메모리를 지정해 두었는데 프로그램이 10 이상의 스택 메모리를 사용하면 함수 내의 명령어를 모두 수행한 후에 돌아와야 할 위치가 어긋날 것입니다. 이렇게 되면 프로그램이 이상 동작을 하게 되는 것이죠. 이때 사용되는 용어가 스택 오버플로우인데, 해커들이 악의적으로 스택 오버플로우 상태를 만들어 시스템을 공격하는 방법으로 사용되기도 합니다.

그림 2-26 스택 메모리와 스택 오버플로우

HEAP 영역도 STACK 영역과 비슷하게 임시적으로 사용할 수 있는 메모리 공간 인데요. 스택처럼 쓰고 읽는 동작을 순차적으로 하는 것이 아니라 일부 영역을 원하는 만큼 할당 받아 사용하고, 사용한 후에 반납하는 형태를 가지고 있습니다. 예를 들어, 프로그램이 실행되거나 함수가 실행될 때 필요로 하는 메모리 공간의 크기가 매번 바뀔 때가 있습니다. 이럴 때 힙 영역을 활용하면 필요로 하는 메모리 공간만큼을 사용하고 사용이 끝난 메모리 공간은 다른 함수나 프로그램에서 사

용할 수 있게 하는 방법입니다. 필요로 하는 메모리 공간을 다른 프로그램 내에서 침범하는 것을 방지하기 위하여 OS와 같은 프로그램이 힙 영역을 관리해줘야 합니다.

그림 2-27 힙 메모리

맵/리스트 파일

컴파일이 완료된 이미지는 CODE, RAM, STACK, HEAP 등의 영역으로 나뉘어져 이미지를 구성한다고 설명했습니다. 그리고 이 영역들은 개발자가 정의한 옵션에 따라 컴파일러가 만드는 것이라고 하였습니다. 이에 따라 컴파일러가 각 영역에 프로그램에서 사용된 함수들이나 변수들의 위치를 정해야 합니다. 그러나 개발자가 정하는 옵션을 보면 영역에 대한 옵션이 있을 뿐 각 함수나 변수들의 위치들을 모두 정하지는 않는데요. 사용 가능한 영역이 옵션에 의해 정해져 있으면 그 영역 내에서 컴파일러가 임의적으로 함수들과 변수들의 위치를 정하도록 되어 있습니다. 그래서 개발자가 디버깅을 할 때에는 이에 관한 정보가 필요하기 때문에 컴파일러가 함수들과 변수들의 위치를 파일로 제공합니다. 이러한 정보들을 담고 있는 파일이 **맵**Map 파일과 **리스트**List 파일입니다.

맵 정보는 **Memory Map**에 관한 정보를 뜻합니다. 이 정보는 최종 이미지가 사용한 메모리에서 CODE, RAM, STACK, HEAP 등의 영역 중에 각 오브젝트 파일에서 사용하는 정보들을 보여줍니다.

리스트 정보는 맵 정보보다 조금 더 자세한 정보를 보여주는데요. 여기에는 각 오 브젝트 내 함수들의 위치 정보와 사이즈 그리고 변수들의 정보들을 포함하고 있습 니다.

예제를 통하여 맵/리스트 정보 파일을 직접 생성하고 내용을 살펴본다면 도움이 많이 될 것입니다. 이제부터 ADS 컴파일러에서 이러한 정보들을 생성하는 방법 을 알아보겠습니다. ADS 컴파일러에서는 맵/리스트 정보를 기본적으로는 생성하 지 않도록 되어 있습니다. 그래서 정보를 생성하기 위한 세팅을 해줘야 하는데요. 이는 프로그램 소스들을 보여주는 곳에서 변경할 수가 있습니다.

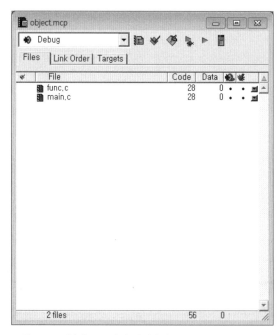

그림 2-28 맵/리스트 파일 생성하기

세팅을 변경하기 위해 그림 2-28에서 소스 리스트가 나와 있는 창 위의 Setting 아이콘을 눌러줍니다. 그러면 ADS와 관련하여 변경 가능한 모든 세팅 옵션을 볼 수 있습니다.

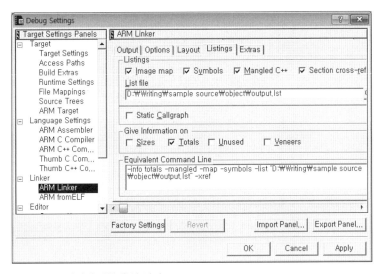

그림 2-29 링커에 대한 옵션 변경

맵/리스트 정보는 컴파일이 완료되고 링크 단계를 모두 거쳐야만 생성됩니다. 그래서 맵/리스트 정보와 관련된 내용은 Debug setting 창에서 왼편의 Linker와 관련된 곳에서 찾을 수가 있습니다.

Linker에는 ARM Linker와 ARM from ELF가 있습니다. ARM Linker에서는 컴파일된 소스를 링크할 때 사용되는 옵션들을 볼 수 있고, ARM from ELF에서는 링크가 완료된 파일을 어떤 형태의 최종 이미지로 만들 것인지를 정할 수가 있습니다. 여기서 우리는 맵/리스트 정보를 생성하는 것이 목적이므로 ARM Linker를 선택하여 옵션을 변경해야 합니다.

ARM Linker를 선택하면 Output, Options, Layout, Listings, Extras 등의 탭을 볼 수가 있습니다. 우리가 생성하려는 맵/리스트 정보이므로 관련된 옵션을 변경하기 위해 Listings 탭을 선택합니다.

표 2-12는 Listings 탭에서 볼 수 있는 옵션들을 간단히 정리한 것입니다.

표 2-12 맵/리스트 정보를 위한 옵션들

옵션	내용
Image Map	최종 이미지의 메모리 맵을 나타냄
Symbols	링크 단계에서 사용되는 심볼들에 대한 정보를 나타냄
Mangled C++	심볼들을 링크 단계에서 연결하는 정보로 나타냄
Section cross-reference	각 영역에서 참조하는 함수 간의 연결 정보를 나타냄
Static Callgraph	함수의 연결 관계를 보기 쉽게 나타냄
Sizes	코드 영역과 데이터 영역 등 모든 영역의 사이즈를 나타냄
Total	최종 이미지처럼 모두 합쳐진 상태의 사이즈를 나타냄
Unused	영역들 중에서 사용되지 않은 영역들의 사이즈를 나타냄
Veneers	프로세스가 갖는 메모리 참조 한계를 벗어나는 경우 사용되는 정보를 나타냄

여러분들은 표 2-12에 나타나 있는 옵션들 중에서 알고 싶은 정보들을 선택하여 맵/리스트 파일을 만들 수 있는 것입니다. 가령, 최종 이미지에서 사용된 메모리 영역이나 메모리 맵을 알고 싶을때는 Image Map을 체크하여 생성하면 됩니다.

맵/리스트 파일은 Complile 단계에서는 생성되지 않습니다. 완전한 이미지가 만들어지지 않았기 때문인데요. 그래서 Make(Compile + Link)와 같이 링크 과정을 거쳐야만 생성됩니다. 예제 2-5는 Image Map, Symbols, Mangled C++, Section Crossreference을 선택하여 만든 샘플 맵/리스트 파일입니다.

예제 2-5 맵/리스트 샘플 파일

```
Image Symbol Table

    Mapping Symbols

    Sym     Value          Execution Region
```

```
$a      0x00008000    ER_RO
$d      0x00008098    ER_RO
$a      0x000080a8    ER_RO
$d      0x00008220    ER_RO
$a      0x00008224    ER_RO
$d      0x00008330    ER_RO
$f      0x00008330    ER_RO
$a      0x00008338    ER_RO
$d      0x00008340    ER_RO
$a      0x00008344    ER_RO
$d      0x00008380    ER_RO
$f      0x00008380    ER_RO
$a      0x00008388    ER_RO
$d      0x000083b0    ER_RO
$d      0x000083ec    ER_ZI


Local Symbols

  Symbol Name                               Value     Ov Type
Size  Object(Section)

... 생략



======================================================================
============
Memory Map of the image

  Image Entry point : 0x00008000

  Load Region LR_1 (Base: 0x00008000, Size: 0x000003ec, Max:
0xffffffff, ABSOLUTE)

    Execution Region ER_RO (Base: 0x00008000, Size: 0x000003ec, Max:
0xffffffff, ABSOLUTE)

    Base Addr    Size          Type   Attr  Idx  E Section Name
Object
```

```
    0x00008000    0x000000a8    Code    RO    20    * !!!
__main.o(c_a__un.l)
    0x000080a8    0x0000001c    Code    RO     1    .text
func.o
    0x000080c4    0x0000001c    Code    RO    11    .text
main.o
    0x000080e0    0x00000008    Code    RO    22    .text
_no_redirect.o(c_a__un.l)
    0x000080e8    0x00000028    Code    RO    24    .text
kernel.o(c_a__un.l)
    0x00008110    0x00000018    Code    RO    26    .text
exit.o(c_a__un.l)
    0x00008128    0x000000fc    Code    RO    28    .text
lib_init.o(c_a__un.l)
    0x00008224    0x000000fc    Code    RO    30    .text
stkheap1.o(c_a__un.l)
    0x00008320    0x00000018    Code    RO    32    .text
sys_exit.o(c_a__un.l)
    0x00008338    0x0000000c    Code    RO    34    .text
libspace.o(c_a__un.l)
    0x00008344    0x00000044    Code    RO    37    .text
sys_stackheap.o(c_a__un.l)
    0x00008388    0x00000004    Code    RO    39    .text
use_semi.o(c_a__un.l)
    0x0000838c    0x00000010    Code    RO    43    .text
rt_fp_status_addr.o(c_a__un.l)

... 생략
```

Image Map, Symbols, Mangled C++, Section Crossreference를 선택하였기 때문
에 파일에는 이들의 정보가 표시되고 있습니다. 이러한 정보들로부터 프로그램을
디버깅할 수 있다고 하였는데요. 예제 2-5에는 Memory Map of the Image에 Base
Addr, Size, Type 등과 Object의 정보가 담겨 있습니다. 이 정보로부터 문제가 되는
코드의 위치와 오브젝트를 찾아낼 수가 있습니다.

예를 들어, 프로그램이 동작 중에 PC값이 0x000080ac일 때부터 이상한 현상
이 발생한다면, Memory Map of the Image 정보로부터 func.o가 0x000080a8~

0x000080c2에 있다는 것을 알 수 있으므로 func.o가 실행 중에 문제가 발생했다는 것 또한 알 수 있습니다.

시작 위치와 엔트리 포인트

컴파일 과정을 모두 거쳐서 만들어진 최종 이미지는 기계어 코드로 만들어집니다. 이렇게 만들어진 기계어 코드에서 생각해야 할 내용이 한 가지 있습니다. 컴파일 과정을 다시 한 번 살펴보면 **소스 → 컴파일 → 링크 → 최종 이미지**인데, 링커에 의해서 오브젝트 코드들이 하나의 코드로 합쳐질 때 이 코드에서 어떠한 위치에 어떤 오브젝트 코드가 위치할 것인가 하는 것이죠.

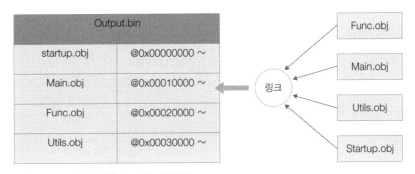

그림 2-30 링커에 의한 오브젝트 합치기

여기서 가장 먼저 실행되어야 할 오브젝트 코드를 이야기하는 이유는, MCU에 전원이 공급되면서 가장 먼저 읽어 와야 할 프로그램이 어디 있는지 알아야 하기 때문입니다. 즉, 초기화된 PC^Program Counter값에 따라서 가장 먼저 실행할 프로그램의 위치를 정하는 것이죠. 이 PC값은 하드웨어적으로 만들어진 것인데, MCU의 데이터시트에 잘 나와 있습니다. 여기에는 MCU에 전원이 공급되었을 때 **메모리의 0xXXXXXX 위치에서부터 프로그램이 시작한다** 내지는 **초기화된 PC는 0xXXXXXXXX의 값을 가진다**와 같은 내용이 들어 있습니다.

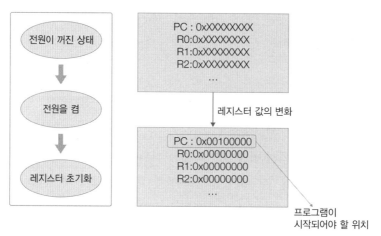

그림 2-31 전원이 켜지면 결정되는 시작 위치

초기화된 PC값을 참조하여 프로그램에서 가장 먼저 실행되어야 할 코드를 위치하도록 만들어야 하는 건데요. 이러한 일은 링커의 옵션에서 정할 수가 있습니다. 링커는 각 오브젝트 코드들을 모아서 통합하는 역할을 하므로 이 링커에게 어떤 오브젝트 코드를 가장 위에 위치하도록 만들고 프로그램들이 시작하는 위치를 정하게 하면 되는 것입니다.

ADS 컴파일러에서 프로그램 코드의 시작 위치와 관련된 옵션은 Start Address(시작 위치)와 Entry point(엔트리 포인트)에서 정할 수 있습니다.

Start Address(시작 위치)는 오브젝트 코드가 생성될 때 프로그램 코드가 시작되는 기준 위치입니다. 프로그램 내의 함수를 불러올 때나 데이터를 가져올 때 이 기준점으로부터 시작되는 위치를 갖는 것입니다.

Entry Point는 MCU가 최초에 실행하기를 원하는 코드를 정하는 옵션입니다. 프로그램 코드는 여러 함수들과 프로그램 소스가 합쳐져서 생성됩니다. 이때 함수들과 프로그램 소스 중에서 가장 먼저 실행되기를 원하는 코드는 Entry Point를 통해서 정하는 것이죠.

표 2-13 Start Address와 Entry Point

항목	내용
Start Address	프로그램 코드가 시작되는 기준 위치
Entry Point	MCU가 가장 먼저 실행해야 할 코드 영역의 위치

Start Address와 Entry Point 관련된 설명도 이해를 돕기 위해 ADS 컴파일러를 이용하여 살펴보겠습니다.

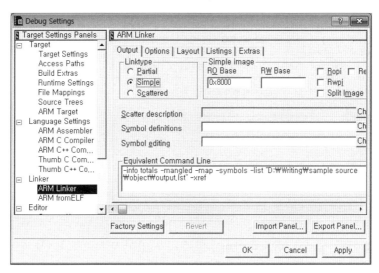

그림 2-32 Start Address의 설정

Start Address는 ARM Linker의 Output 탭에서 설정할 수가 있는데, 이 옵션에서 Flash 메모리의 영역과 RAM 영역을 구분하여 설정할 수 있습니다.

RO Base는 Read Only memory Base address로, Flash 메모리 영역의 기준 위치를 의미하고 RW Base는 Read and Write memory Base address로, RAM 메모리 영역의 기준 위치를 의미합니다. 그 외의 옵션들은 다음 표에 정리했습니다.

표 2-14 Output 탭에서 설정 가능한 옵션들

항목	내용
RO Base	FlashROM의 시작 위치이며 함수와 명령어 같은 코드 영역이 시작될 위치
RW Base	SRAM의 시작 위치이며 변수와 같은 데이터 영역이 시작될 위치
Ropi/Rwpi	RO 데이터와 RW 데이터들의 위치를 상대적인 위치로 사용함(단, 이 옵션 사용시 데이터 위치와 관련한 제약을 받게 됨)
Relocatable	Relocatable의 값에 따라 재배치될 수 있는 형태
Split Image	이미지가 로드되는 구간을 나눔
Partial	오브젝트 파일을 각각 링크된 형태로 만듦
Simple	코드 영역과 데이터 영역 각각을 임의적으로 나열하여 이미지를 생성
Scattered	엔지니어가 임의적으로 영역들의 위치를 할당하여 생성(Scatter description 사용)
Scatter description	각 영역들의 위치와 관련된 정보 파일
Symbol definitions	오브젝트 파일의 심볼들에 대한 정보 파일
Symbol editing	이미지 파일을 생성할 때 사용할 심볼들에 관한 정보 파일

프로그램 코드는 코드 영역과 데이터 영역으로 나뉜다고 설명했습니다. 코드 영역에는 프로그램 명령어와 같이 지워져서는 안 될 코드가 있으므로 ROM 영역에 위치하고, 데이터 영역에 있는 데이터들은 수시로 값이 변하므로 RAM 영역에 위치한다고 하였는데요. 이러한 영역들을 링크하는 과정과 연관시켜 볼 필요성이 있습니다.

명령어들이 모두 ROM 영역에 있다고 하더라도 그중에서 가장 먼저 실행되어야 할 코드들이 있고, 가장 마지막에 위치해야 할 코드들이 있을 수 있습니다. 즉, MCU에 전원이 인가되어 프로그램이 실행될 때 코드 영역 중에서 가장 먼저 위치한 명령어를 실행한다는 것입니다.

이러한 코드 영역 중에서 가장 먼저 위치할 코드를 정하는 일이 Entry Point를 지정하는 일입니다. Entry Point도 Start Address와 마찬가지로 ARM Linker에서 정할 수 있습니다.

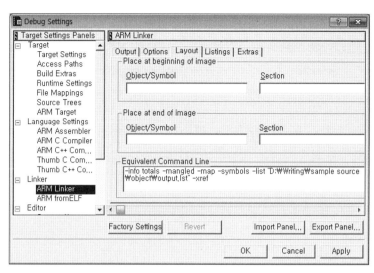

그림 2-33 Entry Point의 설정

ARM Linker에서 Layout 탭을 선택하면, 코드 영역과 관련된 옵션들을 볼 수 있습니다. 여기에는 최종 이미지에서 **가장 먼저 위치할 코드**와 **가장 나중에 위치할 코드**와 Object/Symbol이나 Section을 정할 수 있습니다.

표 2-15 Layout 탭에서 설정 가능한 옵션들

항목	내용
Object/Symbol	오브젝트의 이름 또는 심볼의 이름
Section	코드 영역의 이름

이러한 옵션들을 이용하여 그림 2-30과 같은 이미지를 만들기 위해서는 Place at beginning of Image의 Object/Symbol란에 Startup.obj를 적고, Startup.obj 내의 코드 영역 중에서 .Init 코드 영역이 있으면 Section란에 .Init을 적는 것입니다.

Startup.obj는 Startup.c가 컴파일되어 생성된 오브젝트 파일입니다. 그래서 Object/Symbol란에 오브젝트 파일인 Startup.obj를 적습니다. 이때 Startup.c 내에는 명령어 코드와 데이터 모드가 나뉘어져 있을 것입니다. 이 중에서 실행되기를 원하는 코드를 Section란에 적는 것입니다.

코드 영역의 위치와 관련된 옵션에서 Place at beginning of Image와 Place at end of image 모두를 적을 필요는 없습니다. 임의적으로 엔지니어가 정하지 않았으면, 링커가 자동으로 정해주기 때문입니다.

2.6 컴파일러 학습을 마치며

컴파일러는 단순히 개발자의 언어를 MCU의 언어로 변환하는 것입니다. 그 기능을 구현하기 위하여 많은 알고리즘이 사용된다고 하였죠. 이러한 기능이 컴파일러의 주 기능이긴 하지만, 이번 장에서 이야기된 디버깅에 관한 지식도 중요하다고 생각합니다.

일단 개발자는 프로그램을 만들어 MCU를 동작시키는 것이 목적을 가지고 있습니다. 그런데 이 목적은 한 번에 이루지 못할 수도 있고, 중간에 에러 등 여러 문제를 해결해야 하는데요. 그래서 필수적으로 디버깅을 해야 합니다. 아울러 디버깅을 할 때는 사용하는 도구는 개발자에게 편의를 제공하기 위한 것입니다. 개발자는 도구를 잘 사용하기도 해야 하지만, 도구가 알려주는 내용을 잘 해석할 수도 있어야 합니다.

02 연/습/문/제/ 생각해봅시다!

2.1 고급 언어와 저급 언어 그리고 기계어 코드의 차이점을 설명하세요.

2.2 일반적으로 '컴파일한다'는 말은 크게 3단계의 과정이 함축된 의미입니다. 이 단계들에는 무엇이 있는지 설명하세요.

2.3 CISC 아키텍처와 RISC 아키텍처의 차이를 설명하세요.

03

OS
시스템 관리자

> 대통령이 나라를 운영할 계획을 세우고,
> 그 계획대로 실천될 수 있도록 장관과 같은 관료들을 두는 것처럼,
> 각 리소스를 계획대로 활용해 시스템을 운영하는 것이
> 바로 OS(운영체제)입니다.

3.1 들어가며

최초 컴퓨터의 탄생은 자동으로 계산을 하기 위한 목적이었습니다. 그래서 컴퓨터를 자동 계산기 내지는 전자 계산기라고 불렀지만, 최초의 컴퓨터는 사람이 계산하는 것보다 오히려 더 느렸습니다. 이후 데이터를 읽고 쓰는 속도가 빨라지고 구조적인 변화를 통해서 현재와 같이 다재다능한 모습을 갖추었습니다.

컴퓨터는 계산기로서의 기능뿐만 아니라 여러 목적으로 사용될 수 있습니다. 이를 위해 키보드, 마우스 그리고 출력장치인 프린터 등의 주변기기도 생겨났습니다. 결론적으로 관리하고 제어해야 할 대상들이 많아지게 되었는데요.

임베디드 시스템도 컴퓨터에서 사용되던 입력 및 출력장치들을 연결하여 사용하거나 새로 생겨난 새로운 장치들도 사용할 필요가 있습니다. 이에 필요한 메모리도 커져, 프로그램 입장에서는 장치들을 제어하는 일이 복잡해지고 관리도 힘들어졌습니다. 이렇게 복잡해진 장치들을 안전하게 사용하고, 시스템 운영을 효율적으로 할 수 있도록 소프트웨어를 만들었는데요. 그 이름이 OS$^{Operating System}$, 즉 운영체제입니다.

3.2 OS: 시스템의 대통령

프로그램 코드는 하드웨어를 제어하기 위한 코드들의 묶음이라고 할 수 있습니다. 이러한 하드웨어 자원들을 일반적으로 리소스라고 부르는데요. 리소스는 MCU가 제어 가능한 모든 것이라고 이야기할 수도 있습니다.

MCU에 추가되고 있는 리소스에는 통신 기능, 대용량의 메모리, 파일, 디스플레이 등이 있는데, 제어해야 할 대상이 많아지면서 프로그램도 덩달아 복잡해지고 있습니다. 이렇게 프로그램이 복잡해지면 그만큼 많은 시간과 많은 검증 방법을 필요로 합니다. 그래서 좀 더 안정적이고 검증된 소프트웨어를 사용하는 것에 대하여 많은 고민을 하게 되었는데요. 이러한 고민을 해결해줄 수 있는 개념이 소프트웨어와 하드웨어 사이의 중계자였습니다. 중계자가 있는 시스템에서 어떤 프로그램이 리소스를 사용하려면, 우선 중계자에게 리소스를 사용할 수 있는 권한을 요청해야 합니다. 이때 중계자는 그 리소스의 상태를 파악한 후 문제가 없을 경우에 리소스 사용에 대한 권한을 프로그램에게 줍니다. 그러면 이때부터 그 리소스를 사용할 수 있는 것이죠.

이렇게 중계자가 존재하면서 하나뿐인 리소스를 사용하기 위해 여러 프로그램 간에 간섭이 생기지 않게 되고, 시스템도 안정적으로 동작할 수 있습니다. 또한 중계자는 리소스에서 발생되는 이벤트나 데이터 처리에서 우선순위를 정하기도 하는데요. 이런 경우 중계자가 데이터를 먼저 처리하여, 그 결과 또는 데이터를 필요로 하는 프로그램들에게 보내주곤 합니다.

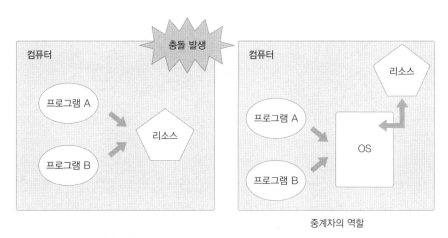

그림 3-1 OS의 중계자 역할

이처럼 리소스를 관리하고 중계하는 일은 국가를 운영하는 대통령에 비교할 수 있습니다. 일단 대통령이 나라를 운영할 계획을 세우고, 그 계획대로 실천될 수 있도록 장관과 같은 관료들을 두는 것입니다.

국가 운영 계획

우리는 출퇴근이나 이동수단으로 대중교통이나 자가용을 많이 이용합니다. 이때 사용하는 지하철이나 도로 같은 공공재는 국가의 운영 계획에 따라 만들고, 우리는 공공재를 일정한 금액을 지불하고 이용하고 있는 것이죠. 그럼 만약 국가운영 계획에 지하철이나 도로가 없다면 어떤 일이 생길까요?

자가용은 도로가 없으면 이용할 수 없으므로 누군가 도로를 만들어야 합니다. 도로를 내는 일이 불가능하지는 않습니다만, 시간은 물론 노동력과 비용이 아주 많이 필요하여 부담이 클 것입니다. 다만 직접 만들어 사용하므로 이용료 같은 추가적인 비용은 발생하지 않겠죠.

그림 3-2 유료 도로와 무료 도로

이렇게 직접 도로를 만드는 것을 MCU를 동작시키기 위한 프로그램과 비교할 수 있습니다. MCU의 동작에는 프로그램이 필요한데요. 이 프로그램은 직접 만들어 동작시키려면, 시간과 노동력이 많이 필요합니다. 하지만 사용 시에는 추가적인 비용이 발생하지 않습니다.

반면 상용으로 판매되는 OS를 사용하여 MCU를 동작시키면, 그만큼의 비용을 지불하고 사용하는데요. 만드는 데 필요한 시간과 노동력이 들지 않고, 그 시간에 다른 일에 집중할 수 있습니다.

또 오픈소스를 이용하는 방법도 있습니다. 이는 상용 도로와는 다르게 누군가가 만들어 놓은 도로를 무료로 이용할 수 있게 개방한 것과 같은데요. 하지만 이용하는 사람이 직접 만들지 않은 탓에 목적지까지 가는 도중에 예기치 못한 상황이 발생할 수 있습니다. 예를 들어 중간 중간에 비포장 도로가 나타나는 것 같은 경우입니다. 이런 길은 직접 포장한 후에 다시 달려갈 수 있듯이 오픈소스는 코드 일부를 수정하여 사용할 수도 있습니다.

국가 운영 계획에 필요한 관리자들

국가에서 만든 도로는 한국도로공사가 맡고 있습니다. 그리고 지하철의 경우에는 각 도시의 도시철도공사가 맡고 있습니다. 한국도로공사는 새로운 도로를 건설하거나 기존에 건설된 도로를 관리하는데요. 차가 많이 막히는 구간이 발생하면 차들을 막히지 않는 구간으로 유도하여 교통체증을 해소하기도 합니다. 그리고 지하철의 경우에도 사람들이 많이 이용하는 시간에는 열차의 운행 횟수를 늘리기도 하고, 열차의 간격이 좁을 경우 사고를 방지하기 위하여 간격 조정도 하고 있습니다.

그림 3-3 지하철의 운행을 제어하는 관제실

OS가 시스템을 관리한다는 측면에서 살펴보면, 이러한 공사들과 비슷한 점들을 발견할 수 있습니다. 시스템에서 동작하는 프로그램은 여러 개인데, 서로 같은 리소스를 사용하려는 때가 있습니다. 이때 누군가의 중계가 없다면 리소스 사용을 위해 무한히 기다리거나 잘못된 결과를 얻는 등 문제가 발생하죠. 이렇게 문제가 발생하지 않게 사전에 조율하거나 리소스 사용에 관한 중계를 하는 등의 관리도 OS의 역할 중 하나입니다.

3.3 OS의 구조

OS는 소프트웨어 중에서도 가장 큰 소프트웨어라고 할 수 있습니다. 그래서 이해해야 할 부분도 많고 고려해야 할 부분도 많은데요. 왜 OS가 필요한지를 쉽게 이해할 수 있는 이야기를 하나 보겠습니다.

어느 엔지니어에게 프로젝트가 생겼습니다. 그 프로젝트는 MCU가 일정한 시간마다 온도를 체크하여 데이터를 보내는 것인데요. 기능이 매우 단순하여 일정 시간마다 동작하는 타이머를 사용하여 처리하였습니다. 일단 매 1초마다 온도를 측정하고, 그 데이터를 보내는 단순한 구조로 만들었습니다. 그런데 프로그램을 완성할 때쯤 고객사에서 추가 기능을 요구했습니다. 엔지니어는 프로젝트를 시작할 때 사양서가 제대로 만들어지지 않아 생기는 문제로 여기고 고객사의 요구를 들어줍니다. 그런데 다시 고객사는 500ms마다 빛의 밝기를 측정하여 데이터를 보내주는 기능을 추가하기를 원했습니다. 엔지니어는 이 또한 **간단하니까**라고 생각하고, 타이머 인터럽트를 하나 더 추가하여 500ms마다 데이터를 보내주도록 기능을 추가했습니다. 이제는 설마 또 수정사항이 생기진 않을 거라고 생각했지만 **설마가 사람잡는다**는 말처럼 고객사에서 추가 기능을 요구합니다. 이번에는 300ms마다 LED를 깜박거리게 하자는 것이었습니다. 게다가 이 LED를 최우선순위로 하여 동작하게 해달라는 것이었습니다. 타이머 인터럽트는 이미 2개를 모두 써버렸기 때문에 더 이상의 인터럽트가 없어서 우선순위를 알려면, 추가적인 코드를 만들어야 했습니다. 코드 추가는 이미 완성된 프로그램을 수정한다는 말이고, 그러다 보니 버그가 생겼습니다.

처음에 설계를 할 때 모든 요구사항을 고려하여 설계하였다면 상관없겠지만, 뒤늦게 기능을 추가하고 수정하려니 복잡한 것입니다. 어쨌든 시간이 많이 들기는 했지만, 프로그램이 완성되어 프로젝트가 끝납니다. 고객사가 프로젝트에 만족감을 표하면서 하나의 프로젝트를 더 제안하는데, 같은 기능이지만 MCU를 바꾸는 것입니다. 그런데 MCU가 바뀌면 타이머 내용도 바뀌고 여러 가지가 바뀌어야 합니다. 게다가 이번에도 프로젝트를 진행하는 중에 요구사항이 바뀌면 어쩌나 걱정이 앞섭니다.

그림 3-4 새로운 프로젝트에 대한 걱정

만약에 이런 프로젝트에 OS를 사용하였다면 어떤 점이 달라질까요?

일단, OS에서는 하드웨어를 제어하기 위한 코드를 제공하기 때문에 관련된 코드 작성에서 부담을 덜어줍니다. 그래서 타이머와 같은 기능을 동작시키기 위한 코드를 작성할 필요가 없고, 시간에 맞게 동작하는지 검사할 필요도 없습니다. 그 결과 프로그램 작성은 무척 쉬워질 것입니다. 또 MCU가 바뀌어도 걱정이 없습니다. 새로운 MCU에서 똑같은 OS가 제공된다면 이전에 만들었던 프로그램을 코드 수정없이 그대로 사용 가능합니다. 고객이 새로운 기능을 추가하기 원하더라도 OS에서 제공하는 라이브러리들을 이용하면 쉽게 추가할 수 있습니다.

이전의 예제와 연관시켜 말하자면, 개발자는 고객사에서 요구한 기능을 세분화하여 각각의 프로그램을 만듭니다. 1초마다 데이터를 보내는 프로그램, 500ms마다 데이터를 보내는 프로그램 그리고 300ms마다 LED를 깜빡이는 프로그램 등을 만들어 원하는 시간에 실행될 수 있도록 OS에 요구합니다. 그러면 OS는 현재의 시간과 프로그램이 원하는 시간을 비교하고 있다가 서로 맞았을 때 자동으로 그 프로그램을 실행시킵니다. 게다가 각 프로그램에 우선순위를 부여하거나 반복적인 실행을 시킬 수 있는 등의 부가 기능도 제공합니다.

이번에는 OS가 어떤 구조로 되어 있길래 이런 기능이 제공될 수 있는지를 학습하겠습니다.

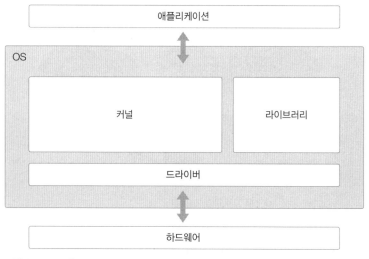

그림 3-5 OS의 구조

OS의 구성을 크게 나눠 보면 하드웨어 영역, OS 영역 그리고 애플리케이션(또는 사용자 영역)이 있습니다. 하드웨어 영역은 물리적인 영역으로 실제 하드웨어를 말하는 것이고, OS 영역과 애플리케이션은 소프트웨어적으로 구성된 프로그램 영역입니다. OS는 많은 기능이 제공되어서 내부적으로 다시 세분화되는데요. 여기에는 드라이버, 커널, 라이브러리 등이 있습니다.

드라이버

시스템에서 말하는 하드웨어 영역은 물리적으로 구성된 영역으로, 최종적으로는 MCU에 연결되어 MCU가 제어할 수 있는 리소스들을 말합니다. 예를 들어, LCD에 화면을 나타낼 수 있는 LCD 컨트롤러나 USB 장치와 연결할 수 있는 USB 컨트롤러 등이 있습니다.

MCU는 시스템의 리소스들을 모두 관리하고 제어해야 하기 때문에 리소스가 많으면 이들을 제어하기 위한 프로그램 또한 커져야 합니다. 이렇게 프로그램이 커지면 메모리도 커져야 하고, 제품을 만드는 데 드는 비용과 시간이 더 필요할 것입니다. 그래서 OS에서는 각 하드웨어를 제어하는 프로그램 코드를 시스템을 운영하는 코드와 분리하여 만들기 때문에 삭제 또는 추가하기가 용이합니다. 이때 리소스들을 제어하기 위해 작성되는 코드들을 드라이버Driver라고 합니다.

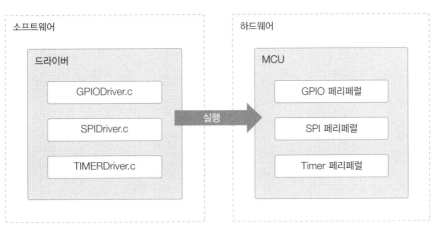

그림 3-6 하드웨어를 구동하기 위한 드라이버

드라이버는 OS마다 운영하는 방식이 조금씩 다릅니다. 대표적으로, 범용 OS인 Windows나 Linux에서는 OS가 운영 중인 상황에서도 드라이버를 추가 또는 삭제를 할 수가 있습니다. 이런 구조 덕분에 새로운 장비를 연결하는 데 있어서 유연함을 가지고 있습니다. 반면 대부분의 임베디드 OS들은 그렇지 못한데요. 그 대신 OS의 덩치가 작아 필요한 메모리의 용량도 작고, 시스템의 성능을 최대한 끌어올릴 수 있도록 설계되어 있습니다.

OS의 입장에서 하드웨어를 이야기할 때 고려해야 할 부분이 한 가지 더 있습니다. MCU는 상당히 빠른 리소스인 반면에 다른 리소스들은 그렇지 못하다는 것입니다. 예를 들어 프로그램에서 곱하기, 나누기, 더하기 등을 계산하는 코드는 빠르게 처리될 수 있는 반면, 상대적으로 느린 하드디스크나 외부 기기를 제어할 때는 시스템 전체가 느려진다는 것인데요. 그러한 이유로 OS를 설계할 때 하드웨어를 제어할 때도 쉬지 않고 MCU를 사용할 수 있도록 하드웨어 기술[1]을 사용하거나 멀티태스킹[2]과 같이 여러 프로그램을 동시에 구동할 수 있는 알고리즘을 사용하기도 합니다.

앞서 드라이버는 하드웨어를 제어할 수 있는 코드들의 묶음이라고 하였습니다. 사용자 프로그램이 아닌 드라이버가 이러한 제어 코드를 가지고 있는 이유는 OS가 리소스를 관리하여 시스템의 안정성을 유지하기 위함과 리소스를 사용하기 원하는 프로그램들에게 편의를 제공하기 위함이라고 할 수 있습니다.

---

1 DMA(Direct Memory Access)
2 각 프로그램이 MCU를 시간별로 나누어 사용하는 알고리즘

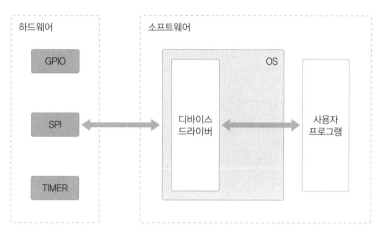

그림 3-7 하드웨어 제어를 위한 기능을 제공함

만약에 사용자 프로그램이 하드웨어를 직접 제어할 수 있다면 리소스들을 관리하는 OS 측면에서 봤을 때, MCU를 임의적으로 조작하거나 데이터를 임의적으로 조작할 수가 있다는 것과 같습니다. 이는 리소스를 사용 중인 다른 프로그램들에게도 영향을 줄 수 있다는 것이죠. 그래서 OS는 사용자 프로그램이 하드웨어를 제어하는 일은 허용하지 않는 것입니다.

그리고 OS는 드라이버와 관련하여 개발자에게 제공하는 편의성은 개발자가 하드웨어를 제어하는 것과 관련하여 하드웨어 지식이 없어도 이용할 수 있게 라이브러리들을 제공한다는 것입니다. 예를 들어 OS에서 ReadData라는 함수를 제공한다고 할 때, 프로그램은 ReadData("USB")라고 사용하면 USB로부터 데이터를 읽어 들일 수 있고, ReadData("HDD")라고 하면 하드디스크로부터 데이터를 읽어 들일 수 있는 것이죠.

커널

OS는 시스템을 위해 리소스들을 관리하고 제어한다고 설명했습니다. 시스템은 리소스들의 결합으로 이루어져 있으므로 이들을 어떻게 관리하고 효율적으로 운영하느냐에 따라 시스템 전체의 성능이 달라지는 것은 당연하겠죠? 그중에서도 OS 영역에는 실질적으로 시스템을 관리하고 프로그램을 실행시키는 등 리소스들을 운용 및 관리하는 코드가 있는데, 이를 커널Kernel이라고 합니다. 그래서 커널의 성능에 따라 시스템의 성능이 평가되기도 합니다.

커널도 사용자 프로그램과 마찬가지로 프로그램 언어로 만들어진 코드여서 일정한 메모리 공간이 필요하고, MCU의 명령어 처리기가 커널의 코드들을 실행해야합니다. 또한 많은 기능을 가질수록 커널 프로그램의 코드 사이즈도 커지죠. 그래서 커널의 기능을 한정하여 분류하기도 하는데요. 모든 기능을 넣어서 만들거나 최소한의 기능만 만들고 추가 기능들은 필요할 때 실행하는 방식[3]으로 나뉘기도 합니다.

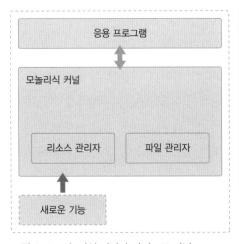 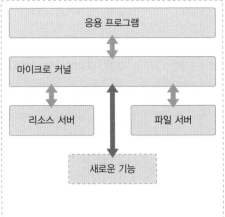

그림 3-8 모놀리식 커널과 마이크로 커널

---

3 모놀리식 커널(Monolithic Kernel)
   마이크로 커널(Micro Kernel)

모놀리식 커널Monolithic Kernel은 모든 기능을 하나의 커널로 만드는 구조입니다. 각 기능들은 이미 프로그램되어 있는 구조를 가지므로 설계 단계에서 최대한 성능을 끌어올릴 수 있게 만듭니다. 하지만 새로운 기능이 추가되어야 할 때 커널을 다시 만들어야만 사용할 수 있다는 단점이 있습니다. 게다가 필요없는 기능이 들어 있다면 메모리 공간을 낭비합니다.

반면에 마이크로 커널Micro Kernel은 이름에서 뜻하는 것처럼 최소한의 기능을 가진 커널입니다. 마이크로 커널 외에도 나노 커널, 피코 커널 같은 것도 있는데요. 이들은 모두 최소한의 기능만 가지고 있고, 부가적인 기능들은 응용 프로그램이 실행되듯이 추가적으로 실행하여 동작시키는 구조입니다. 그래서 새로운 기능을 사용해야 할 때 커널을 새로 컴파일할 필요없이 코드를 추가하거나 삭제하기가 쉬운데요. 다만 일반적인 평가는 모놀리식 커널에 비해서 메모리 공간은 적게 필요하지만, 성능면에서는 떨어진다고 합니다.

커널은 시스템을 운영 및 관리하기 위하여 주기적으로 실행되어야 합니다. 주기적인 시간은 너무 짧지도 않고 너무 길지도 않아야 하는데요. 주기가 너무 짧으면 시스템이 프로그램을 실행하는 시간보다 커널을 실행하기 위해 너무 많은 시간을 낭비할 것입니다. 반대로 주기가 너무 길면 자주 실행되지 못하므로 리소스를 효율적으로 사용하지 못합니다. 그래서 주기는 시스템의 목적에 맞게 적당히 정해야 할 것입니다.

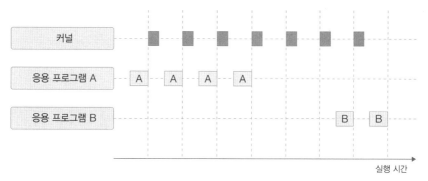

그림 3-9 커널이 자주 실행되면 실행 중인 프로그램이 완료되는 데 시간이 오래 걸림

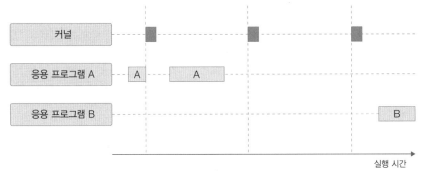

실행 시간

그림 3-10 커널의 실행 간격이 너무 넓으면 리소스 사용이 효율적이지 못함

커널은 시스템을 관리하기 위한 코드들의 묶음이라고 하였는데, 아마 실제 동작이 궁금할 것입니다. 이는 간단히 설명하고 넘어가기에는 너무 중요한 부분이므로 이후 더욱 자세히 알아보겠습니다.

라이브러리

OS는 시스템 운영에 있어서 중계자의 역할을 한다고 하였습니다. OS는 중계자의 위치에서 리소스를 안정적이면서 효율적으로 사용할 수 있게 관리하고, 개발자가 만든 프로그램, 즉 응용 프로그램Application이 리소스를 쉽게 사용할 수 있도록 서비스도 제공합니다. 앞서 말한 안정적이라는 뜻은 응용 프로그램들이 리소스를 사용하려 할 때 문제가 생기지 않도록 만드는 것을 말합니다. 그리고 효율적이라는 뜻은 리소스 사용을 원하는 응용 프로그램들에게 골고루 분배하는 것이라 할 수 있습니다.

이런 구조 때문에 응용 프로그램이 리소스 사용을 원할 때는 우선 OS에게 리소스 사용에 관한 권한을 요청합니다. 그러면 OS는 현재 시스템의 상태를 파악한 후에 권한을 넘겨줄지 결정하는데, 그 권한은 언제든지 되찾아올 수 있습니다. 권한을 되찾아올 수 있게 만든 이유는 다른 응용 프로그램도 같은 리소스의 사용에 관한 권한을 요구할 수 있기 때문입니다.

응용 프로그램이 OS로부터 권한을 요청할 수 있는 구조로 만들려면 OS와 소통을 할 수 있게 해야 합니다. 소통을 위한 방법 중 가장 간단한 방법은 OS에서 제공하는 함수를 이용하는 것이며, 이 함수들을 라이브러리Library 또는 APIApplication Programming Interface라고 합니다.

프로그램들이 OS에서 제공하는 API들을 사용하면 OS는 시스템을 안정적으로 운용할 수 있을 뿐만 아니라, MCU나 하드웨어가 바뀌어도 재사용할 수 있다는 장점이 있습니다. MCU가 바뀌었을 때 기존에 사용하던 API와 똑같은 API가 제공된다면, 응용 프로그램의 코드는 바뀌지 않아도 되기 때문입니다.

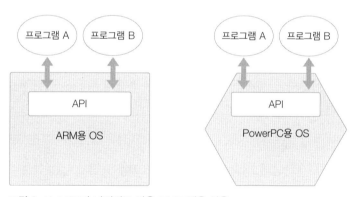

그림 3-11 MCU가 바뀌어도 같은 프로그램을 사용

OS를 사용하면 리소스를 제어하는 일 외에도 서비스들이 제공된다고 하였습니다. 이러한 서비스들은 개발자들을 위한 것이 많은데요. 개발자들이 원하는 프로그램을 쉽게 만들 수 있게 제공되며, GUIGraphic User Interface나 파일시스템, 네트워킹, USB 등이 있습니다.

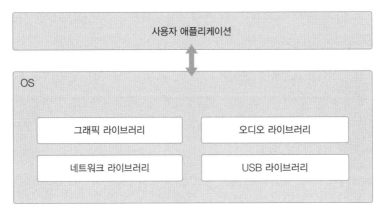

그림 3-12 OS에서 제공하는 라이브러리들

대개는 OS가 개발된 지 오래된 것일수록 많은 수의 라이브러리를 가지고 있습니다. 대표적으로 Microsoft의 Windows 시스템은 정말 많은 라이브러리를 제공하는데요. 라이브러리만 만드는 개발 부서가 있을 정도입니다. 라이브러리가 많고, 사용하기 쉬울수록 프로그램을 개발하는 개발자도 많아질 것이고, 프로그램이 많아야 사용자도 많아진다고 생각하기 때문입니다. 그래서 Microsoft는 **개발자가 고객이다**라고 말할 정도입니다.

스마트폰 시장의 Android와 iOS도 마찬가지 입니다. 이들은 많은 라이브러리를 제공하여 개발자들이 쉽게 개발을 하면서 프로그램이 점차 많아졌습니다. 그래서 앱 시장이 커져, 현재 많은 사용자가 iOS와 Android를 사용하는 것이죠.

응용 프로그램

Windows나 Linux 같은 범용 OS에서 프로그램을 사용할 때는 아이콘을 더블 클릭하거나 터미널과 같은 프로그램에서 커맨드를 입력하여 실행합니다. 그리고 임베디드 OS와 같은 특수한 환경에서는 자동으로 실행되도록 만드는데요. 이들은 모두 사용자의 의도대로 실행되는 프로그램들이어서 사용자 프로그램User Program 또는 응용 프로그램Application이라고 부릅니다.

OS를 사용하는 이유는 리소스들을 쉽게 이용하고 시스템을 관리하기 위한 것이라고 하였습니다. OS에서 제공되는 라이브러리 덕분에 많은 부분에서 펌웨어보다는 응용 프로그램을 만드는 일이 간단한데요. 하지만 OS는 한 종류만 있는 것이 아니고 여러 제품이 시중에 나와 있어서, 각자의 구조가 달라 제공하는 라이브러리도 다른 경우가 많습니다. 그래서 개발자들은 OS에서 제공하는 라이브러리들을 사용하기 위해 따로 학습이 필요합니다.

Windows와 같은 특정한 OS에서 응용 프로그램을 개발하는 엔지니어 중에 경력이 오래된 개발자는 많은 라이브러리를 알고 있고 잘 사용합니다. 또 세미나에 참여하거나 커뮤니티를 만들어 추가로 생겨나는 라이브러리들을 공부하기도 합니다. 그런데 여러 종류의 OS를 다루지 않고 하나의 OS만 다루다 보면 사용하는 OS가 바뀔 경우 응용 프로그램을 만드는 일이 쉽지 않은데요. 어떤 라이브러리가 존재하는지 모르고 그 라이브러리들의 성능도 모르기 때문입니다. 그래서 자바 같은 언어가 생겨났습니다. 자바는 **OS에 상관없이 동작할 수 있는 프로그램을 만드는 것을** 목적으로 탄생된 언어입니다. 자바는 OS와 사용자 프로그램의 중간에 자바 머신 JVM, Java Virtual Machine이라는 특수한 기능을 하는 툴을 가지고 있습니다. 이 자바 머신은 자바를 OS에 맞게 변경시키는 역할을 하는데요. 이로 인해 서로 다른 OS에서도 자바로 작성된 프로그램이 구동될 수 있습니다.

대신 자바 머신은 OS와 응용 프로그램 중간에 위치하여 변환을 해야 하기 때문에 그만큼의 리소스를 필요로 합니다. 그 말은 자바 프로그램이 동작할 때 원래 의도보다 성능이 느려질 수가 있다는 말과 같죠. 그래서 자바 머신이 처음 소개되었을 때 느리다는 이유로 많은 사람에게 인정을 받지 못했습니다. 그러나 하드웨어와 자바 머신이 급격히 발전하면서 일반 프로그램과 속도 차이를 많이 줄였고, 이제 일반 사용자 입장에서는 속도 문제를 크게 느끼지 못하게 되었습니다.

3.4 커널의 시스템 관리자들

OS는 시스템을 관리하려는 목적으로 리소스를 제어하는 프로그램이라고 하였습니다. 그중에서도 커널Kernel이 리소스를 관리하는 핵심이라고 설명했습니다. 커널은 리소스들을 관리하고 운영하기 위하여 **관리자**Manager라는 개념을 사용합니다. 리소스들은 지금 이 시간에도 계속 생겨나고, 발전하고 있어서 커널 또한 많은 기능이 추가되고 있기 때문에 다양한 버전이 존재합니다. 그래서 이 책에서 모든 커널의 관리자를 살펴보지는 못하지만, 여기서 다룬 커널을 이해할 수 있다면 다른 커널의 관리자를 이해하는 일도 어렵지 않을 것입니다.

이번 절에서는 시스템의 메모리를 관리하는 **메모리 관리자**, 프로그램의 실행과 관련된 **태스크 관리자**, 파일을 읽고 쓰기 위한 **파일 관리자** 그리고 인터럽트와 같은 이벤트를 처리하는 **이벤트 관리자**를 알아볼 것입니다.

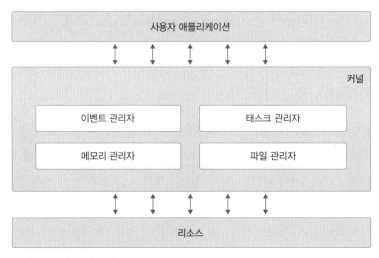

그림 3-13 커널 내의 관리자들

메모리 관리자

요즘 출시되는 MCU들은 메모리와 관련하여 하드웨어적으로 많은 기능을 제공한다고 하였습니다. 이 기능들 중에는 메모리 보호^{MPU, Memory Protection Unit}, 보호 모드^{Protected Mode} 및 캐시 메모리 제어^{Cache control} 기능이 있다고 하였습니다. 물론 예전에도 같은 기능들이 있었지만 모두 소프트웨어적으로 제공되어서 이를 처리하기 위한 MCU의 리소스가 필요했습니다. 하지만 요즘의 MCU들은 이러한 기능들이 하드웨어적으로 지원되면서 OS가 소프트웨어적으로 처리하던 일들에 대한 부담을 줄일 수 있게 되었죠.

OS도 다른 프로그램과 마찬가지로 MCU에서 동작하는 프로그램의 일종이므로 일정량의 메모리가 필요합니다. 이 메모리 공간에 OS가 동작하기 위한 데이터와 프로그램이 들어 있죠. 만약 사용자 프로그램이 이 메모리 영역(OS가 사용하는 영역)에 잘못된 데이터를 덮어 쓰거나 메모리를 건드린다면, OS가 사용하던 프로그램과 데이터들이 변경될 가능성이 있습니다. 이는 시스템에 심각한 문제를 일으키는데요. 그래서 OS는 응용 프로그램으로부터 메모리를 보호하기 위한 목적으로 메모리 보호를 사용합니다. 메모리 보호 기능을 사용하면, OS가 사용하는 메모리 영역과 응용 프로그램이 사용하는 메모리 영역을 분리하여 운영될 수 있도록 지원합니다.

예를 들어 사용자 프로그램이 OS가 사용하는 영역을 침범하는 경우가 발생하면 하드웨어적으로 인터럽트가 발생합니다. 그러면 인터럽트에 의해 커널이 실행되는데, 메모리 영역을 침범한 것으로 확인한 후 커널은 해당되는 프로그램을 종료시키거나 프로그램에게 경고를 보내는 등의 조치를 취하는 것이죠. 이러한 일을 담당하는 것이 커널의 메모리 관리자입니다.

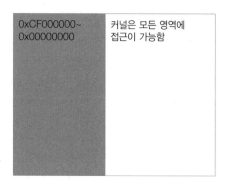

0xCF000000~ 0xC0000000	사용자 프로그램이 접근 가능한 영역
0xBFFFFFFF~ 0x00000000	접근 금지 영역

0xCF000000~ 0x00000000	커널은 모든 영역에 접근이 가능함

그림 3-14 분리된 메모리 영역

또한 메모리 관리자는 메모리를 필요로 하는 프로그램에게 할당하거나 사용이 끝난 메모리를 수거하는 일도 담당하고 있습니다. 응용 프로그램들은 메모리에서 동작해야 하고 메모리를 사용하여 데이터 처리를 해야 합니다. 그래서 필요한 메모리 공간을 OS로부터 할당받아야 하는 것이죠.

메모리 사용량이 적다면 스택 메모리[4] 같은 작은 크기의 메모리를 이용할 수도 있으나, 필요한 메모리가 크다면 OS에게 원하는 메모리 크기를 요청하여 사용합니다. 이때 OS는 프로그램이 요청하는 메모리 크기를 확인하고, 사용 가능한 위치를 찾은 다음에 사용자 프로그램에게 그 주소를 전달합니다. 그러면 사용자 프로그램은 그 주소로부터 사용하려는 사이즈만큼 메모리를 사용할 수 있습니다.

---

4 임시적으로 데이터를 저장하기 위한 메모리 공간

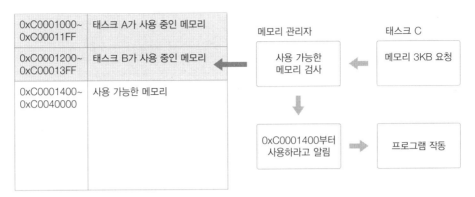

그림 3-15 메모리 관리자가 메모리를 확인하여 프로그램에게 메모리를 할당

태스크 관리자

OS가 운영되는 시스템에서 응용 프로그램이 실행되기 위해서는 커널이 리소스를 넘겨줘야 합니다. 또한 시스템이 동작 중일 때는 실행을 원하는 응용 프로그램들이 한둘이 아닐 것입니다. 많은 프로그램 중에서 어떤 프로그램이 실행되어야 하는지를 정하여 실행시키는 역할은 바로 태스크 관리자Task Manager가 담당하고 있습니다.

응용 프로그램과 관련된 일을 한다면 '응용 프로그램 관리자'라고 부르면 좋을 것 같은데 왜 태스크 관리자라고 부를까요? 또 이때 태스크는 무엇을 뜻하는 걸까요? 이를 설명하기 위해서는 커널의 입장에서 프로그램을 실행하는 방법을 알 필요가 있습니다.

한 시스템에서 MCU가 멀티코어가 아닌 싱글코어라면 명령어 코드는 한 번에 하나씩 밖에 처리하지 못합니다. 그러한 MCU의 리소스를 여러 프로그램이 실행될 수 있도록 하려면 시간을 배분하여 골고루 기회를 줘야 하는데요. 이때 각 프로그램들이 실행되기를 원하는 코드를 Windows나 Linux 같은 범용 OS에서는 스레드Thread라고 부르고, RTOS 같은 임베디드 시스템에서는 태스크Task라고 부릅니다.

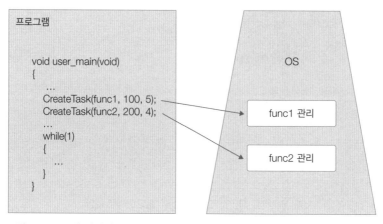

그림 3-16 OS에 의해서 관리되는 태스크들

이 스레드와 태스크는 비슷하면서도 다른 개념을 가지고 있습니다. 비슷한 점은 MCU를 시간별로 사용하기 위해 나누어진 작업 단위라는 개념에서는 같다고 할 수 있으나 그 구조에는 차이가 있습니다.

하나의 프로그램은 여러 개의 스레드를 가질 수가 있고 이 프로그램은 여러 개가 실행될 수 있는 것이 범용 OS인 반면, RTOS 같은 OS는 프로그램 작성 단계에서 만들어지는 단일 프로그램에 여러 개의 작업을 가지고 있는 구조라는 것입니다. 그래서 태스크는 단일 프로그램에서 여러 개가 존재하므로 태스크 간에 데이터 교환이 쉽게 이루어지는 반면, 스레드는 같은 프로그램에서 생성된 스레드가 아니면 IPC^{Inter Process Communication}[5] 같은 특수한 방법이 사용되어야 합니다.

---

5 OS에서 지원하는 기능으로 프로그램 사이에 데이터를 교환할 수 있도록 함

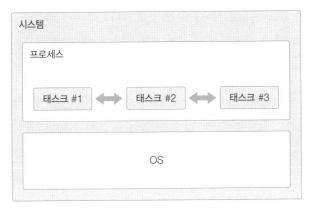

그림 3-17 OS와 태스크

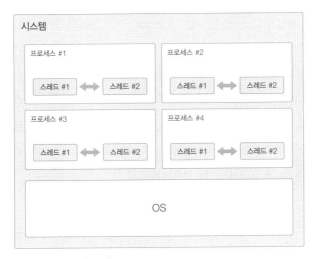

그림 3-18 OS와 스레드

태스크들은 커널에 의해 실행되기를 기다리는 작업들이라고 하였습니다. 이들은 따로 계획되지 않은 이상 다른 태스크를 상관하지 않으며, 자신이 처리해야 할 일만 처리하는데요. 여러 개의 태스크들이 있다고 할 때 고려해야 할 몇 가지 사항이 있습니다. 가령, 어떤 태스크가 리소스를 사용하려 할 때 다른 태스크도 그 리소스를 사용하기를 원할 수도 있습니다. 또는 메모리에서 같은 위치의 데이터를 서로 다른 태스크들이 참조하거나 변경하려 할 수도 있는데요. 이런 경우 태스크 내에서 사용하는 데이터의 결과를 보장할 수가 없을 것입니다. 그래서 태스크들을 효율적이면서도 잘 실행될 수 있게 관리하려는 목적으로 태스크 관리자가 있는 것입니다.

멀티 태스킹Multi Tasking은 앞서 설명한 태스크가 여러 개일 때를 표현하는 것입니다. 태스크가 여러 개여서 멀티 태스크Multi Task이고 번갈아 가면서 실행될 때 멀티 태스킹이라고 합니다. 태스크 관리자는 여러 개의 태스크를 동시에 실행시키는 멀티 태스킹을 실현하기 위하여 일정한 시간마다 실행됩니다. 이때 태스크들의 상태를 검사하고 실행되어야 할 태스크와 중지되어야 할 태스크 등을 선별합니다.

태스크 관리자에 의해 태스크가 실행되는 예를 하나 들어보겠습니다. 개발자가 100ms마다 LED를 깜박거리는 기능을 원한다면, 100ms마다 실행되는 태스크를 만들고, 추가로 LED를 깜박거리는 프로그램 코드를 만들면 됩니다. 그리고 태스크를 만들 때 우선순위를 정하는데요. 태스크 관리자가 태스크를 선정할 때 같은 시간에 실행되기를 원하는 태스크가 여러 개일 수도 있으므로 먼저 실행할 태스크를 정하는 기준이 됩니다. 그래서 개발자가 태스크를 생성할 때 태스크들의 중요도를 고려해서 중요도가 높은 태스크에 우선순위를 높게 설정하거나 실행해야 할 태스크들의 순서를 미리 정해 놓고 우선순위를 부여합니다.

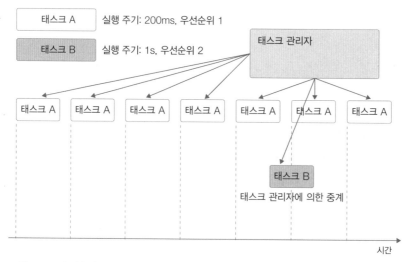

그림 3-19 우선순위에 따른 태스크 실행

이와 관련하여 태스크 관리자는 실행 중인 태스크와 실행이 완료된 태스크 등을 구분하기 위하여 각 태스크의 상태를 알아야 합니다. 이 상태에 따라서 실행할 태스크와 중지시킬 태스크를 정하는 것입니다. 이때 태스크들이 가지는 상태값을 3가지 또는 그 이상으로 구분하는데요. 이 책에서는 실행, 대기, 완료라는 3가지의 상태값을 사용하여 이야기하겠습니다.

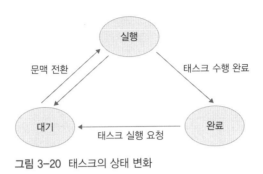

그림 3-20 태스크의 상태 변화

실행 상태는 태스크 내의 코드가 실행될 수 있는 요건을 갖추어 태스크 관리자가 그 태스크에게 리소스를 사용할 권한을 준 것이며, 이때는 태스크의 프로그램 코드들이 실행되고 있는 것입니다.

대기 상태는 태스크가 실행 상태가 되기 전에 태스크 관리자에 의해 MCU 리소스를 할당받을 수 있도록 기다리는 상태인데요. 태스크 관리자가 현재 '실행' 상태인 태스크가 없으면 '대기' 상태인 태스크 중에서 선택하여 '실행' 상태로 만들어 줍니다. 또한 우선순위에 따라 '대기' 상태인 태스크를 먼저 실행해야 하는 경우도 있는데요. 그때는 현재 '실행' 상태인 태스크를 '대기' 상태로 먼저 만듭니다. 그리고 우선처리할 태스크를 '실행' 상태로 변경하여 처리합니다. 이후 우선처리된 태스크가 완료 상태가 되면 이전에 대기 상태가 되었던 태스크를 다시 실행 상태로 만드는 것이죠.

완료 상태는 태스크의 프로그램 코드가 실행이 완료되고, 다음 순서의 실행 요건을 갖출 때까지 기다리는 상태입니다.

태스크의 상태가 변하는 과정과 태스크가 실행되는 과정에는 몇 가지의 알고리즘들이 존재합니다. 여기에는 스케쥴링^{Scheduling}, 문맥 전환^{Context Switching} 등이 있는데요. 이와 관련된 내용들은 이후 자세히 다루겠습니다.

파일 관리자

일반 PC의 사용이 많아지고 자료의 저장 및 이동이 활발해지면서 일정한 형식을 가지고 있는 파일시스템이 많이 사용되고 있습니다. 파일시스템은 임베디드 시스템에서도 많이 사용되는데요.

파일시스템은 데이터의 길이 및 형태 등의 정보를 가지고 있는 데이터입니다. 이 정보를 통해 실제의 데이터는 어디부터 시작하고 얼마만큼의 데이터가 있는지 알 수 있는 것입니다. 또한 이 정보를 해석할 수만 있다면 어떤 시스템에서도 사용할 수가 있죠.

복잡하지 않은 경우에는 OS를 사용하지 않고 직접 저장장치를 제어하여 파일시스템을 다루는 경우도 많습니다. 가령, 차량용 블랙박스나 MP3 플레이어의 경우 파일시스템을 사용하지만 OS가 들어 있지 않습니다.

파일시스템은 OS의 종류가 다양해지고 메모리의 사이즈가 커지는 등의 이유로 여러 시스템이 존재합니다. 그중에는 FAT16, FAT32, NTFS, extFS 등이 있으며, OS에 따라 파일시스템을 선택하거나 시스템의 성능을 고려하여 사용합니다. 그런데 이렇게 다양한 파일시스템 때문에 소프트웨어적으로나 하드웨어적으로 지원이 되지 않는 시스템에서는 파일을 처리하지 못하는 경우가 발생합니다. 예를 들어 Linux나 Unix에서 사용하는 파일시스템을 Windows에서는 사용하지 못합니다. 그런데 Linux에서는 전혀 다른 (Windows 같은) OS에서 사용하는 FAT32나 NTFS를 읽을 수 있는데요. 이러한 파일시스템들과 관련하여 OS에서 사용되는 것이 파일 관리자^{File Manager}입니다.

Windows가 Linux의 파일시스템을 읽지 못하는 것이 파일 관리자가 Linux의 파일 관리자보다 나빠서가 아니라, Linux는 사용 목적이 특별하다 보니 다양한 지원이 필요하며 그중에서 Windows를 사용하는 사용자가 많아 다양한 파일시스템을 지원하게 된 것입니다.

이렇듯 사용자 프로그램은 파일 관리자 덕분에 파일시스템을 특별한 추가 작업 없이 사용할 수 있습니다. 새로운 파일시스템이 나타나면 파일 관리자를 업데이트하여 새로운 시스템도 지원을 받을 수가 있습니다. 즉 응용 프로그램을 수정하지 않아도 파일을 읽고 쓸 수가 있습니다.

그림 3-21 파일 관리자를 통하여 파일을 관리

한편 파일 관리자는 파일을 읽고 쓰는 일 외에도 다양한 기능을 지원할 수가 있습니다. 가령, 메모리 관리자와 비슷한 보안 기능을 제공하기도 하는데요. 일반 PC와 같은 시스템에서는 동시에 여러 명의 사용자가 이용하는 경우가 있기 때문에 사용자별로 보안 시스템을 적용하는데요. 사용자에 따라서 파일 및 데이터에 관한 권한을 부여할 수 있으며 권한에 따라서 새로운 파일을 생성하거나 삭제할 수 있게 관리합니다.

이벤트 관리자

OS는 응용 프로그램과 리소소들의 중계자 역할을 한다고 설명했습니다. 리소스와 응용 프로그램은 직접적으로 연결되는 형태가 아니어서 데이터가 발생했을 때 OS가 그 데이터를 프로그램에게 전달해야 합니다. 데이터의 전달뿐만 아니라 시스템에서 발생하는 인터럽트나 프로그램끼리의 정보도 OS가 전달하고 있으며 이를 담당하는 관리자가 이벤트 관리자Event Manager입니다.

예를 들어 한 시스템에서 인터럽트 등의 이벤트가 발생했을 때 이 이벤트를 입력으로 받고 싶은 프로그램이 존재할 것입니다. 그러면 이벤트 관리자는 인터럽트를 우선처리하여 그 데이터를 메모리에 저장한 다음 이벤트를 전달합니다. 이때 어떤 프로그램이 이 이벤트를 받기 원하는지 알고 있어야 하는데요. 그러기 위해서 응용 프로그램은 이벤트 관리자에게 받기를 원하는 이벤트를 등록하는 절차가 필요합니다.

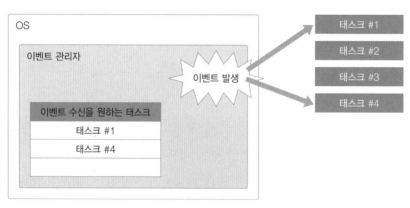

그림 3-22 이벤트가 발생했을 때 태스크들에게 전달

이벤트 관리자는 시스템에서 발생하는 많은 이벤트를 처리하기 위하여 컨베이어 벨트와 같은 구조를 가진다고 볼 수 있습니다. 이렇게 여러 이벤트들이 이동되는데, 각 이벤트는 해당되는 태스크에 전달되도록 설계되어 있습니다. 그래서 태스크끼리 이벤트와 데이터를 전달할 수 있습니다.

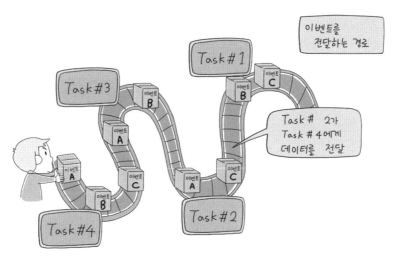

그림 3-23 이벤트를 이용하여 태스크 간에 데이터를 전달

커널의 태스크 관리 방법

임베디드 시스템에서 커널이 처리하는 프로그램의 기본 단위가 태스크라고 하였는데요. 이 태스크들은 태스크 관리자에 의해 관리되고 실행되며 하나의 프로그램은 최소한 하나의 태스크를 가진다고 하였습니다.

태스크가 하나일 때는 특별한 관리가 필요없지만, 여러 개인 경우에는 태스크를 실행하는 기법이 따로 필요한데요. 바로 여러 태스크가 번갈아 가면서 실행되는 멀티 태스킹Multi Tasking입니다.

태스크 관리자에는 멀티 태스킹을 위해 실행되어야 할 태스크들의 목록이 나열되어 있는 스케쥴러Scheduler가 있고, 코드를 실행시켜주는 문맥 교환Context Switching이 사용됩니다.

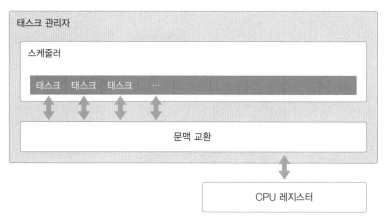

그림 3-24 태스크 관리자의 스케줄러와 문맥 교환

이전까지 태스크는 무엇이고 어떻게 생성되는지를 알아보았는데, 이번에는 태스크 관리자가 어떻게 멀티 태스킹을 구현하는지 학습하겠습니다.

스케줄러

시스템에서 태스크들이 여러 개 존재한다면 태스크 관리자가 실행할 태스크를 정해야 한다고 했습니다. 이때 가장 효율적이라고 판단되는 기준에 따라 선정하는데요. 이러한 판단은 스케줄러에 의해 결정되며 FIFO$^{First In First Out}$ 방식, 우선순위에 의한 처리, 실행 시간이 짧은 태스크 우선처리, 우선순위 + FIFO 등의 방법이 사용됩니다.

FIFO 방식은 FCFS$^{First Come First Served}$라고 부르기도 하는데, 이를 사용하는 스케줄러는 한 줄의 긴 메모리(큐 메모리)를 가지고 있습니다. 한쪽 끝에서는 실행해야 할 태스크가 추가되고 반대쪽 끝에서는 태스크 관리자에 의해 실행되어야 할 태스크가 위치하는데요. 태스크가 추가될 때마다 한 칸씩 이동하는 형태를 가지고 있어 **가장 먼저 추가된 태스크가 가장 먼저 실행(First IN First OUT)되는 것**이죠.

스케줄러의 메모리에는 실행되기를 원하는 태스크들이 있어야 하는데, 이 순서는 개발자에 의해 정해집니다. 개발자는 태스크들을 실행하는 데 필요한 시간과 중요성을 생각하여 태스크를 생성하는 순서를 정하며 하나의 태스크가 실행을 끝내고 나면 다음 태스크가 바로 실행될 수 있게 순서를 만드는 것이죠. 이러한 이유로 그림 3-25와 같이 태스크 간의 실행 간격이 굉장히 좁아 FIFO 방식이 다른 방식보다 MCU의 성능을 최대한 활용할 수 있습니다.

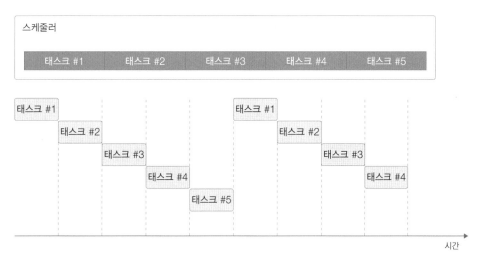

그림 3-25 FIFO 방식의 스케줄러

실행 시간이 짧은 태스크 우선처리 방법은 SJF^{Shortest Job First}라고도 불립니다. SJF는 **가장 짧은 시간의 일을 먼저 처리한다**로 해석할 수 있는데요. 이 SJF 방식은 FIFO 방식과 거의 흡사하지만 태스크가 생성된 순서대로 스케줄 순서가 정해지는 방식이 아니라 태스크를 실행해서 완료하기까지의 시간을 기준으로 순서가 정해지는 것입니다. 그래서 태스크를 생성할 때 태스크가 실행이 완료되기까지의 예상되는 시간을 옵션으로 사용하게 되어 있습니다.

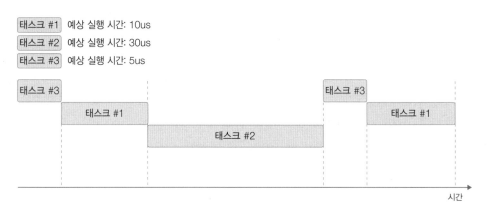

그림 3-26 SJF 방식에 의한 스케줄러

우선순위에 의한 처리 방식은 SJF와 마찬가지로 태스크를 생성할 때 옵션을 사용하도록 되어 있습니다. 이 옵션은 스케줄러가 우선순위를 정할 때 사용하기 위한 것으로, 그 값이 높을수록 먼저 실행되도록 스케줄링 순서가 정해집니다.

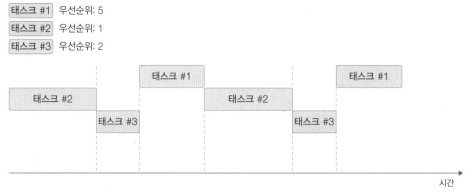

그림 3-27 우선순위에 의한 스케줄링

우선순위에 의한 방식은 스케줄링 순서를 선택하는 기준 외에는 SJF와 크게 다르지 않은데요. SJF 방식과 우선순위에 의한 방식 모두 태스크들의 위치는 FIFO 방식을 이용하거나 스케줄링 큐의 중간에 끼워 넣는 방식을 선택해야 합니다.

이러한 방식을 좀 더 효율적으로 운영하기 위하여 새로운 방식이 제안되었습니다. 그것은 FIFO를 여러 개 사용하는 방식인데, 우선순위 레벨마다 각각의 FIFO를 가지는 구조입니다. 예를 들어 우선순위 레벨이 1에서 15까지 존재하고 태스크의 정보를 저장할 수 있는 메모리 공간이 10개씩 필요하다면, 이 스케줄러는 총 15×10개의 FIFO 메모리를 가져야 합니다. 그래서 스케줄러가 생성될 때 해당되는 우선순위의 FIFO에 태스크 정보가 저장되므로 실행을 필요로 하는 태스크가 발생하면 해당되는 우선순위의 FIFO에 순서대로 삽입하는 것입니다.

그림 3-28 우선순위와 FIFO를 결합한 방식

이러한 구조에서 태스크 관리자는 우선순위 1번부터 15번까지 차례대로 조사하고 그중에 실행 조건을 갖춘 태스크를 발견하면 실행을 하는 것입니다. 스케줄러가 우선순위 1번부터 검사하며 실행할 태스크를 선택하는 것이므로 자연스레 우선순위가 낮은 태스크보다 높은 태스크가 먼저 실행될 수가 있습니다.

선점형 대 비선점형

태스크 관리자에 관한 이야기를 하면서 태스크의 상태변화에 대한 이야기도 잠깐 하였습니다. 태스크의 상태변화에 대해서 다시 설명을 하자면, 태스크는 3가지 상태를 가지는데 실행, 대기, 완료입니다. 이러한 상태변화는 태스크 관리자에 의해서 이루어지고 대기 조건을 갖춘 태스크를 실행하는 것이라고 설명했습니다.

태스크의 상태를 변경하고 실행시키는 것과 관련하여 알아둬야 할 2가지가 있습니다. 현재 실행 중인 태스크의 작업이 끝나고 새로운 태스크를 실행하는 것과 현재 실행 중인 태스크를 잠시 중단시키고 우선순위가 높은 태스크를 실행시키는 방법입니다. 전자를 **비선점형**Non-Preemptive, 후자를 **선점형**Preemptive 방식이라고 합니다. 비선점형은 현재 태스크가 MCU를 선점하여 실행 중이므로 다른 태스크가 MCU를 선점할 수 없다는 뜻이고, 선점형의 경우에는 현재 태스크가 실행 중이더라도 다른 태스크가 재선점할 수 있다는 뜻입니다.

앞서 설명했던 스케줄링 방식들과 비교하면 더 쉬울 것 같은데요. 지금까지 설명했던 태스크 실행 방식은 모두 실행 중인 태스크가 완료된 후에 새로운 태스크가 실행되는 비선점형 방식이었습니다. 만약에 이 방식들 중 우선순위에 의한 처리가 선점형 방식이었다면 어떻게 동작할까요?

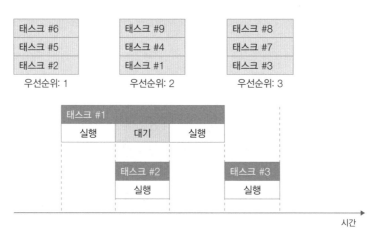

그림 3-29 선섬형 방식의 우선순위 처리

우선 현재 실행 중이던 태스크 #1이 있다고 할 때 새로운 태스크인 태스크 #2가 우선순위가 더 높다고 가정하겠습니다. 그리고 시간이 흘러 태스크 #2가 실행 조건을 갖추게 되었다면, 태스크 #1은 태스크 #2에게 리소스를 넘겨야 하기 때문에 현재 실행 중인 태스크 #1이 일단 실행을 멈추고 상태가 변경되어야 합니다.

그림 3-29의 예를 보면, 태스크 #1은 '대기'로 변경되고 태스크 #2가 실행 상태가 되어 태스크가 실행되는 것을 확인할 수 있으며, 이후에 태스크 #2가 실행을 완료하면 잠시 대기 상태였던 태스크 #1이 다시 실행됩니다.

태스크 #1의 상태가 완료가 아니라 대기로 가는 이유가 있습니다. 대기 상태는 실행 조건을 갖춘 상태를 말하는 것으로, 실행 상태 직전이라고 설명했습니다. 그래서 태스크 관리자가 바로 실행을 할 수 있는 상태인데요. 이렇게 태스크 #1이 대기 상태로 변경될 때는 완료 상태에서 대기 상태로 변경되는 조건과는 약간 다른 조건을 가지고 있는데, 문맥 교환에 의해 현재 실행 중이던 코드의 위치 및 데이터 정보[6]를 저장합니다. 그래서 태스크 #2가 실행을 종료하고 나면 대기 상태였던 태스크 #1이 다시 실행 상태가 되고, 이때 문맥 교환에 의해서 실행을 멈추었던 위치부터 실행할 수 있습니다.

문맥 교환

선점형에서는 실행 중인 태스크를 대기로 변경하고 새로운 태스크를 실행한다고 하였습니다. 이렇게 태스크의 상태를 변경하고 태스크를 실행시킬 때 필요한 처리가 있는데요. 이러한 일련의 작업을 문맥 교환Context Switching이라고 합니다.

Context라는 말을 번역하면 **문맥**이라고 부르는데 저는 개인적으로 문맥이라고 이야기를 하면 Context Switching의 의미가 와 닿지가 않습니다. 그래서 문맥 교환이라는 말보다는 컨텍스트 스위칭이라고 부르는 게 더 이해하기가 쉬웠습니다. 하지만 **문맥 교환**이라는 단어가 공식적으로 사용되는 것이므로 이 책에서는 문맥 교환이라고 표기하겠습니다.

-----

6 프로세서의 동작에 필요한 레지스터들(범용 레지스터, 스택 포인터, 프로그램 카운터, 상태 레지스터 등)

문맥Context이란 MCU의 범용 레지스터들과 현재 실행 중인 프로그램 카운터 그리고 스택 포인터 등 MCU가 프로그램을 구동할 때 필요한 모든 레지스터를 의미합니다. 여기에 스위칭Switching, 즉 **교환**이라는 의미가 사용되는 것이므로 현재 프로그램이 구동되는 상태의 레지스터 값이 교환되는 것으로 이해할 수 있습니다.

MCU를 학습할 때 프로그램이 구동되기 위한 레지스터들에 관해서 설명했는데, 다시 간단히 정리하겠습니다.

MCU는 프로그램 카운터를 참조하여 메모리에서 명령어를 가져옵니다. 그리고 그 명령어를 해석하여 실행하면, 프로그램이 구동되는 것입니다. 이 명령어들에는 범용 레지스터들(R0~R15)을 이용하여 데이터를 저장하거나 연산을 합니다. 프로그램 코드를 실행 중에는 스택 메모리를 이용하기도 하고 연산의 결과로 MCU의 상태가 변하기도 합니다. 결국 이 모든 정보를 종합하면 프로그램은 MCU의 상태, 범용 레지스터들, 스택 메모리, 프로그램 카운터 등을 이용하여 프로그램이 실행된다는 것을 알 수 있습니다.

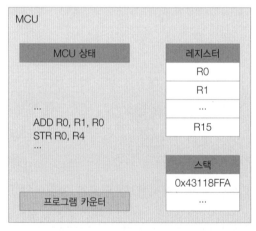

그림 3-30 프로그램 실행을 위해 사용되는 레지스터들

즉 현재 실행 중인 태스크의 레지스터 값들만 알면, 프로그램이 어디까지 실행 중이었는지 알 수 있는 것입니다. 또 현재 레지스터 값들을 메모리에 저장했다가 다시 불러올 수만 있다면, 메모리에 저장한 위치부터 프로그램이 다시 실행될 수 있다는 것과 같습니다.

이러한 내용을 기반으로 **문맥 교환**을 설명하겠습니다. 먼저 하나의 태스크가 현재 실행 중에 있다고 할 때 우선처리를 필요로 하는 태스크가 생겼다고 하겠습니다.

1. 이 태스크를 우선처리하기 위해서는 현재 실행 중인 태스크를 잠시 대기 상태로 변경해야 합니다.

2. 현재 실행 중인 태스크는 사용 중이던 데이터들이 있을 것이고 이들은 범용 레지스터와 스택 메모리 등에 담겨 있을 텐데요. 나중에 이 태스크를 원상복구하기 위해 프로그램 실행에 사용되었던 모든 레지스터 값들을 메모리의 특정한 위치에 저장합니다.

3. 우선처리할 태스크를 실행합니다.

4. 우선처리할 태스크의 실행이 완료되면 이전에 실행 중이던 태스크를 원상복구하기 위하여, 특정 위치에 저장해 두었던 값들을 레지스터로 복구시킵니다.

5. 잠시 대기 상태로 변경되었던 태스크가 중단되었던 위치부터 다시 실행을 이어나갈 수가 있습니다.

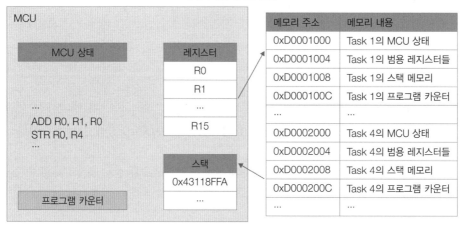

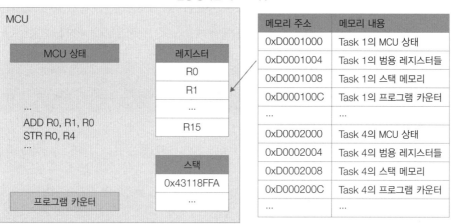

그림 3-31 문맥 교환에 의한 레지스터 값의 이동

문맥 교환의 방식에 관하여 조금 생각해볼 것이 있는데요. 태스크의 입장에서는 다른 태스크의 방해를 받지 않고 실행을 이어 나가는 것이고 우선순위가 높은 태스크가 제때에 실행될 수 있으므로 좋아 보이지만, 문맥 교환이 이루어질 때 레지스터를 복사하는 일 등 처리해야 할 작업이 많다는 문제가 있습니다. 그래서 OS를 설계할 때 문맥 교환을 최대한 짧게 처리할 수 있는 방법들을 사용하지만, 문맥 교환을 사용하지 않는 시스템보다는 더 많은 작업을 필요로 하므로 설계하려는 시스템의 성능을 고려하여 선점형과 비선점형을 선택하거나 성능이 좋은 MCU를 사용해야 합니다.

문맥 교환은 현재 실행 중인 태스크와 새로운 태스크 간의 교환이기도 하고 현재 실행 중인 프로그램이 바뀌기도 하는 것이므로 태스크 교환Task Switching이라고도 하며, 태스크 단위가 아닌 사용자 프로그램인 프로세스 단위로 교환이 이루어지면 프로세스 교환Process Switching이라고도 합니다.

보호 모드

요즘 MCU들은 MCU마다 다르지만 보통은 2가지 이상의 프로세서 모드라는 것이 존재합니다. 프로세서 모드는 MCU의 실행과 관련된 것으로 각 모드별로 리소스 사용에 관한 권한을 나누어 놓은 것입니다. 하드웨어적으로 접근하면 각 모드별로 필요한 레지스터가 따로 존재하여 프로그램 동작이 다르게 이루어질 수 있도록 만들어진 것이죠.

이 책에서 많이 다루고 있는 ARM이 가지고 있는 프로세서 모드에 관하여 데이터 시트를 보면 지원되는 각 모드가 표 3-1과 같이 설명되어 있습니다.

표 3-1 ARM7TDMI에서 사용 가능한 동작 모드

동작 모드	설명
User	사용자 프로그램을 실행하는 모드
Fast Interrupt	FIQ가 발생하였을 때 적용되는 모드
Interrupt(IRQ)	IRQ가 발생하였을 때 적용되는 모드
Supervisor	OS를 위해 사용하는 보호 모드
Abort	위반된 데이터나 명령어가 사용되었을 때 적용되는 모드
System	OS를 위해 사용하는 특권 모드
Undefined	잘못된 명령어가 실행될 때 적용되는 모드

여러 모드가 존재하는 이유를 짧게 설명하자면, OS와 사용자 프로그램을 구분하기 위해 존재한다고 할 수 있습니다. 표 3-1과 같이 지원되는 모드를 크게 2가지로 나눌 수가 있는데요. 이는 OS가 사용하는 보호 모드Protection Mode와 사용자 프로그램이 실행되는 유저 모드User Mode라고 할 수 있습니다.

보호 모드는 Fast Interrupt, Interrupt, Supervisor, Abort, System, Undefined 등인데, 이들은 인터럽트 처리나 MCU를 제어하기 위한 모든 권한을 가지는 모드들입니다.

유저 모드는 사용자 프로그램이 동작할 때 사용되는 모드입니다. 유저 모드는 MCU 제어와 관련된 모든 권한을 가지고 있지는 않습니다. 단지 프로그램 동작과 관련된 범용 레지스터들과 스택 포인터 등을 사용할 수가 있는 것인데요.

보호 모드와 유저 모드의 큰 차이점은 보호 모드에서는 임의적으로 MCU의 상태를 변경하여 유저 모드로 변경될 수 있는 반면, 유저 모드는 임의적으로 보호 모드로 변경될 수가 없습니다.

이를 통해 커널 프로그램은 보호 모드에서 동작하도록 하여 유저 모드에서 동작하는 사용자 프로그램이 커널 프로그램을 임의적으로 변경할 수 없도록 보호할 수가 있습니다.

그렇다면 유저 모드에서 MCU가 동작 중이라고 할 때 임의적으로 보호 모드가 될 수 없으니 커널 프로그램은 언제 실행될 수가 있는 것일까요?

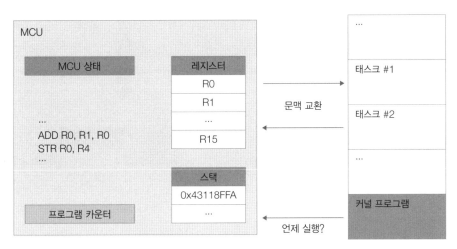

그림 3-31 커널 프로그램은 언제 실행될까?

커널 프로그램은 보호 모드에서 동작된다고 설명했습니다. 그리고 보호 모드에는 몇 가지 종류가 있다고도 했습니다. 그런 모드 중에 한 가지라도 사용 가능하다면 프로세서가 보호 모드가 되어 커널이 실행 가능하다는 것과 같습니다. 즉, 현재 프로세서의 모드가 유저 모드라고 할 때 보호 모드 중에 한 모드로 진입될 수 있도록 강제로 정하는 것이죠. 그러한 모드로 변경하는 방법 중에 가장 쉬운 방법이 타이머 인터럽트를 사용한 방법입니다. 이는 일정 시간마다 인터럽트가 발생되면서 프로세서가 IRQ 모드로 변경되고 커널이 실행되는 것이죠. 이때 커널은 태스크들을 스케줄링하거나 시스템을 제어하는 일을 처리합니다. 커널이 실행되고 시스템을 운영하는 일이 끝나면 이전에 실행 중이던 사용자 프로그램을 다시 동작시켜야 합니다. 만약 너무 오랫 동안 커널이 실행되면 사용자 프로그램은 그만큼의 시간 동안 실행되지 못하기 때문에 커널은 최대한 짧은 시간에 실행을 마쳐야 합니다. 그런 다음 프로세서의 모드를 보호 모드에서 유저 모드로 변환하여 사용자 프로그램이 다시 실행될 수 있게 만들어야 합니다.

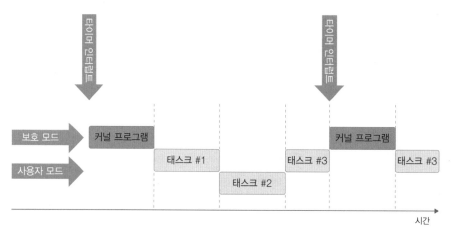

그림 3-32 타이머 인터럽트를 이용하여 주기적으로 보호 모드로 진입

이쯤에서 한 번 짚고 넘어가야 할 사항이 한 가지 있습니다. 프로세서의 모드가 보호 모드와 유저 모드로 변환되면서 커널 프로그램과 사용자 프로그램이 실행된다고 하는데 '어떻게 실행될 수가 있는가?'하는 것이죠. 앞서 다룬 내용이지만 프로그램이 실행되기 위해서는 레지스터들이 필요합니다. 실행해야 할 프로그램의 위치 값(PC), 계산에 사용할 값을 저장하는 공간(범용 레지스터) 그리고 스택 메모리의 위치(스택 포인터)와 같은 레지스터들입니다. 여기서 잠깐 생각해보면, 이들을 잘 다룬다면 프로그램의 실행을 빠르고 쉽게 할 수 있을 것 같은데요. ARM 프로세서는 모드가 변환될 때 공용으로 사용하는 레지스터와 각 모드별로 존재하는 레지스터들을 따로 구성하여 하드웨어적으로 운영됩니다.

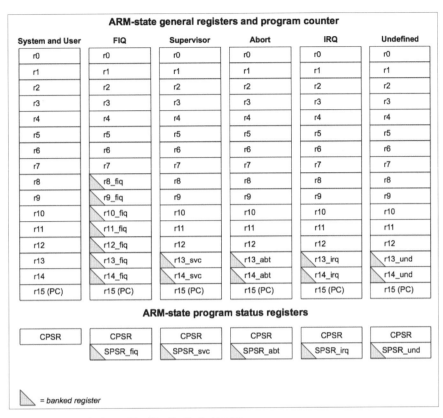

그림 3-34 ARM의 각 모드별 사용 가능한 레지스터들

그림 3-34는 ARM 관련 데이터시트에 나와 있는 내용인데, 각 프로세서 모드별로 사용 가능한 레지스터를 보여주고 있습니다. 그중에서 아무런 표시가 되어 있지 않은 레지스터들은 공용으로 사용하는 것들이고, 빗금이 쳐져 있는 레지스터들[7]은 각 모드별로 별도의 레지스터로 존재합니다. 예를 들어 User 모드의 레지스터들과 IRQ 모드의 레지스터들 중에서 r0~r12, r15, CPSR 레지스터들은 공용으로 사용되며 r13_irq, r14_irq, SPSR_irq 등은 서로 분리된 공간에 존재하는 별개의 레지스터입니다.

---

7 FIQ 모드의 r8~r14와 같은 레지스터들

이렇게 각 모드별로 별개의 레지스터가 존재하는 이유는 무엇일까요? 각 모드마다 별개의 레지스터를 만들려면 모든 레지스터가 별개로 존재해야 될 것 같은데 그것도 아니고 일부만 존재하는 이유는 또 무엇일까요? 그 이유는 동작과 관련하여 한 단계씩 생각해보면 알 수가 있습니다. 예를 들었던 유저 모드와 IRQ 모드로 설명을 하자면 IRQ 모드는 인터럽트가 발생해서 실행되는 모드입니다. 이때 필요한 사항은 인터럽트가 발생했으므로 처리할 핸들러를 실행하고 이후에 처리가 완료되고 나면 인터럽트가 발생되기 이전의 상태로 돌아가는 것입니다.

표 3-2 모드 전환에 필요한 레지스터들

필요한 사항	사용되는 레지스터
인터럽트 핸들러가 실행되는 데 필요한 메모리의 위치	r13(스택 포인터)
인터럽트 처리가 완료된 후 이전 위치로 돌아갈 위치	r14(링크 레지스터)
프로그램 처리에 필요한 MCU의 상태 레지스터	SPSR

위에 나열한 레지스터가 사용되는 경우를 살펴보면 다음과 같습니다.

1. 현재 프로세서 모드는 '유저 모드'라고 할 때

2. 인터럽트가 발생

3. 현재의 명령어는 패치된 상태이므로 다음에 실행해야 할 명령어의 위치(PC값)를 'r14_irq'에 저장함(인터럽트 이전의 위치로 돌아오기 위함)

4. 현재 MCU의 레지스터 상태(CPSR)을 'SPSR'에 저장함(기존 상태를 유지하기 위함)

5. CPSR을 IRQ 모드로 변경함

6. PC값이 인터럽트 벡터이 위치로 변경됨

7. 현재 사용 중이던 범용 레지스터들(r0~r12)들을 임시 저장소에 저장함(IRQ용 스택 포인터〈r13_irq〉를 따로 사용하는 이유임)

8. 인터럽트 핸들러가 실행됨

9. 인터럽트 처리를 끝냄

10. 인터럽트 이전의 PC값으로 변경하기 위해 r14_irq의 값을 PC값으로 사용

11. 임시로 저장해 두었던 'SPSR'의 값을 CPSR에 복사함

12. 인터럽트를 재사용 가능하게 함

이와 같은 사항들 중에는 하드웨어적인 것과 소프트웨어적인 것으로 나뉠 수가 있습니다. 레지스터와 관련된 변경은 하드웨어적으로 일어나는 것이고, 7번 같은 경우 스택 포인터인 r13_irq는 하드웨어적으로 변경되었지만 r0~r12를 복사하는 행위는 소프트웨어적으로 일어나는 일입니다. 그래서 각 모드 중에서 공용으로 사용하는 레지스터와 각 모드를 이용하여 특수한 처리도 가능한 것입니다.

지금까지 프로세서 모드에 따라서 사용 가능한 레지스터들과 변환 과정을 알아보았는데요. 프로세서의 모드와 같은 개념들로 인해 앞서 다루었던 **문맥 교환**이 빠르게 이루어질 수 있고 보호 모드와 유저 모드가 분리되어 있어서 시스템이 안정적으로 동작할 수 있는 것입니다.

3.5 샘플 코딩 따라하기

지금까지 설명한 OS 이론을 예제와 함께 학습하여, 더 깊은 이해가 가능하도록 하겠습니다. 예제 이름은 **ohRTOS**이며 1장에서 사용하였던 시뮬레이터인 ARMulator를 이용하여 동작시키겠습니다.

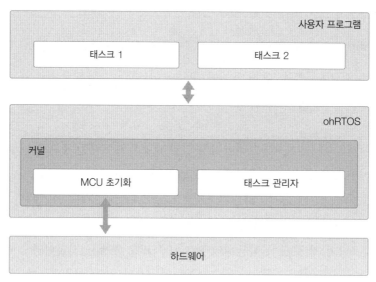

그림 3-34 ohRTOS 블록도

먼저, ohRTOS는 단순한 구조로 학습할 수 있도록 다음과 같은 특징을 가지도록 설계하였습니다.

- 비선점형 OS

- Soft Real Time

- 16단계의 우선순위에 의한 스케줄링

- 프로세스 모드는 유저 모드를 사용

- 디버깅을 위하여 컴파일러의 라이브러리를 사용

사용자 프로그램은 단순하게 100ms마다 실행되는 태스크와 200ms마다 실행되는 태스크를 생성할 것입니다. 이 태스크들이 제대로 동작하는지 여부는 printf( ) 함수를 사용하여 확인합니다. printf( )는 컴파일러에서 제공하는 라이브러리이며 화면에 정보를 표시하기 위해 사용하는 함수입니다.

컴파일러에서 제공하는 라이브러리를 이용하는 이유로 한 가지 알아두어야 할 사항이 있는데요. 사용자 프로그램의 시작을 main( )과 같이 사용하고 싶지만, 컴파일러의 라이브러리를 사용하려면 main( )을 사용할 수가 없다는 것입니다. 라이브러리가 동작하기 위해서는 최초에 실행되는 함수가 main( )이어야 하기 때문에 사용자 프로그램은 main( ) 대신 user_main( )을 사용하도록 하였습니다.

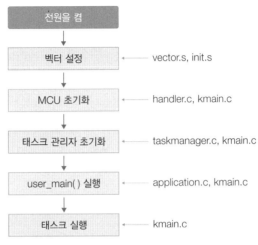

그림 3-35 ohRTOS 실행 순서

ohRTOS는 전원이 인가되면 먼저 인터럽트에 관련된 벡터들을 설정합니다. 이러한 인터럽트는 MCU의 프로세서 모드로 작동되어 설정을 하는데요. 설정을 마치면, 가장 먼저 커널이 실행되어 MCU를 초기화하고, 인터럽트를 처리할 핸들러를 설정합니다.

컴파일러와 관련하여 참고로 설명할 내용이 있습니다. 소스를 분석하며 자세히 살펴보겠지만, 컴파일러에서 제공하는 라이브러리를 사용해야 하기 때문에 커널 프로그램을 실행하기 전에 init.s에서 __main을 실행하도록 되어 있다는 것입니다. 그런데 이 부분이 왜 있는지 이해하기 조금 어려울 것입니다.

__main은 컴파일러에서 제공하는 라이브러리이며 printf( )를 사용하기 위해서는 꼭 필요한 과정이고, __main이 실행의 마지막에서 main( ) 함수를 실행해야 한다

고 이해하면 좋을 것 같습니다. 그래서 커널 프로그램이 main( ) 함수를 사용할 수밖에 없는 것입니다.

컴파일 환경 설정

소스를 살펴보기 전에 컴파일을 위한 환경을 설정할 것입니다. 앞서 학습한 내용 중에 오브젝트 파일을 임의적으로 선택하여 최종 이미지를 만드는 방법이 있었습니다. 이를 이용하여 ohRTOS는 인터럽트의 벡터를 설정하는 vector.s를 가장 먼저 실행될 수 있도록 배치할 것입니다. 그러기 위해서는 컴파일 환경을 바꾸어야 하기 때문에 다음과 같은 항목들을 설정해야 합니다.

표 3-3 ohRTOS를 위한 컴파일 환경 설정

항목	내용	사용 값
RO Base	ROM이 시작하는 위치	0x00000000
RW Base	RAM이 시작하는 위치	0x10000000
Image entry point	프로그램이 시작할 엔트리 포인트	0x00000000
Object/Symbol, Section	이미지의 최상위에 위치할 오브젝트 파일과 코드 영역	vector.o, Vect

이미지는 시작 주소가 0x00000000인 코드가 될 것입니다. 이는 ARM9 프로세서의 특징 때문인데, ARM9 프로세서는 인터럽트들이 0x00000000부터 사용하도록 설계되어 있습니다. 그래서 가장 먼저 vector.s가 실행될 수 있도록 설정을 한 것이며, 이와 관련한 자세한 사항은 vector.s의 소스를 보면서 살펴보겠습니다.

vector.s

프로그램 코드의 시작인 vector.s와 init.s는 어셈블리어로 작성되어 있습니다. 어셈블리어라고 하면 어려워하는 분들이 많이 있는데, 지금까지 학습한 이 책의 설명과 코드를 천천히 읽어보면 크게 어렵지 않다는 것을 알 수 있을 것입니다. 그러니 일단 한 번 끝까지 읽어보기 바랍니다.

앞선 컴파일러의 환경 설정에서 vector.s가 먼저 실행하도록 하였습니다. 그리고 이 vector.s는 어셈블리어를 사용하도록 되어 있는데요. 그 이유부터 설명을 하자면 프로그램을 쉽게 작성하기 위해서입니다. **어셈블리어를 사용하는데 왜 쉽나요?**라고 생각할 수도 있겠는데, 어셈블리어가 눈에 익숙하지 않아서 그렇지 주석을 빼고 나면 사실 몇 줄 남지도 않습니다. 겨우 branch 명령을 위한 세팅이 전부라고 할 수 있습니다.

ohRTOS에서 사용하는 vector.s와 init.s는 ARM사에서 제공하는 코드로서 아주 기본적이면서도 잘 만들어져 있어서 그대로 사용하였는데요. 소스를 더욱 쉽게 이해하기 위하여 그림 3-36과 같은 순서도를 만들었습니다.

그림 3-36 vector.s의 처리 순서도

vector.s의 목적은 단 한 가지입니다. 인터럽트가 걸렸을 때 해당 인터럽트를 처리하기 위한 설정을 하는 것인데요. 이러한 설정을 위해서는 인터럽트가 걸렸을 때 실행하는 위치에 명령어를 만들고, 인터럽트를 처리할 수 있는 함수를 설정하는 것입니다.

쉽게 이해하기 위해 **인터럽트**라고 설명을 했지만 정확하게는 **예외 처리**라고 말을 해야 맞을 것 같습니다. 왜냐하면 벡터를 설정하는 과정에는 인터럽트도 포함이 되어 있고, 그 외의 처리도 함께 사용하기 때문입니다. 여기에는 Reset, Undefined, SWI, Prefetch, Abort, IRQ, FIQ 등이 있는데, 인터럽트(IRQ)도 이러한 예외 처리 중에 한 가지입니다.

그렇다면 벡터란 무엇일까요? 벡터는 MCU의 동작 중에 예외 사항이 생겼을 때, 즉 예외 처리가 필요할 때 예외 사항에 따라 PC값이 바뀌는 것이라고 할 수가 있습니다. 그래서 벡터를 설정한다는 것은 예외 처리를 할 함수들을 설정하는 것과 같습니다.

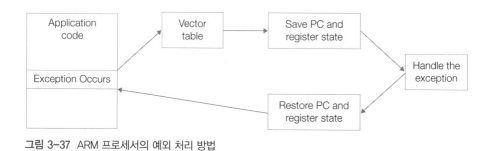

그림 3-37 ARM 프로세서의 예외 처리 방법

이러한 내용을 생각하며 소스를 살펴보면 좋을 것입니다. 표 3-4는 vector.s에서 사용된 어셈블리어를 정리한 내용이므로 이와 함께 vector.s를 살펴보면 도움이 되지 않을까 생각합니다.

표 3-4 vector.s에서 사용되는 어셈블리어들

어셈블리어	설명
IMPORT	vector.s 내에 있지 않고 외부의 오브젝트 코드에 존재하는 라벨(함수)
AREA	섹션을 지정, 예제 안에서 사용된 AREA Vect, CODE, READONLY는 코드 영역으로 읽기 전용 메모리이며 이름은 Vect로 지정함
LDR	레지스터에 값을 저장, 예제 안의 LDR PC, Reset_Addr은 PC에 Reset_Addr값을 저장하므로 Reset_Addr이 가지는 위치에서 실행됨

어셈블리어	설명
DCD	32비트의 값을 만듦. 저장과는 다르게 단순히 32비트 메모리에 값을 쓰는 행위
B	브랜치 명령어로 불리며 단순히 해당되는 라벨로 실행을 옮김

예제 3-5 vector.s

```
AREA Vect, CODE, READONLY
...
    LDR     PC, Reset_Addr
    ; 0x00000000의 위치이며, 이는 리셋이 발생했을 때의 벡터 위치
    LDR     PC, Undefined_Addr
    ; 0x00000004의 위치이며, 이는 Undefined가 발생했을 때의 벡터 위치
    LDR     PC, SWI_Addr
    ; 0x00000008의 위치이며, 이는 SWI가 발생했을 때의 벡터 위치
    LDR     PC, Prefetch_Addr
    ; 0x0000000C의 위치이며, 이는 Prefetch가 발생했을 때의 벡터 위치
    LDR     PC, Abort_Addr
    ; 0x00000010의 위치이며, 이는 Abort가 발생했을 때의 벡터 위치
    NOP     ; Reserved vector
    ; 0x00000014의 위치이며, 이는 사용하지 않는 영역임
    LDR     PC, IRQ_Addr
    ; 0x00000018의 위치이며, 이는 IRQ가 발생했을 때의 벡터 위치
    LDR     PC, FIQ_Addr
    ; 0x0000001C의 위치이며, 이는 FIQ가 발생했을 때의 벡터 위치

IMPORT IRQHandler    ; In handler.c
    IMPORT  Reset_Handler      ; In init.s

Reset_Addr      DCD     Reset_Handler
Undefined_Addr  DCD     Undefined_Handler
SWI_Addr        DCD     SWI_Handler
Prefetch_Addr   DCD     Prefetch_Handler
Abort_Addr      DCD     Abort_Handler
IRQ_Addr        DCD     IRQHandler     ;IRQHandler 함수를 사용
FIQ_Addr        DCD     FIQ_Handler
...
Undefined_Handler
```

```
        B       Undefined_Handler        ;무한루프
SWI_Handler
        B       SWI_Handler        ;무한루프
Prefetch_Handler
        B       Prefetch_Handler         ;무한루프
Abort_Handler
        B       Abort_Handler        ;무한루프
IRQ_Handler
        B       IRQ_Handler        ;무한루프
FIQ_Handler
        B       FIQ_Handler        ;무한루프
        END
```

Init.s

이번에 살펴볼 init.s 또한 ARM사에서 제공하는 소스입니다. vector.s와 마찬가지로 어셈블리어로 작성되어 있으며 init.s의 주기능으로는 각 프로세서 모드별로 스택 메모리의 위치를 지정하는 일입니다. 그 외에 프로세서의 초기화와 관련된 작업을 하기도 하는데, 이는 필수사항이 아니어서 main 함수에서 처리하기도 합니다.

ohRTOS에서 사용한 init.s는 실제의 MCU에서 실행하는 것과는 다른 점이 한 가지 있는데요. 앞서 설명했던 컴파일러에서 제공하는 라이브러리에 관한 것입니다. init.s에서는 프로세서의 초기화를 끝내고 C 언어로 작성된 main 함수를 실행해야 하는데, 이 책에서는 ARMulator의 printf( ) 함수를 사용하기 위하여 B __main과 같이 __main( ) 함수를 실행하게 하였다는 것입니다.

__main( )은 라이브러리의 메인 함수이며 printf( ) 함수와 같은 라이브러리들을 초기화하는 코드가 들어있습니다. 그래서 __main( ) 함수가 실행되면 __main( ) 함수가 main( )을 실행하여, 커널의 메인 함수인 main( )이 실행될 수 있는 것입니다.

만약에 printf( ) 같은 함수를 사용하지 않는다면 커널의 메인 함수를 실행해야 합니다. 예를 들어 kmain.c에서 메인 함수를 kmain( )이라고 만들었다면, init.s의 마지막에서 B kmain과 같이 되어야 한다는 것입니다.

MCU에서 필요로 하는 초기화에는 프로세서 모드를 설정하는 일과 각 모드에서 사용할 스택 메모리를 설정하는 일이 있습니다. 이는 꼭 필요하다고 말할 수는 없지만 프로세서 모드를 사용한다면 필요한 작업이며, 그 순서는 그림 3-38과 같습니다.

그림 3-38 init.s의 처리 순서도

init.s는 아주 간단한 구조로 만들어져 있고, 각 프로세서 모드로 진입하여 해당되는 모드의 스택 메모리를 지정하는 일을 처리합니다. 이는 앞서 설명했던 프로세서 모드의 레지스터들과 관련된 작업으로, 프로세서 모드를 사용할 때 사용되는 스택 메모리의 위치를 지정하는 일입니다. 각 프로세서 모드별로 설정이 끝나면 마지막으로 메인 함수를 실행하는 것이 전부입니다.

init.s도 vector.s와 마찬가지로 어셈블리어를 사용하여 작성되었는데요. init.s에서 사용한 어셈블리 코드를 정리한 표 3-6를 참조하여 프로그램 소스와 주석을 읽어 보면 이해하기가 더 쉬울 것이라 생각합니다.

표 3-6 init.s에서 사용되는 어셈블리어들

어셈블리어	설명
EQU	C 언어에서 '#define'과 같은 목적으로 사용됨
EXPORT	IMPORT와는 반대로 다른 오브젝트 코드에서 사용할 수 있게 함
MSR	MCU의 상태 레지스터를 변경
SUB	뺄셈 연산을 수행하여 레지스터에 저장
B	브랜치 명령어로 불리며 단순히 해당되는 라벨로 실행을 옮김

예제 3-7 init.s

```
AREA     Init, CODE, READONLY
...
;  각 모드별 define 값
Mode_USR        EQU     0x10
Mode_FIQ        EQU     0x11
Mode_IRQ        EQU     0x12
Mode_SVC        EQU     0x13
Mode_ABT        EQU     0x17
Mode_UNDEF      EQU     0x1B
Mode_SYS        EQU     0x1F ; available on ARM Arch v4 and later
I_Bit           EQU     0x80 ; when I bit is set, IRQ is disabled
F_Bit           EQU     0x40 ; when F bit is set, FIQ is disabled
...
;  각 스택 포인터가 사용할 메모리 사이즈
Len_FIQ_Stack   EQU     0
Len_IRQ_Stack   EQU     256
Len_ABT_Stack   EQU     0
Len_UND_Stack   EQU     0
Len_SVC_Stack   EQU     1024
...
;  각 스택 포인터의 메모리상의 위치
Offset_FIQ_Stack        EQU     0
Offset_IRQ_Stack        EQU     Offset_FIQ_Stack + Len_FIQ_Stack
Offset_ABT_Stack        EQU     Offset_IRQ_Stack + Len_IRQ_Stack
Offset_UND_Stack        EQU     Offset_ABT_Stack + Len_ABT_Stack
Offset_SVC_Stack        EQU     Offset_UND_Stack + Len_UND_Stack
```

```
Offset_USR_Stack      EQU      Offset_SVC_Stack + Len_SVC_Stack
        ENTRY
...
        EXPORT  Reset_Handler
Reset_Handler
…
        LDR     r0, =0x1000F000
; 스택 포인터의 시작 위치
;       MSR     CPSR_c, #Mode_FIQ:OR:I_Bit:OR:F_Bit ; No interrupts
;       SUB     sp, r0, #Offset_FIQ_Stack
        MSR     CPSR_c, #Mode_IRQ:OR:I_Bit:OR:F_Bit
        ; IRQ 모드 진입, IRQ, FIQ 사용 불가
        SUB     sp, r0, #Offset_IRQ_Stack
; IRQ 모드에서 사용할 스택 포인터의 사이즈만큼 감소
;       MSR     CPSR_c, #Mode_ABT:OR:I_Bit:OR:F_Bit ; No interrupts
;       SUB     sp, r0, #Offset_ABT_Stack
;       MSR     CPSR_c, #Mode_UND:OR:I_Bit:OR:F_Bit ; No interrupts
;       SUB     sp, r0, #Offset_UND_Stack
;       MSR     CPSR_c, #Mode_SVC:OR:I_Bit:OR:F_Bit ; No interrupts
;       SUB     sp, r0, #Offset_SVC_Stack
…
; --- Now change to User mode and set up User mode stack.
        MSR     CPSR_c, #Mode_USR:OR:F_Bit
        ; User 모드 진입, FIQ는 사용 불가, IRQ는 사용 가능
        SUB     sp, r0, #Offset_USR_Stack
        ; User 모드에서 사용할 스택 포인터의 사이즈만큼 감소


;       IMPORT  kmain   ; ohRTOS kernel main
; --- Now enter the C code
;       B       kmain
        IMPORT  __main
; --- Now enter the C code
        B       __main   ; note use B not BL
                         ; because an application will never return
this way
        END
```

kmain.c

kmain.c는 커널 코드의 메인 함수가 들어있는 소스 코드입니다. 커널 코드에서는 시스템을 위한 초기화를 진행하고 설정하는 일을 하는데, 그중에서도 가장 중요한 일은 관리자를 초기화하고 실행하는 일입니다.

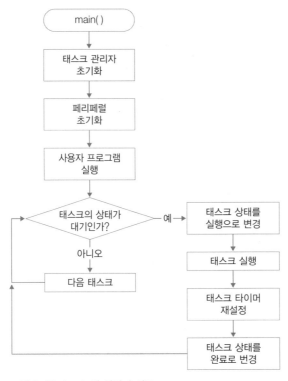

그림 3-39 kmain의 처리 순서도

커널 코드가 가장 먼저 할 일은 태스크 관리자를 초기화하는 일입니다. 물론 가장 먼저 처리해야 할 작업이 반드시 태스크 관리자일 필요는 없습니다. 다만 페리페럴을 초기화하면서 타이머 인터럽트를 동작시키게 만들었기에 태스크 관리자가 초기화되지 않은 상태라면 문제가 발생할 소지가 있기 때문입니다.

이후에는 페리페럴을 초기화하는 작업을 합니다. ARMulator에서 사용하는 페리페럴은 타이머이며 이는 커널을 주기적으로 실행시키기 위하여 사용하는 것이고 페리페럴을 초기화시키는 코드는 InitPeri( ) 함수로 만들어져 있습니다.

여기까지 설정이 완료되고 나면 커널의 초기화는 끝이 났으며 남아 있는 작업은 사용자 프로그램을 실행시키고 태스크를 감시하는 일입니다. 사용자 프로그램은 실행시킬 태스크를 생성하는 일을 하고 커널은 태스크 실행과 관련된 작업을 하는데요.

실행해야 할 태스크를 선택하고 상태를 변경하는 일은 타이머에서 주기적으로 실행하고 커널의 메인 함수에서는 태스크들의 상태를 계속적으로 감시하여 대기(DEF_TASK_READY)인 태스크가 발생하였을 때 그 태스크의 상태를 실행(DEF_TASK_RUNNING)으로 변경한 후에 태스크를 실행합니다. 그리고 실행이 완료되면 태스크는 다시 실행되어야 하므로 최초에 설정되었던 주기의 값을 가지도록 합니다. 이후에 태스크는 실행을 완료하였으므로 완료(DEF_TASK_STANDBY) 상태로 만드는 것이죠.

다음은 지금까지 학습한 내용을 바탕으로 작성한 kmain.c 예제입니다.

예제 3-8 kmain.c

```c
#include "taskmanager.h"
#include "driver.h"

extern void user_main(void);    // 사용자 프로그램

int main(void)
{
    int taskcount,priolevel, i;

    kInitTask();    // 태스크 관리자를 초기화

    user_main();    // 사용자 프로그램 실행

    InitPeri();    // 페리페럴 초기화

    while(1)
    {
```

```
    for(priolevel=0; priolevel<DEF_PRIO_LEVEL; ++priolevel)
    // 우선순위 FIFO만큼 검색
    {
        taskcount = TaskManager_g.taskcount[priolevel];
        for(i=0; i<taskcount; ++i)
        {
            if(TaskManager_g.TaskQueue[priolevel][i].status ==
                DEF_TASK_READY)
            // 태스크 중에 '대기' 상태인 태스크가 있으면 실행
            {
                TaskManager_g.TaskQueue[priolevel][i].status =
                                        DEF_TASK_RUNNING;
                // 태스크를 실행 상태로 저장

                TaskManager_g.TaskQueue[priolevel][i].taskfunc();
                // 태스크 실행
                TaskManager_g.TaskQueue[priolevel][i].timeout =
        TaskManager_g.TaskQueue[priolevel][i].period;
                // 태스크들을 원래의 주기 값으로 만듦

                TaskManager_g.TaskQueue[priolevel][i].status =
        DEF_TASK_STANDBY;
                // 태스크를 완료 상태로 만듦
            }
        }
    }

    return 0;
}
```

taskmanager.c

ohRTOS는 16단계의 우선순위를 가지고 있으며 **우선순위와 FIFO를 결합한 방식**을 사용하고 있습니다. 그래서 각 우선순위별로 태스크의 정보를 저장할 수 있는 메모리를 가지고 있는 것입니다.

태스크 큐	태스크 큐	태스크 큐		태스크 큐	태스크 큐
빈공간	빈공간	빈공간		빈공간	빈공간
빈공간	빈공간	빈공간		빈공간	빈공간
빈공간	빈공간	빈공간		빈공간	빈공간
...	...	...	...	...	...
빈공간	빈공간	빈공간		빈공간	빈공간
빈공간	빈공간	빈공간		빈공간	빈공간
빈공간	빈공간	태스크 1		태스크 2	빈공간
우선순위 #0	우선순위 #1	우선순위 #2		우선순위 #13	우선순위 #14

그림 3-40 우선순위별로 가지고 있는 태스크 큐 메모리

또한 태스크 관리자는 태스크를 초기화하고 생성하는 작업을 하고 있으며, 이러한
작업을 위해 각 태스크의 정보를 담고 있는 _stTaskInfo와 _stTaskManager라는 구
조체를 사용하는데 taskmanager.h 파일에 정의되어 있습니다.

예제 3-9 taskmanager.h

```
#include "def.h"
#include "ohRTOSLib.h"    // 라이브러리 헤더 파일

typedef struct
{
    int taskID;     // 각 태스크가 가지게 될 ID
    int status;     // 태스크의 상태
    int period;     // 태스크 실행 주기
    int timeout;    // 태스크 타이머
    void (*taskfunc)(void);    // 실행되어야 할 함수의 포인터
} _stTaskInfo;
typedef struct
{
    _stTaskInfo TaskQueue[DEF_PRIO_LEVEL][DEF_MAXTASK];    // 태스크 큐
    int taskcount[DEF_PRIO_LEVEL];    // 각 우선순위별로 생성된 태스크의 수
    int LastTaskID;    // 마지막에 할당된 태스크 ID
} _stTaskManager;

extern _stTaskManager TaskManager_g;

extern void kInitTask(void);
```

태스크 관리자는 **taskmanager.h**에 정의된 구조체와 같은 태스크의 정보를 가지고 태스크를 생성하는데, 사용자 프로그램에서 사용 가능하도록 함수를 제공하고 있습니다. 그 함수가 다음 예제에서 볼 수 있는 CreateTask( )입니다. CreateTask( )는 3가지의 인자를 사용하고 있습니다. 이들은 실행할 함수, 실행할 주기 그리고 우선순위인데요. 우선순위는 0~15를 사용할 수 있도록 되어 있습니다.

예제 3-10 taskmanager.c

```
#include "taskmanager.h"

_stTaskManager TaskManager_g;

void kInitTask(void)
{
    int i;

    TaskManager_g.LastTaskID = 0;    // 현재까지 실행된 태스크가 없으므로 초기화시킴

    for(i=0; i<16; ++i)
    {
        TaskManager_g.taskcount[i] = 0;    // 실행된 태스크의 카운터를 초기화
    }
}

int CreateTask(void (*pTask)(void), unsigned int period, int
priority)
{
    int taskcount = TaskManager_g.taskcount[priority];

    if(priority > (DEF_PRIO_LEVEL-1)) return -1;
        // 태스크가 원하는 우선순위를 체크
    if(taskcount > (DEF_MAXTASK-1)) return -1;
        // 현재까지 생성된 태스크의 숫자를 파악

    TaskManager_g.TaskQueue[priority][taskcount].taskfunc = pTask;
        // 실행을 원하는 태스크를 설정
    TaskManager_g.TaskQueue[priority][taskcount].period = period;
    // 태스크 실행을 위한 주기 설정
```

```
    TaskManager_g.TaskQueue[priority][taskcount].timeout = period;
    // 태스크의 타이머

    ++TaskManager_g.taskcount[priority];
    // 태스크가 제대로 생성된 경우 카운터를 증가시킴
    ++TaskManager_g.LastTaskID;

    TaskManager_g.TaskQueue[priority][taskcount].taskID =
 TaskManager_g.LastTaskID;     // 생성된 태스크에 taskID를 할당함

    return taskcount;
}
```

handler.c

handler.c는 인터럽트가 발생하였을 때 처리하는 작업을 하는데, 이를 위해 IRQHandler( ) 함수를 사용합니다. 이는 vector.s에서 벡터들을 설정할 때 사용하였던 바로 그 함수입니다.

MCU에는 많은 종류의 인터럽트가 있을 수 있습니다. 그 인터럽트들은 인터럽트 상태 레지스터를 가지고 있어 어떤 인터럽트가 발생하였는지 알 수 있는 것인데요. ohRTOS는 Timer1을 사용하고, Timer1 인터럽트를 발생하도록 설정하였으므로 상태 레지스터의 값은 0x00000010이어야 합니다. 그래서 handler.c에서는 인터럽트가 발생하였을 때 IRQHandler( )가 실행되고, 가장 먼저 IRQ의 상태 레지스터 값을 읽어서 어떤 인터럽트가 발생하였는지 알 수 있습니다. 여기서는 0x00000010일 때 처리해야 할 일을 정의한 것입니다.

Timer1 인터럽트가 발생하였을 때 처리하는 작업은 스케줄링 작업입니다. 각 우선순위별로 가지고 있는 메모리에서 태스크 정보의 타이머 값을 감소시키는 작업을 하는 것인데요. 이 타이머 값이 0 이하이면, 태스크가 실행 조건을 갖춘 것으로 간주하여 해당 태스크의 상태 값을 대기(DEF_TASK_READY) 상태로 만드는 것

입니다. 이렇게 변경된 태스크의 상태는 커널의 메인 함수에서 계속 감시를 하고
있는 것이죠.

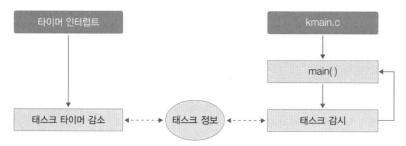

그림 3-41 핸들러의 태스크 스케줄링

다음은 지금까지 설명한 내용을 바탕으로 작성한 예제입니다.

예제 3-11 handler.c

```c
#include "taskmanager.h"

void __irq IRQHandler(void)
{
    int taskcount,priolevel, i;

    switch(rIRQStatus)
    {
        case 0x00000010:    // Timer1 인터럽트 발생
            rTimer1Clear = 0x00000080;    // 인터럽트 초기화

            for(priolevel=0; priolevel<DEF_PRIO_LEVEL; ++priolevel)
            // 우선순위별로 등록된 FIFO를 검색
            {
                taskcount = TaskManager_g.taskcount[priolevel];
                // 등록된 태스크의 수를 파악
                for(i=0; i<taskcount; ++i)    // 등록된 태스크만큼 루프
                {
                    TaskManager_g.TaskQueue[priolevel][i].timeout--;
        // 각 태스크의 시간을 감소시킴
```

```
            if(TaskManager_g.TaskQueue[priolevel][i].timeout
    <= NULL) TaskManager_g.TaskQueue[priolevel][i].status =
    DEF_TASK_READY;
            }
        }

        break;
    }
}
```

application.c

application.c는 사용자 프로그램을 작성하는 영역입니다. 보통 엔지니어가 프로그램을 개발하면 main( ) 함수로 시작하는데, application.c에서는 user_main( )으로 시작됩니다. 이는 앞서 설명했듯이 컴파일러의 라이브러리를 이용하는 이유로 생기는 것이며 printf( ) 같은 컴파일러의 라이브러리가 필요없다면 OS를 만들 때 init.s와 kmain.c를 수정하여 application.c의 메인 함수를 main( )과 같이 사용할 수가 있습니다.

ohRTOS에서 예제로 사용한 사용자 프로그램은 간단한 구성을 하고 있습니다. 단순히 일정 시간마다 태스크가 잘 실행되는지 보기 위한 것인데요. 그래서 user_main( )에서는 태스크를 2개 생성하고, 각 태스크는 실행될 때마다 자신이 실행되고 있음을 알릴 수 있게 printf( )를 사용하였습니다.

예제 3-12 application.c

```
#include "ohRTOSLib.h"

void Task1(void)
{
    printf("Task1\n");    // Task1이 실행되면 "Task1"이라는 메시지를 표시함
}
```

```
void Task2(void)
{
    printf("Task2\n");    // Task2가 실행되면 "Task2"라는 메시지를 표시함
}

void user_main(void)
{
    printf("user_main started\n");

    if(CreateTask(Task1,100, 2) == -1)
        printf("Cannot create Task 1\n");
        // CreateTask 함수를 실행한 결과가 '-1'이면 Task를 생성하지 못한 것임
            else printf("Task1 created\n");

            if(CreateTask(Task2,200, 1) == -1)
                printf("Cannot create Task 2\n");
                // CreateTask 함수를 실행한 결과가 '-1'이면 Task를 생성하지 못한 것임
            else printf("Task2 created\n");
}
```

결과 확인

지금까지 작성된 ohRTOS를 실행하여 우리가 의도하는 대로 동작하는지 확인해보 겠습니다. 결과를 확인할 때는 AXDDebugger를 사용하는데, 이와 관련된 설정은 2 장에서 다루었으므로 생략하도록 하겠습니다.

여기서는 디버깅과 관련하여 확인할 수 있는 Console 창을 사용해야 하는데, 이는 컴파일러에서 제공하는 라이브러리를 사용하여 printf( )를 사용하였기 때문입니 다. Console 창을 사용하면 결과값을 눈으로 확인할 수 있습니다.

AXDDebugger의 메뉴 중 Processor Views → Console을 선택하면, 그림 3-42과 같은 Console 창을 볼 수 있으며 프로그램을 실행하면, Task1과 Task2가 실행될 때마다 나타나는 메시지를 볼 수 있습니다.

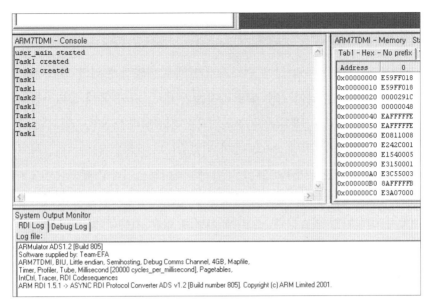

그림 3-42 Console 창을 이용한 디버깅 정보

ohRTOS에서 printf( ) 함수를 사용한 곳은 사용자 프로그램이 실행될 때와 태스크를 생성할 때 그리고 각 태스크가 실행될 때이며 Console 창을 보면 그에 따르는 메시지들을 볼 수가 있는 것입니다.

user_main( ) 함수에서 태스크를 생성할 때 Task1은 100ms마다 그리고 Task2는 200ms마다 실행되도록 하였습니다. 그런 이유로 Task1이 2번 실행되고 Task2가 1번 실행되고 있음을 메시지를 통해서 알 수가 있으며 이를 통해 태스크가 제대로 생성되어 실행됨을 알 수가 있습니다.

ohRTOS는 아주 단순히 OS를 이해하기 위한 목적으로 만들어졌습니다. 만약 OS의 동작을 더 살펴보고 싶다면, 스케줄링 알고리즘을 바꿔가면서 태스트해보거나 선점형Preemptive로 변경해서 만들어 확인해보는 것도 좋습니다.

3.6 OS 학습을 마치며

현재 휴대폰, TV, 노트북과 같은 전자기기가 매우 다양하게 나와 있습니다. 이들이 진화해가는 속도는 날이 갈수록 빨라지는 추세로, 그와 함께 소비자들의 기대치도 높아지고 있습니다. 휴대폰은 전화기로만 사용하다가 MP3, 인터넷 검색 그리고 카메라 기능 등을 지닌 스마트폰이 되었습니다. 많은 기능을 제공하여 사용자가 스마트한 삶을 누리도록 한다는 의미로 스마트폰이라고 부르는데요. TV와 노트북도 마찬가지입니다. TV도 스마트폰과 마찬가지의 기능들이 추가되면서 스마트 TV가 되어가고 있습니다. 그런데 이렇게 많은 기능이 한 제품에 들어가도록 만드는 것은 엔지니어 입장에서는 참으로 고된 일입니다. 많은 기능은 많은 프로그램을 뜻하는 것이고, 각 프로그램에서 다양한 버그를 생산할 것이기 때문입니다.

그래서 이러한 시스템의 거대화에 따라 더 편리하게 프로그램을 개발할 수 있도록 OS를 사용한다고 하였는데요. 이 OS 중에서도 임베디드 시스템에서 많이 사용되는 OS인 RTOS^{Real Time Operating System}를 알아 둘 필요가 있습니다. RTOS의 뜻을 해석하면 **실시간 운영체제** 정도입니다. 여기서 **실시간**이라는 의미를 **동시에** 또는 **같은 시간에** 등으로 생각하는 분이 많습니다. 그래서 **RTOS는 같은 시간에 여러 프로그램을 처리해준다**라고 생각하는 것이죠. 그러나 조금만 생각해보면 같은 시간에 여러 프로그램이 처리될 수 없음을 알 수 있습니다. 듀얼코어가 아니라면 MCU의 프로세스 코어는 하나이기 때문에 하드웨어적으로 한 번에 하나의 명령어밖에 처리를 못하기 때문입니다. 그럼 왜 많은 사람이 RTOS라는 말은 **실시간 처리** 또는 **동시에 처리하는 OS**로 생각하는 것일까요? 아마도 Real Time Operating System이라는 단어를 해석하면서 생긴 문제가 아닐까 생각합니다.

RTOS에서 말하는 Real Time은 **정해진 시간** 정도로 해석하는 것이 좋을 것입니다. RTOS는 태스크가 정해진 시간에 실행되고, 완료될 수 있게 관리하는 OS라고 할 수가 있기 때문입니다. RTOS가 아닌 일반 OS의 운영목표는 여러 사람이 하나의 컴퓨터를 사용할 수 있게 하고 여러 프로그램들에게 공평하게 시간을 할당해서 리소스를 공평하게 나눠 쓸 수 있게 하는 것이 목표입니다. 그러나 RTOS는 특수한 목적의 시스템에 많이 사용되는 OS로, 여러 프로그램에게 공평하게 리소스를 나눠 주는 것보다 정해진 시간에 잘 실행이 될 수 있게 하는 것을 목표로 합니다. 예를 들어 서울에서 부산을 가는 방법에는 차를 이용하여 고속도로를 달리는 방법과 기차를 이용하는 방법 2가지가 있다고 할 때, 고속도로를 이용하는 방법은 범용 OS 그리고 기차를 이용하는 방법은 RTOS에 비유될 수 있습니다.

그림 3-43 범용 OS와 RTOS

일반 승용차를 이용하여 고속도로를 달리면 모든 차량이 공평하게 고속도로를 이용할 수 있지만, 차가 많아지면 길이 막혀 도착 시간이 늦어질 수가 있겠죠? 만약에 기차를 타고 이동하면 정확한 시간에 도착할 수 있어 좋겠지만 기차에 탑승할 수 있는 인원이 한정되는 문제점이 있습니다.

이렇게 일반 승용차를 이용하듯이 운영되는 범용 OS에서는 각 프로그램들(승용차)끼리 시스템 리소스를 공평하게 이용할 수 있도록 관리하는 데 초점을 맞추며, 기차를 이용하듯이 운용되는 RTOS는 한정된 인원으로 제시간에 도착하려 하듯이 프로그램이 제시간에 실행을 마칠 수 있도록 프로그램의 속성을 엄격히 제한합니다.

RTOS는 실행에 관련된 시간을 제한하는 데 있어서 크게 2가지의 방식을 사용하는데, Hard Real Time과 Soft Real Time입니다.

Hard Real Time은 시간에 아주 민감한 시스템에서 사용하는 방식인데 여기서 뜻하는 민감함이란, 실행되는 시간과 결과를 만들어 내는 시간이 정확히 지켜짐을 뜻하는 것입니다. 비행기를 예를 들어 설명할 수가 있는데. 비행기는 굉장히 빠르게 날아가는 기계여서 조종을 할 때 반응속도가 조금만 느려도 큰 사고로 이어질 수가 있습니다. 그래서 비행기에 사용되는 RTOS는 정확한 시간에 계산 결과를 얻어올 수 있게 디자인되어 있습니다.

반대로 Soft Real Time은 시간에 덜 민감한 시스템입니다. 덜 민감하다고 해서 크게 오차를 만들어서는 안되지만, 시스템 운영에 있어서 약간의 오차는 허용한다는 뜻입니다. 예를 들어 가정에 있는 TV에서 찾아볼 수가 있습니다. TV에서 채널을 제어하기 위해 사용자가 리모컨의 채널 버튼을 누르면 금방 변경될 때도 있지만 약간의 시간 후에 채널이 변경 되기도 하죠? 이렇게 약간의 시간이 지연된다고 시스템이 잘못되었다고 하지는 않습니다. 이렇게 상대적으로 속도에 덜 민감한 시스템은 Soft Real Time이라고 할 수 있습니다.

03 연/습/문/제/ 생각해봅시다!

3.1 OS를 보호하기 위해 하드웨어적으로 제공되는 메모리 보호 기능이 있습니다. 이 하드웨어는 무엇이며 사용자 프로그램이 메모리를 침범했을 때 OS는 어떻게 처리할 수 있나요?

3.2 4개의 태스크가 다음 조건에 따라 생성되었다고 할 때 각 태스크가 MCU 리소스를 차지하는 시간에 관하여 블록도를 만들어 보세요(스케줄러는 3개의 우선순위용 FIFO가 있는 선점형 방식을 사용합니다).

태스크 이름	우선순위	실행 주기	실행 완료 소요 시간
태스크 #1	3	40ms	10ms
태스크 #2	3	50ms	30ms
태스크 #3	1	100ms	10ms
태스크 #4	2	60ms	30ms

블록도의 예

3.3 문맥 교환(Context Switching) 시 저장해야 할 데이터들 중 레지스터들은 무엇이 있으며 왜 저장되어야 하는지 설명하세요.

04

FPGA
원하는 대로 디자인하는 IC

> FPGA는 겉모습은 변하지 않지만 내부는 원하는 대로 조합하여
> 새로운 기능을 만들 수 있는데,
> 이는 자동차를 튜닝하는 것과 비슷합니다.
>
> 튜닝으로 엔진과 각종 부품을 교체하여 성능을 끌어올릴 수 있듯이,
> FPGA는 내부 구성을
> 개발자가 원하는 방식으로 변경할 수 있는 IC입니다.

4.1 들어가며

앞서 MCU와 컴파일러 그리고 OS를 알아보았습니다. 이쯤 되면 MCU도 동작시킬 수 있고, 시스템 구성에 필요한 소프트웨어까지 이해했으니 더 공부할 것이 남지 않았다고 생각할 수도 있습니다. 그런데 아직 한 가지 요소가 남아 있습니다. 바로 하드웨어 부분인 IC인데요. 왜 IC를 알아야 하는지 궁금할 것입니다. 지금까지 OS를 학습하며 MCU를 더 깊이 이해할 수 있었고, MCU를 동작시키며 기계어를 조금 더 이해할 수 있었듯이, 기계어를 구성하는 하드웨어의 구조를 알면 어떠한 문제에도 적절히 대처할 수 있는 능력이 생기기 때문입니다.

같은 임베디드 시스템을 개발하는 개발자라고 해도 하드웨어와 소프트웨어로 나뉘어진 경우가 많습니다. 물론 전문적으로 담당하는 것이 효율적일 수도 있겠으나 서로의 업무를 이해하면 장점들이 더 많다고 생각합니다. 특히 문제가 발생했을 때 해결하는 데 있어서 능력을 발휘하는데요. 어떤 문제를 해결하기 위해서는 여러 가지 가정을 하고, 그 가정 중에서 검증을 통하여 해결하는 경우가 많습니다. 일반적으로 개발자의 가정은 소프트웨어적인 것과 하드웨어적인 것으로 나뉘는데, 거기서 문제가 생기는 경우도 많습니다. 이에 여러분이 IC를 이해하여 소프트웨어와 하드웨어적인 문제 해결법을 동시에 학습하면 좋을 것이라고 생각하여 이번 장을 구성한 것입니다.

IC 개발과 관련하여 필요한 장비에는 FPGA가 대표적입니다. 임베디드 시스템에 종사하는 개발자 중에는 FPGA를 많이 들어 보았고, 알고 싶어하는 분이 많습니다. 이렇게 FPGA를 알고는 싶은데, 막상 접근하려니 어렵게 생각되는 분이 많을 것입니다. 그러나 일단 MCU를 제대로 이해하였다면 FPGA를 학습하는 것도 크게 어렵지 않습니다.

4.2 FPGA: 튜닝 카

앞서 MCU를 다루면서 IC에 관하여 잠깐 설명했습니다. IC는 회로를 작게 구현한 것이라고 하였는데요. IC를 개발하려면 직접 회로를 작성하는 방법도 있지만, 최근에는 점차 회로가 거대해지면서 검증의 필요성이 대두되어 FPGA와 같은 장비를 이용하고 있습니다.

FPGA는 일반 IC와 동일하게 생겼습니다. 단지, 일반 IC에 비하여 복잡한 회로가 들어 있으며, 변경도 가능하여 사용 목적에 따라 기능이 달라질 수 있죠. 일단 개발자의 능력에 따라 좋은 성능을 발휘하는가 하면, 기본적인 기능만으로 일반 IC처럼 사용하기도 합니다.

이렇듯 FPGA는 겉모습은 변하지 않지만 내부를 원하는 대로 조합하여 새로운 기능을 만들 수 있습니다. 이는 자동차를 튜닝하는 것과 비슷하지 않을까 생각합니다. 자동차는 튜닝을 통해 엔진과 각종 부품을 교체하여 성능을 끌어올릴 수 있습니다. 그리고 내장재를 바꿔 운전자에게 편의를 제공할 수 있습니다. 이처럼 FPGA는 내부 구성을 개발자가 원하는 방식으로 변경할 수 있는 IC입니다.

4.3 PLD

IC는 전자회로를 작게 만들어 부품처럼 사용할 수 있게 만든 제품이라고 하였습니다. 그중에서 MCU와 깊이 관련된 디지털 회로는 트렌지스터와 같은 소자들을 이용하여 만든다고 하였습니다. 이러한 소자들은 로직을 구성하고, 이 로직들을 연결하여 하나의 시스템을 만드는 것인데요. 기본적으로 IC 제품을 만들기 위해서는 많은 비용과 시간이 필요합니다. IC를 만들어 줄 수 있는 공장이 있어야 하고,

IC를 설계하기 위한 툴이 있어야 합니다. 그리고 IC를 만든 후 수정할 부분이 발견되면 같은 과정을 반복해야 하는데요. 이는 추가적으로 많은 비용과 시간이 필요하다는 것을 뜻하기도 합니다. 이러한 과정에서 IC를 최초 제작할 때 제대로 만들어야 시간과 비용을 줄일 수가 있습니다. 그래서 시뮬레이션 툴을 이용하여 검증을 많이 한 후 최대한 목적에 맞게 설계하는 과정이 필요합니다.

IC 내부에는 아날로그 회로와 디지털 회로가 같이 존재하는데요. 이 중에서 디지털 회로는 실수를 하지 않기 위해 많은 시뮬레이션을 거치지만, 실제로 만들어진 IC를 사용하여 구동을 해보면 제대로 동작을 못하는 경우가 종종 있습니다. 이러한 문제를 줄이기 위한 방안으로 시뮬레이션 툴을 이용한 소프트웨어적인 검증이 아니라 하드웨어적으로 직접 검증할 수 있는 방법이 필요하게 되었으며 PLD^{Programmable Logic Device}라고 하는 IC를 사용하게 된 것입니다.

PLD는 원어를 해석하면 프로그램이 가능한 로직을 뜻합니다. 즉, 하드웨어적인 로직이 구성된 IC이며 내부에 구성된 로직은 프로그램으로 변경이 가능하다는 것이죠. 이를 이용하여 IC가 설계한 대로 동작하는지 확인할 수 있어서 개발에 관한 실수도 줄일 수가 있습니다. PLD는 PAL, GAL, PLA, EPLD, CPLD, FPGA 같은 것들이 있는데요. 이들은 내부 구조 또는 개발하는 회사마다 다른 기술을 적용하여 많은 종류가 탄생한 것입니다. 가장 많이 쓰이는 PLD로는 SPLD, CPLD 그리고 FPGA가 있습니다.

논리 게이트

디지털 회로를 이야기할 때 가장 기본이 되는 내용 중에 하나가 논리 게이트^{Logic Gate}입니다. 논리 게이트는 0과 1이라는 로직을 이용한 입력과 출력을 사용하는데, 흔히 이야기하는 바이너리 코드는 이를 토대로 동작합니다.

디지털 회로와 아날로그 회로는 서로 다른 회로가 아닙니다. 단지 개념상 또는 데이터를 처리하기 위한 기본 개념으로 사용하기 위해 구분한 것이라 할 수 있는데요. 실제로 디지털 회로의 논리 게이트는 트랜지스터와 저항 그리고 다이오드에 의해 구성되는 아날로그 회로입니다. 다음 그림은 논리 게이트 AND를 나타내는 회로도입니다.

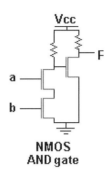

그림 4-1 아날로그 회로로 나타낸 AND 로직

위 그림이 논리 게이트라고 하였으므로 입력에 대한 출력값을 가집니다. 그림 4-1에서 VCC를 1이라 하고, 0V를 0이라고 할 때, 두 입력 신호에 대한 출력값은 표 4-1과 같이 만들어질 것입니다. 그리고 이렇게 논리 게이트로부터 얻어지는 값을 정리한 테이블을 **진리표**라고 부릅니다.

표 4-1 입력에 대한 출력값

Output		Input a	
		0	1
Input b	0	0	0
	1	0	1

표 4-1에서 나타나는 결과를 보면 두 입력이 모두 1일 때 출력이 1로 나타나고, 그 외의 결과는 모두 0으로 나타나는 것을 볼 수 있습니다. 이와 같은 결과를 가지는 아날로그 회로를 AND 게이트라고 부르는 것이고, 그 외에도 NOT 게이트,

NOR 게이트, NAND 게이트, OR 게이트 등 많은 논리 게이트가 있습니다. 다음은 대표적으로 많이 사용되는 논리 게이트들의 심볼과 진리표를 정리한 것입니다.

표 4-2 논리 게이트들의 심볼과 진리표

로직 타입	심볼	진리표		
AND		**INPUT**		**OUTPUT**
		A	B	A AND B
			0	0
		0	1	0
		1	0	0
		1	1	1
OR		**INPUT**		**OUTPUT**
		A	B	A OR B
		0	0	0
		0	1	1
		1	0	1
		1	1	1
INVERTER		**INPUT**	**OUTPUT**	
		A	NOT A	
		0	1	
		1	0	
NAND		**INPUT**		**OUTPUT**
		A	B	A NAND B
		0	0	1
		0	1	1
		1	0	1
		1	1	0

로직 타입	심볼	진리표

NOR

INPUT		OUTPUT
A	B	A NOR B
0	0	1
0	1	0
1	0	0
1	1	0

XOR

INPUT		OUTPUT
A	B	A XOR B
0	0	0
0	1	1
1	0	1
1	1	0

XNOR

INPUT		OUTPUT
A	B	A XNOR B
0	0	1
0	1	0
1	0	0
1	1	1

로직 셀

디지털 회로는 로직들이 서로 연결되어 이루는 회로라고 하였고, 또한 로직들을 프로그램적으로 변경할 수 있는 IC가 PLD라고 하였습니다. 그렇다면 디지털 회로를 이루는 PLD 내부는 로직들이 서로 연결되어 있다는 말과 같은데, PLD는 어떻게 구성되어 있기에 로직들을 바꿔가면서 디지털 회로를 만들 수 있을까요?

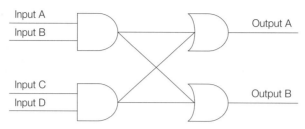

그림 4-2 서로 연결되어 있는 게이트들

예를 들어 그림 4-2처럼 AND 게이트 2개와 OR 게이트 2개가 있고 서로 연결이 되어 있는 회로가 있다고 가정합니다. 이 회로에서 입력값 Input A, Input B, Input C, Input D에 따르는 Output A, Output B의 값의 표를 만들면 다음과 같습니다.

표 4-3 그림 4-2의 진리표

Input A	Input B	Input C	Input D	Output A	Output B
0	0	0	0	0	0
1	0	0	0	0	0
1	1	0	0	1	1
1	0	1	0	0	0

이번엔 이 회로에서 2개의 연결선을 제거한 후에 같은 입력값에 대하여 출력값이 어떻게 나오는지 알아보겠습니다.

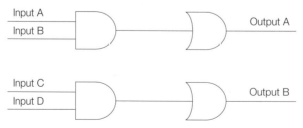

그림 4-3 2개의 연결이 끊어진 게이트들

표 4-4 그림 4-3의 진리표

Input A	Input B	Input C	Input D	Output A	Output B
0	0	0	0	0	0
1	0	0	0	0	0
1	1	0	0	1	0
1	0	1	0	0	0

위의 결과에서 보면 표 4-2와는 다른 결과를 만들어냄을 알 수 있습니다. 그렇다면 다른 2개의 라인을 제거하면, 또 어떤 결과가 나오는지 보겠습니다.

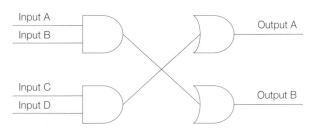

그림 4-4 또 다른 연결 구조를 가진 게이트들

표 4-5 그림 4-4의 진리표

Input A	Input B	Input C	Input D	Output A	Output B
0	0	0	0	0	0
1	0	0	0	0	0
1	1	0	0	0	1
1	0	1	0	0	0

다시 또 다른 결과가 나왔는데요. 이 결과로부터 생각할 수 있는 것은 그림 4-2과 같은 회로에서 연결을 어떻게 하느냐에 따라 다른 결과를 만들 수가 있다는 것입니다. 즉, 게이트들은 변경이 없고 서로 간에 연결되어 있는 연결선만 재배치하여

새로운 값을 만드는 것이죠. 이렇게 한 공간 안에 다수의 게이트들이 선을 통하여 서로 연결되어 있는 그룹을 로직 셀Logic Cell 또는 로직 블록Logic Block이라고 합니다. 이 로직 셀에서 각 게이트들끼리의 연결은 프로그램적으로 재배치할 수 있는데요. 이렇게 만들어진 IC가 PLDProgrammable Logic Device입니다.

PLD는 프로그램이 가능해야 하고 프로그램된 데이터를 가지고 있어야 합니다. 그래서 메모리와 마찬가지로 휘발성과 비휘발성 형태를 가지고 있습니다. PLD도 메모리의 발전 역사와 비슷하게 최초에는 퓨즈 방식을 사용한 제품부터 만들어졌는데요. 휘발성 형태와 비휘발성 형태의 PLD가 개발되면서 더 많은 로직과 연결 구조를 가질 수 있게 되었습니다.

PLD 중에서도 대용량의 로직과 연결을 필요로 하는 것이 있는 반면, 적은 용량의 로직과 연결을 필요로 하는 경우도 있습니다. 이러한 목적의 차이로 대용량의 경우는 Flash 메모리와 SRAM을 모두 사용하여 가격이 비싸고 반대로 적은 용량의 PLD는 그만큼 싸게 만들 수 있는 것입니다.

SPLD와 CPLD

SPLDSimple Programmable Logic Device는 해석하면 **간단한 구조의 PLD**라는 뜻입니다. 이는 내부적으로 단순 로직 셀을 가지고 있어 붙여진 이름인데요. 이 단순 로직 셀은 입력과 출력에 관련된 로직들이 서로 연결되어 있어, 입력과 출력 부분은 기본적인 설정 정도만 가능한 형태입니다. 그래서 I/O가 자주 변경되어야 하는 시스템에는 게이트용 부품들을 없애고, PLD를 사용하여 간단히 구성할 수 있습니다.

CPLDComplex Programmable Logic Device는 해석하면 SPLD와 반대로 **복잡한 구조의 PLD**라는 뜻입니다. CPLD는 내부의 많은 로직 셀과 스위치를 두어 SPLD보다 복잡한 구조입니다.

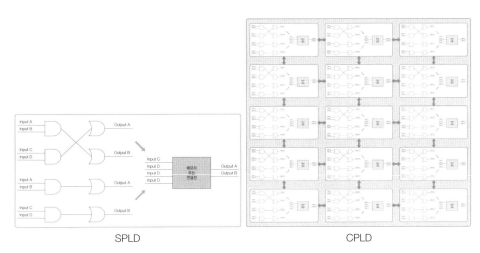

SPLD   CPLD

그림 4-5 SPLD와 CPLD의 비교

이러한 구조적인 차이로 SPLD와 CPLD는 용도가 다른 것입니다. SPLD는 단순 I/O 목적으로 많이 사용합니다. 복잡하게 구성해야 할 입/출력과 관련된 회로를 SPLD를 이용하여 단순화시키는 것입니다. 그리고 CPLD는 내부에 존재하는 다수의 로직을 이용하여 연산이나 논리적으로 복잡한 구조를 가지는 회로를 만들 때 사용합니다.

FPGA

FPGA^{Field Programmable Gate Array}는 가장 복잡하고 많은 로직을 가지고 있는 PLD로, 프로세서를 설계하거나 연산장치 등과 같은 복잡한 디지털 회로를 설계할 때 많이 사용합니다. FPGA는 Xilinx사가 가장 먼저 개발하여 사용되고 있는데요. FPGA 를 공급하는 회사 중에서는 Xilinx, Altera, Lattice 등의 유명한 회사들이 있습니다. 예제에서는 가장 널리 사용되는 Xilinx사의 FPGA 제품을 사용하겠습니다.

FPGA의 내부는 다음과 같이 크게 3종류의 그룹이 있는데, 이를 중심으로 설명할 것입니다.

1. 로직 셀: 로직들을 구성하기 위한 그룹

2. I/O용 셀: 외부 입출력에 연결되는 그룹

3. 셀 간의 연결: 각 셀을 이어주는 연결선들

FPGA도 일반 PLD와 마찬가지로 셀 구조를 가지고 있습니다. 이 셀에는 I/O[Input/Output]용 셀과 로직용 셀이 있습니다. I/O용 셀은 IC의 외부핀들과 연결되기 위해 사용됩니다. 그래서 내부의 다른 셀들의 입력과 출력으로 사용되는 것입니다. 로직용 셀은 내부에 구성할 회로용 셀입니다. 이들은 FPGA에서도 가장 많은 면적을 차지하고, 가장 많이 사용되는 셀입니다.

로직용 셀과 I/O용 셀에는 공통점 한 가지가 있는데, 데이터를 유지해야 하는 경우도 있고 입력을 출력으로 그대로 보내는 경우를 모두 사용한다는 것입니다. 그래서 로직용 셀과 I/O용 셀에는 데이터를 임시적으로 저장할 수 있는 플립플롭[1]과 MUX[2]가 존재합니다.

차이점은 로직 셀의 경우 프로그램의 로직에 따르는 결과값을 만들어내야 한다는 것입니다. 즉, 입력값에 대한 출력값을 만들기 위해 회로도가 있어야 하고, 이들을 칩에 구현하여야 한다는 것이죠. 하지만 게이트들을 사용한 회로를 구성할 때 모든 회로에 대비하여 만족하는 것을 만들 수 없다는 문제가 있습니다. 공간적인 문제가 발생할 수도 있고, 타이밍에서 문제가 발생할 수도 있기 때문입니다. 그래서 FPGA에서는 게이트들을 직접 구현하는 대신 LUT[Look Up Table]라고 부르는 로직 테이블을 사용합니다.

LUT은 RAM과 같은 메모리 소자를 이용하여 입력값들에 대한 출력값을 미리 가지고 있는 구조입니다. 그래서 입력값들에 대한 출력값은 테이블의 값에 따라 정해집니다. LUT을 사용하면 고정된 면적에서도 게이트들을 이용한 회로도와 같은

----

1 플립플롭: 1비트를 저장할 수 있는 공간
2 MUX: 여러 개의 입력 신호 중 선택해서 출력시키는 신호 선택기

결과를 만들 수 있으며, 회로가 바뀌어도 결과를 만드는 데 필요한 시간이 동일하다는 특징이 있습니다.

입력값	출력값
000	010
001	011
010	101
011	011
...	...
111	000

테이블값 변경 →

입력값	출력값
000	100
001	001
010	011
011	111
...	...
111	010

그림 4-6 출력값을 쉽게 결정할 수 있는 LUT

FPGA는 프로그램에 따라 로직이 변경된다고 하였습니다. FPGA의 내부에는 로직 셀들이 모여 있는 블록Block이 있는데 이 블록을 설정하여 로직의 연결 구성을 완료합니다. 이 블록을 Xilinx사의 FPGA에서는 CLBConfigurable Logic Block라고 합니다. FPGA에 로직 구성을 위한 프로그램을 업로드하는 것은 CLB를 재구성하는 과정이라고 할 수 있습니다.

CLB의 구성을 조금 더 살펴보면 로직을 위한 LUT과 플립플롭 그리고 RAM 등이 있습니다. 이 구조들은 FPGA의 시리즈마다 RAM 용량과 구성이 다릅니다. 이러한 구조의 차이로 새로운 모델명의 FPGA가 출시되는 것이죠.

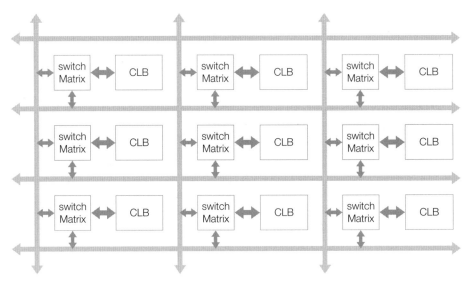

그림 4-7 CLB와 스위치들의 연결 구조

FPGA를 구성하는 또 다른 것으로 I/O 셀이 있습니다. I/O 셀은 로직을 구성하는 용도와는 다른 것이어서 LUT 같은 구조를 가지고 있지는 않습니다. 하지만 Pull-up/down이나 전압 레벨 조정 등 외부와 연결될 때 필요한 기능들을 가지고 있습니다. I/O 셀도 CLB와 같이 I/O 블록이라고 부르는데, I/O 블록들은 전반적으로 다음과 같은 구조를 가지고 있습니다.

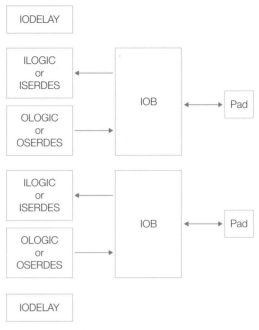

그림 4-8 Xilinx사의 I/O 블록

I/O 블록들은 직접적으로 외부의 회로와 연결되는 핀들입니다. 그렇기 때문에 내부의 CLB들이 I/O 블록들과 필수적으로 연결되어야 하며 I/O 블록들을 위해 프로그램 외의 추가적인 설정(Pull-up/down 혹은 전압 레벨 조정)이 필요합니다. 이러한 추가적인 설정은 이후에 공부할 UCF^{User Configuration File}를 통해 이루어집니다.

FPGA를 프로젝트에 사용하기 위하여 선정하는 조건으로 로직 셀의 개수를 많이 따집니다. FPGA 코딩을 완료하고 컴파일을 마치면 툴에 따라서 결과에 대한 리포트를 볼 수가 있는데, 그 리포트를 통해 몇 개의 로직 셀이 사용되었는지 알 수 있습니다. 그러한 정보를 이용하여 FPGA를 선정하며, 보통은 FPGA에서 사용 가능한 로직 셀 중에서 80% 정도를 사용하려는 의도로 선정하기도 합니다. 이는 100% 사용할 수가 없어서 그런 것이 아니라 100%를 사용하는 경우 회로를 구성할 때 배치나 로직 간의 연결에 여유가 없는 관계로 의도와는 다른 결과를 만들 수 있기 때문입니다.

4.4 HDL

FPGA는 일반 MCU와 마찬가지로 프로그램이 필요하다고 하였습니다. 이 프로그램 언어를 HDL^{Hardware Description Language}라고 하는데, **하드웨어를 나타낼 수 있는 언어**입니다.

IC를 설계하는 방법에는 IC 내부에서 사용할 회로를 직접 그리는 방법과 HDL을 이용하는 2가지가 있습니다. 시간이 흐를수록 IC 내부의 회로는 거대해져 사용되는 게이트 수가 1만개, 10만개 등이 되면서 더 이상 손으로 그릴 수 없는 수준이 되었습니다. 이러한 이유 때문에 HDL과 같은 언어가 발전한 것이죠.

HDL도 일종의 프로그램 언어여서 만든 회사마다 내세우는 표준이 다릅니다. 또한 개발자가 쉽게 개발할 수 있게 만들기 위하여 자바나 C와 같은 언어를 접목시켜 사용하기도 하는데요. 이 많은 HDL 중에서 가장 오래되고 많이 사용되는 HDL은 VerilogHDL과 VHDL입니다.

HDL에 대한 기초 지식

앞서 HDL은 하드웨어를 나타내는 언어라고 하였습니다. 여기서 **회로를 구성하기 위해 로직에 필요한 게이트를 배치하고 그들을 서로 연결해야 하며**…라고 생각하는 분이 있을 수 있습니다.

재차 말하지만 HDL도 하나의 프로그램 언어입니다. 그리고 프로그램 언어의 목적이 좀 더 쉬운 작업을 위한 것이기 때문에 다른 언어와 마찬가지로 어렵게 느낄 필요는 없습니다. 단지, C 같은 고급 언어와 다른 점은 하드웨어를 표현하다 보니 연결되는 구조에 관해 고려해야 할 사항이 많다는 것입니다. 그래서 HDL을 이용한 하드웨어를 설계할 때는 머릿속에서만 상상하는 것이 아니라 블록도를 적극 활용해야 합니다. 블록도를 자세히 그릴수록 HDL을 이용한 설계는 더욱 쉬워집니다.

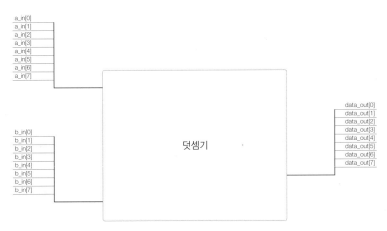

그림 4-9 덧셈기를 간략히 나타낸 회로도

VerilogHDL

HDL에는 다양한 언어가 존재한다고 하였습니다. 기계어 코드를 만드는 언어가 다양하듯이 하드웨어를 설계하는 언어가 많이 있는 것인데, 그중에서도 가장 유명한 HDL은 VerilogHDL과 VHDL입니다.

이 책에서는 VHDL이 아닌 VerilogHDL을 설명할 것입니다. 그 이유는 C 언어와 함께 HDL를 학습할 때에는 VerilogHDL이 조금 더 쉽기 때문입니다. 그렇다고 VHDL이 VerilogHDL보다 어렵거나 복잡한 것은 아니므로 본인에게 맞는 HDL을 선택하면 됩니다.

먼저, C 언어와 HDL의 예제와 함께 두 언어의 차이점을 비교해보겠습니다. 예제로 사용할 프로젝트는 **8비트의 두 입력값을 더하여 출력하는 계산기**입니다.

예제 4-3 C 예제 프로그램

```
int main(void)
{
    unsigned char a_in=14, b_in=52, data_out;
```

```
    data_out = a_in + b_in;
    printf("A + B = %d", data_out);
}
```

C를 사용하여 계산기를 만들다면, 개발자는 머릿속에서 main 함수를 가장 먼저 떠올립니다. 그래서 main 함수를 생성한 후 그 안에서 계산기 기능을 할 수 있는 프로그램을 작성하는데, 보통 다음과 같은 순서로 프로그램을 작성합니다.

1. 결과를 저장하거나 데이터를 입력하기 위한 8비트 변수들을 선언

2. a_in과 b_in의 덧셈 결과를 data_out에 저장

3. printf 함수를 이용하여 화면에 결과를 표시

이상과 같은 순서로 프로그램을 작성하고 연산결과가 의도한 대로 나온다면 프로젝트는 완료된 것입니다. 계속해서 VerilogHDL로 작성된 프로그램을 살펴보면 다음과 같이 예제로 작성할 수 있습니다(당장 프로그램을 완벽히 이해할 필요는 없으므로 오른쪽에 나와 있는 주석을 참조하세요).

예제 4-4 Verilog 예제 프로그램

```
module top_level
(
    input [7:0] a_in,   // a_in핀은 8비트 입력핀으로 선언
    input [7:0] b_in,   // b_in핀은 8비트 입력핀으로 선언
    output reg [7:0] data_out    // data_out핀은 출력핀으로 선언
);

always @ (a_in or b_in)   // a_in, b_in의 값이 변하면 실행되는 영역
begin
    data_out <= a_in + b_in;   // a_in과 b_in을 덧셈한 결과를 data_out핀에 연결
end

endmodule
```

HDL을 사용한 회로도를 작성할 때는 블록도를 통하여 전체 그림을 먼저 그려본 다고 하였습니다. 그 블록도는 그림 4-9와 같은 것인데, 블록도를 그릴 때 작업하는 순서를 나타내보면 다음과 같습니다.

1. 데이터들과 연결된 신호선들을 나열(a_in, b_in, data_out)

2. 신호선들 중에서 입력과 출력으로 사용할 신호선들을 정함

3. a_in과 b_in의 덧셈을 위해 덧셈기를 추가

4. 덧셈기에서 나오는 결과를 data_out에 연결

이상과 같은 블록도를 바탕으로 프로그램 코드를 작성하였을 때 만들어지는 프로그램이 예제 4-4입니다. C 언어와 비슷한 느낌을 주면서도 뭔가 모르게 다른 듯합니다. 여기서 문법에 관련된 내용을 파악하기에 앞서 일반 프로그램과 다른 점을 먼저 생각할 필요가 있습니다.

VerilogHDL을 이용하여 설계할 때는 회로 간에 연결되는 구조를 우선적으로 생각해야 하는데, VerilogHDL은 각 블록별로 프로그램을 작성하는 구조이며 이 블록은 모듈Module이라고 부르는 단위로 되어 있습니다. 이 모듈들은 다른 모듈들과 계층적 구조로 연결을 이룹니다. 또한 모듈 중에서도 가장 상위에 있는 모듈은 외부와 연결되는 것이어서 IC에서 사용할 핀들이라고 할 수 있습니다. 이렇게 최상위에 있는 모듈을 탑 레벨TOP-LEVEL 모듈이라고 합니다.

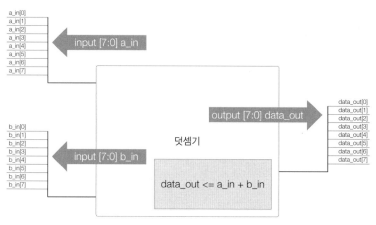

그림 4-10 회로도와 일치하는 HDL 코드

이렇게 완성된 블로도를 가지고 HDL 코드를 작성할 수가 있는데요. 블록도를 참
조하여 코드를 작성하는 순서는 다음과 같습니다.

1. top_level이라는 모듈을 선언하고 a_in, b_in, data_out이라는 외부핀을 사용할
   것임을 선언

2. 각 핀들에 대하여 입력과 출력등의 성질을 설정

3. 내부 덧셈기를 사용하여 a_in과 b_in을 계산하고, 그 결과를 data_out핀에 연결

이렇게 프로그램을 작성하니 C 언어와 비슷한 모습을 하고 있는 것 같습니다. 예
제에서 사용된 소스를 사용하여 C 언어와 VerilogHDL을 직접적으로 비교해보면,
다음과 같습니다.

표 4-5 C 언어와 VerilogHDL의 비교

	C 언어	VerilogHDL
대표적인 함수 및 모듈	main	top_level
그룹화	함수	모듈
실행 영역의 시작과 끝	{, }	begin, end
조건문	While, if, for	While,If, for

C 언어에서 대표적으로 실행되어야 할 명령어들은 main( ) 함수 안에 존재합니다. 그 안에서 또 다른 함수들과 연결되어 프로그램이 동작하는 것인데요. 마찬가지로 VerilogHDL에서도 대표적인 모듈로 top_level 모듈이 있습니다. main( ) 함수와 마찬가지로 top_level 모듈에서 다른 모듈들과 연결되어 회로를 구성하는 것입니다.

이상과 같이 작성된 VerilogHDL은 회로를 작성한 것과 같은 기능을 한다고 설명했는데요. HDL을 사용하지 않고 만든 회로와 VerilogHDL로 작성하여 생성된 회로를 비교하여 살펴보겠습니다.

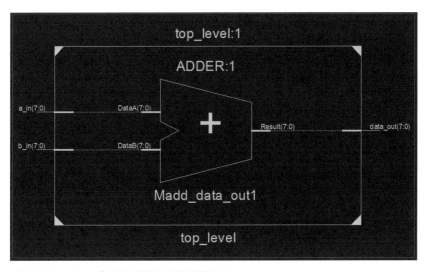

그림 4-11 top_level을 기능 단위로 나타낸 회로도

예제로 작성된 소스는 top_level이라는 이름의 모듈이며 내부에 덧셈하는 기능을 사용하였습니다. 그래서 컴파일하면 그림 4-11 같은 회로를 얻을 수가 있습니다. 이 회로를 그림 4-9와 비교해 보면 큰 차이가 없음을 알 수 있습니다. 8비트 입력 a_in과 b_in이 덧셈기에 연결되어 있고, 출력은 data_out에 연결되어 있는 것이죠.

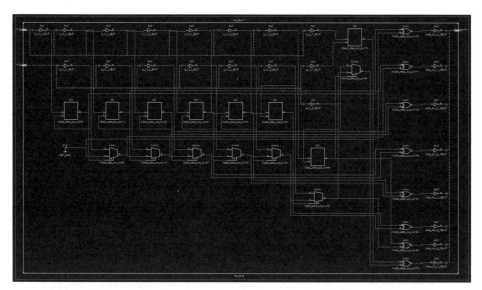

그림 4-12 ADDER 모듈의 내부 구성도

실제로 덧셈으로 동작하려면 내부적으로 필요한 회로가 있는데요. 그림 4-12는 그림 4-11에서 덧셈기ADDER 모듈의 회로의 하위레벨을 보기 위해 열어본 모습입니다.

모듈

HDL은 각 모듈Module이 계층적 구조로 연결되어 있다고 설명했습니다. 각 모듈은 기능별 또는 비슷한 작업을 목적으로 만든 코드의 묶음이라고 할 수 있는데요. 모듈은 어떻게 구성되고 어떠한 형태를 가지고 있는지 알아보겠습니다.

모듈도 회로를 구성하기 위한 것이므로 외부와 연결되는 포트들로 시작합니다. 이 포트들의 특성을 정하고 내부적인 동작을 정의한 후에 **endmodule**이라는 구문으로 마무리하는데요. 모듈의 구조를 간단히 요약하면 표 4-6과 같이 모듈을 선언하는 것으로 시작하여, 원하는 동작을 정의한 후에 모듈의 끝을 나타내는 것으로 마무리됩니다.

표 4-6 모듈에 대한 요약 설명

내용	요약	예제
모듈 선언	module 〈모듈 이름〉 〈핀 목록〉;	module top_level(a_in, b_in, data_out);
내부 연결 및 동작	조건문, 대치문, 이벤트 등	if, while, loop, assign, always, @
모듈 끝	endmodule	endmodule

이는 C 언어와 비교해서 살펴보면 더욱 쉽게 이해가 될텐데요. VerilogHDL에서 모듈은 C 언어의 함수와 비슷하다고 설명했습니다. 함수는 데이터를 주고 받기 위해 파라미터들을 사용하는데, 이는 모듈에서 선언된 핀들의 목록과 같습니다. 즉, 모듈은 입력으로 사용할 신호선들과 출력으로 사용할 신호선들의 선언으로 시작하며 모듈이 끝나는 위치를 표시하기 위하여 **endmodule**을 사용합니다.

핀 설정 및 데이터 타입 설정

디지털 회로를 구성할 때 회로 간의 연결을 위해 많은 신호선이 존재합니다. 이러한 신호선들을 네트^{Net}라고 부르는데, 네트들은 외부와 연결되기 위한 것과 내부적으로 사용하기 위한 것으로 구분됩니다. 외부와 연결되는 네트들은 모듈을 선언할 때 정의해야만 하고 내부에서 사용할 네트들은 모듈 내에서 추가적으로 정의할 수가 있습니다.

C 언어에서 변수를 사용할 때 데이터 타입을 정의하듯이 네트로 사용하려면 데이터 타입을 정해야 하는데요. VerilogHDL에서 사용 가능한 데이터 타입들은 표 4-7과 같습니다.

표 4-7 네트들의 정의를 위한 데이터 타입

이름	설명
input(핀 속성)	입력핀(외부와 연결되는 선)
output(핀 속성)	출력핀(외부와 연결되는 선)
inout(핀 속성)	입력과 출력이 모두 가능한 핀(외부와 연결되는 선)
wire(데이터 타입)	일반 연결선(외부와 내부 모두 연결 가능한 선)
reg(데이터 타입)	값을 유지하는 특성을 가진 연결선(외부와 내부 모두 연결 가능한 선)
integer(데이터 타입)	변수를 위한 메모리 생성

input, output 그리고 inout은 입력과 출력에 관하여 정의할 때 사용합니다. input 은 입력용 네트로 정의할 때 사용하고, output은 출력용 네트를 정의할 때 사용됩니다. 그리고 inout은 입력과 출력 모두에 사용 가능한 네트입니다. 입력과 출력으로 사용되는 네트들은 외부의 신호선들과 연결하기 위해 정의하는 것입니다. 그래서 모듈을 선언하는 시작 부분에서만 볼 수 있으며 모듈과 모듈 연결 시에 서로 입력과 출력 방향이 맞지 않으면 에러를 발생시킵니다.

wire는 가장 기본적인 네트의 형태입니다. 모든 네트는 wire로 되어있다고 할 수 있으며, wire 타입의 네트가 어디에 연결되느냐에 따라 기능이 달라집니다. 예를 들어 레지스터 같은 메모리 타입의 경우 wire 네트의 끝에 메모리 소자들이 연결되어 있는 것이죠.

reg는 레지스터를 의미하는 데이터 타입으로, 메모리와 같은 기능을 가질 수가 있습니다. 메모리를 구성할 때 reg를 사용한 구성을 만들 수도 있지만 integer 같이 선언하여 변수용 메모리를 사용할 수도 있습니다. 이 변수용 메모리는 사이즈를 조정할 수도 있고 사이즈를 지정하지 않을 경우 32비트로 사용됩니다.

추가적으로 이러한 데이터 타입을 이용하여 연결선들을 선언할 때 사용할 수 있는 옵션이 있습니다. 연결선들 중에는 데이터나 주소선과 같이 여러 비트를 사용하는 것들이 있는데요. 이 선들은 선언할 때 [7:0], [15:0] 같은 형태를 사용하면 같은 이름으로 여러 가닥의 신호선을 만들 수 있습니다. 또한 [MSB:LSB]와 같은 형식을 가지는데, 왼쪽에 오는 숫자가 MSB^{Most Significant Bit}[3]를 의미합니다.

그럼 해당 옵션과 데이터 타입을 사용하는 예제를 정리해보겠습니다.

표 4-8 사용될 핀들의 정의 방법

내용	요약	예제
외부와 연결되는 핀	〈입출력 방향〉 〈비트 수〉 〈이름〉	input cs_in; input [7:0] data_in; output data_out;
네트의 타입을 설정	〈데이터 타입〉 〈비트 수〉 〈이름〉 * reg로 선언하지 않을 경우 기본적으로 wire로 사용됨	wire cs_in; wire [7:0] data_int; reg [7:0] data_out;
네트와 데이터 타입을 같이 선언하는 형태	〈입출력 방향〉 〈데이터 타입〉 〈비트 수〉 〈이름〉 * 데이터 타입을 선언하지 않을 경우 기본적으로 wire로 사용됨	input wire [7:0] data_in; output reg [7:0] da-ta_out;

예제 4-13 핀들의 특성을 설정하는 예제

```
module sync_ff (clk, data_in, data_out);

input wire clk;    // clock
input wire [7:0] data_in;    // input data
output reg [7:0] data_out;    // output data

always @ (posedge clk)
begin
    data_out <= data_in;
end

endmodule
```

----
3 MSB: 최상위 비트라고 부르며 가장 큰 자리의 수를 뜻합니다.

회로의 동작 조건과 연결

네트들에 대한 선언이 끝나고 나면 실질적인 내부 회로를 작성할 수가 있습니다. 여기에는 초기화, 단순 연결 및 이벤트 동작 등이 있는데, 이를 표로 정리하면 다음과 같습니다.

표 4-9 VerilogHDL에서 사용 가능한 코드들

사용 가능한 코드	설명
initial	초기화가 필요한 선들에 대해 초기화 작업을 진행(테스트용으로만 쓰임)
always	항상 실행되어야 할 구간
assign	연결선들끼리 단순 연결
@	이벤트 조건을 사용하기위해 사용 posegde: 상승 구간의 조건 negedge: 하강 구간의 조건 or: OR 조건을 따름

initial과 always는 모듈 내에서 실행되어야 할 내용들을 담고 있습니다. initial과 always의 차이는 한 번만 실행되느냐 계속 실행되느냐인데요. initial은 모듈이 실행될 때 한 번 실행한 후에 다시는 실행되지 않는 조건이며, always는 계속 실행 조건을 확인하여 동작되는 영역입니다.

여기서 한 가지 주의할 점은, 실제 하드웨어는 초기화라는 조건이 없다는 것입니다. initial 블록은 테스트용 코드로만 사용될 뿐 실제의 하드웨어 설계에는 적용되지 않습니다. 그런데 데이터나 상태 등의 조건을 초기화하는 조건이 필요할 수도 있기 때문에 리셋reset[4] 같은 외부 신호를 이용하는 것입니다.

assign은 신호선들을 단순 연결할 때 사용될 수가 있습니다. initial이나 always의 경우에는 연산의 결과나 조건에 따라 달라지는 연결이 필요할 때 사용되는데요.

---

4 MCU에서 리셋 신호가 필요한 이유입니다.

assign의 경우에는 항상 연결된 신호선과 같습니다. 회로적인 측면에서 본다면 어떤 네트를 VDD 신호선에 항상 연결시켜 놓는다고 할 때 assign xxxx = VDD처럼 사용할 수가 있는 것입니다.

@은 조건에 해당하는 이벤트를 사용할 때 사용될 수가 있습니다. 가령 클럭이 상승 구간Rising Edge일 때만 동작되게 하려면, @(posedge clk) 같이 사용합니다. @ 다음에 오는 내용이 이벤트 조건인데요. if문이나 while문과 같이 괄호 안의 내용이 TRUE일 때 동작합니다.

이러한 조건들을 이용해서 프로그램을 작성할 때 유의할 점이 한 가지 있습니다. C 언어와 비교했을 때 대입하는 방법의 차이인데요. C 언어에서는 오른쪽 변의 결과를 왼쪽에 저장하는 구조입니다(예: result = a + b;).

그러나 VerilogHDL에서는 **오른쪽 변의 결과를 왼쪽 변에 저장한다기** 보다 **왼쪽 변에 연결한다**라고 생각해야 합니다. 이렇게 왼쪽 변에 연결하는 방법은 블록킹과 논블록킹Blocking And Non-Blocking이라는 것이 있습니다.

블록킹 방법은 '='을 사용하여 왼쪽 변에 대입하는 것인데요. 이 방법은 왼쪽 변에 결과가 적용된 후에 다음 줄의 코딩에도 영향을 주는 결과를 만들어 냅니다. 그리고 논블록킹은 병렬로 회로가 구성되는 것처럼 현재의 오른쪽 변의 값이 왼쪽 변에 단순 연결이 되는 구조입니다.

C 언어에서는 명령어들이 한 줄씩 실행되는 구조로, 현재의 결과가 다음의 명령어에 영향을 주는 프로그램입니다. 즉 VerilogHDL과는 다르게 C 언어는 블록킹 방식으로만 구성되는 것입니다. 간단히 소스와 함께 회로도를 살펴보면 이해가 쉬울 것 같은데요. 예제 4-10은 단순히 data_in의 값을 reg_temp와 data_out에 대입하는 소스입니다.

예제에서 reg_temp 〈= data_in과 같이 사용할 때는 논블록킹 구조이며, reg_temp = data_in과 같이 사용할 때는 블록킹 구조입니다.

```
module block_test(clk, data_in, data_out);

input clk;
input [7:0] data_in;
output reg [7:0] data_out;

reg [7:0] reg_temp;

always @ (posedge clk)
begin
    reg_temp <= data_in;

    data_out <= reg_temp;
end

endmodule
```

그림 4-13은 예제를 컴파일하여 회로를 생성한 결과입니다. 블록킹과 논블록킹의 회로도에서 가장 눈에 보이는 차이점이 중간에 위치한 버퍼인데요. 이 버퍼로 인해 논블록킹 구조는 한 번의 클럭만에 데이터가 출력될수 있으나 블록킹의 구조에서는 첫 번째 클럭 때 버퍼에 저장되고, 두 번째 클럭에 출력포트로 연결되는 구조임을 알 수가 있습니다.

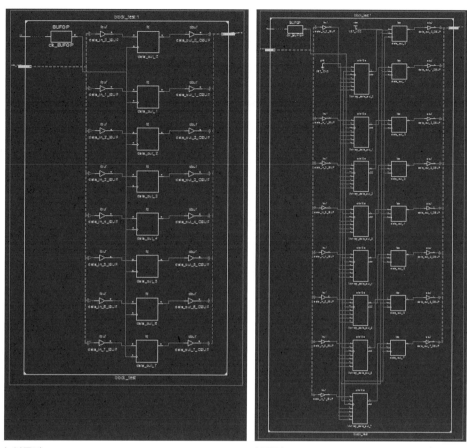

논블록킹   블록킹

그림 4-13 논블록킹과 블록킹으로 작성된 회로의 비교

예제에서 생성한 회로를 시뮬레이션하면 더욱 확실해지는데요. 그림 4-14가 그 시뮬레이션 결과입니다. 시뮬레이션의 결과는 블록킹 구조로 만들어진 회로여서 data_out에 표시되는 값은 두 번째 클럭의 경우라는 것을 알 수 있습니다.

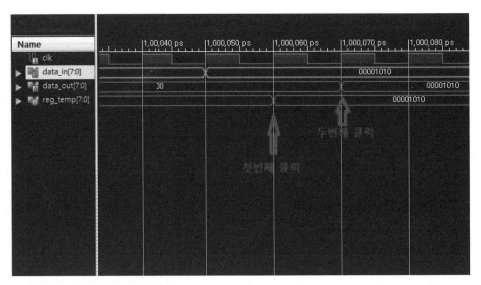

그림 4-14 블록킹 구조의 시뮬레이션 결과

연산자 및 조건문

VerilogHDL에서 사용 가능한 연산자들 및 조건문들은 C 언어에서와 크게 다르지 않은데, 다음과 같습니다.

표 4-11 연산자 및 조건문

내용	예제
산술 연산	+,–,*,/
비트 연산	|,&,~
논리 연산	||,&&,!
시프트 연산	⟨⟨,⟩⟩
조건문	if,for,while

표에서 보듯이 거의 모든 연산자는 C 언어에서 사용하는 것과 같습니다. 그런데 그중에서 실수하기 쉬운 연산자는 ++이나 --인데요. C 언어의 용법과 달리 VerilogHDL은 i = i+1 또는 i = i−1으로 사용해야 합니다.

조건문 역시 C 언어와 크게 다르지 않습니다. if, for, while문은 C 언어와 구조가 일치하고 ( )안의 내용이 TRUE일 때 동작합니다.

반면 case, repeat는 C 언어의 switch−case와 같은 목적으로 사용되지만, 상당히 다른 형태를 가지고 있으며 다음 예제처럼 Switch와 Break가 사용되지 않습니다.

예제 4-16 case 조건문

```
case (decode_in)
    0 : data_out <- a_in;
    1 : data_out <- b_in;
    2 : data_out <- c_in;
    default : data_out <- d_in;
endcase
```

* 입력 신호인 decode_in의 값에 따라 사용될 data_out의 연결

repeat문의 경우 반복적인 처리를 할때 사용되는 구문입니다. repeat 괄호 안의 숫자만큼 실행되는 단순한 조건문입니다.

예제 4-17 repeat 조건문

```
repeat(10)
begin
    count = count + 1;
end
```

* repeat의 괄호 안에 있는 조건만큼 실행함

테스트벤치 작성

디지털 회로를 위한 설계가 완료되면 회로의 검증을 위하여 시뮬레이션으로 동작 상태를 살펴볼 수 있습니다. 이러한 시뮬레이션을 위해 따로 작성하는 코드가 있는데, 이를 테스트벤치^{Testbench}라고 합니다.

시뮬레이션을 하기 위해서는 여러 조건이 필요합니다. 일단 초기에 사용되어야 할 값들과 각 모듈들의 동작을 검증할 수 있는 조건 그리고 입력되는 데이터들에 대한 처리 결과 등이 있는데요. 이와 함께 시뮬레이션할 때만 사용하는 코드들이 있습니다.

사용 가능한 문법은 설계용 코드보다 더 많습니다. 지금도 새로운 코드가 만들어지고 있어서 모두를 소개하지는 못하고 꼭 필요하고 많이 사용하는 코드만 소개하겠습니다.

표 4-12 테스트벤치에서 자주 사용하는 구문

구문	설명
initial	초기화에 필요한 작업용 블록, 전체 프로세스에서 한 번만 실행됨
#〈숫자〉	〈숫자〉만큼의 지연 시간을 발생
$time	시뮬레이션에서 사용되는 시간
$fopen	외부 데이터를 사용하기위한 파일열기
$fread,$fgets …	열려진 파일로부터 데이터를 읽어 들임
$readmemb,$readmemh …	열려진 파일로부터 데이터를 메모리에 저장함
$monitor	변경된 값을 계속적으로 모니터링함
$display	문자열이나 데이터를 표시함

테스트벤치를 작성할 때는 동작에 필요한 구조를 미리 알고 있어야 합니다. 예를 들어 최초에 전원이 공급되었을 때 가질 수 있는 상태값들이나 동작 중에 발생할

수 있는 이벤트들의 내용도 포함을 합니다. 가령 리셋 신호가 발생하거나 외부에 연결된 상태에 따르는 신호들이 있을텐데요. 이러한 초기 상태를 위해서 테스트벤치에서는 initial이라는 구문을 사용합니다. initial은 초기화를 위해서 사용되는 코드이므로 최초 한 번만 실행되고 더 이상 실행되지는 않는 블록입니다.

회로를 구성하고 동작시키는 과정 중에 지연 시간이 필요한 경우가 종종 있습니다. clock이 가지는 주파수 특성, 리셋 신호가 발생되어야 할 조건, 메모리를 읽고 쓰기 위한 타이밍 조절 등이 있는데요. 이러한 상태들을 적용하기 위해 #〈숫자〉를 사용하여 임의적인 지연 시간을 만들 수 있습니다. 또한 # 기호 이후의 숫자는 Rising Edge, Falling Edge, Tri-state 등으로 사용될 수가 있는데요. #3, 4, 5라고 하면 상승 구간 3만큼의 지연 시간, 하강 구간 4만큼의 지연 시간 그리고 상승 구간에서는 5만큼의 지연 시간을 적용하는 것입니다.

시뮬레이션은 시간의 흐름에 따른 변화를 보여주는 것입니다. 그래서 시간이 항상 흐르는 상태인데요. 이 시간의 값을 알기 위해 $time을 이용하여 현재 시간의 정보를 얻을 수가 있습니다.

일반 소프트웨어에서는 printf 같은 함수가 실행되어야 화면에 정보가 표시되는데요. 테스트벤치에서는 디버깅을 위한 몇 가지 함수를 더 사용할 수 있습니다. $monitor와 $display가 가장 대표적입니다. $monitor는 항상 표시가 가능하지만 표시를 원하는 값이 변경되었을 때만 표시하는 기능이고, $display는 printf 함수처럼 실행될 때마다 표시를 하는 기능입니다. 주의할 점은 $monitor의 경우 항상 실행되는 형태이므로 initial 블록 내에 구현하여 한 번만 실행되도록 만들어야 합니다. 반면에 $display는 printf 함수처럼 어느 곳에서든 사용 가능합니다.

다음 예제는 위에서 설명되었던 구문들을 모두 적용하여 테스트벤치를 작성한 것인데요. 주석을 참조하여 코드를 한 번 읽어 보고, 이후에 이어지는 시뮬레이션 결과를 보면 이해하기 쉬울 것입니다.

예제 4-18 block_test에 대한 테스트벤치

```verilog
module block_test_tb;    // 테스트벤치 모듈의 이름

reg clk;    // 외부에서 입력으로 사용할 클럭
reg [7:0] data_in;    // 외부에서 입력으로 사용할 데이터

wire [7:0] data_out;    // block_test 모듈의 출력값

block_test uut( .clk(clk), .data_in(data_in), .data_out(data_out));
// block_test 모듈에 파라미터 값들을 입력

initial    // 시뮬레이션을 위한 초기화 작업
begin
    clk = 0;    // 클럭은 리셋 상태부터 시작
    data_in = 8'b00000000;    // 입력값을 0x00으로 세팅

    #50 data_in <= 8'b00001010;    // 50ns 후에 data_in에 0x0a를 입력
    #50 data_in <= 8'b11000011;    // 50ns 후에 data_in에 0xc3을 입력
    #50 data_in <= 8'b10100000;    // 50ns 후에 data_in에 0xa0를 입력

    $stop;    // 이후에 시뮬레이션 끝남
end

always
begin
    #5 clk = ~clk;    // 클럭을 발생시키기 위하여 always를 사용함
end

endmodule
```

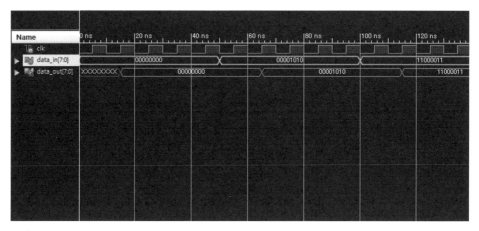

그림 4-15 block_test_tb에 대한 시뮬레이션 결과

4.5 HDL을 이용한 IC 설계 과정

디지털 회로를 VerilogHDL과 같은 HDL을 이용하여 설계할 수가 있다는 것을 알았는데요. HDL로 작성된 디지털 회로는 최종적으로 IC로 생산될 것입니다. 그래서 이번 절에서는 FPGA 테스트나 IC 생산을 위한 전체 과정을 알아보겠습니다.

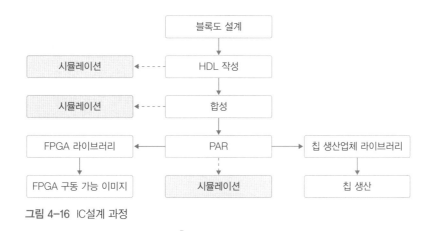

그림 4-16 IC설계 과정

디지털 회로는 연결되는 선들이 무수히 많아 머릿속에서 정리하거나 글로 적는 것만으로 설계를 하기가 힘들다고 하였습니다. 그래서 블록도를 그리면서 설계를 시작한다고 했는데요. 작성된 블록도를 참고로 하여 HDL을 작성하는데, HDL로 작성된 프로그램 소스는 테스트벤치와 같은 코드로 시뮬레이션이 가능합니다.

이 시뮬레이션 과정을 통해서 1차적으로 설계를 검증을 마치면 컴파일 과정을 거칩니다. C 언어와 마찬가지로 HDL도 텍스트 파일로 작성된 언어이므로 컴파일 과정을 거치는 것이고 C에서는 컴파일이라고 부르지만 HDL에서는 합성Synthesis이라는 단어를 사용합니다. 이번 과정에서 생성된 결과를 이용하여 다시 시뮬레이션을 진행할 수 있는데요. 이번 과정의 시뮬레이션은 이전보다 조금 더 하드웨어에 가까운 시뮬레이션입니다.

다음으로 PARPlace And Route 과정을 거치는데요. 이 과정은 합성이 완료된 연결선들을 실제의 부품들과 연결 가능한 선으로 배치하는 일입니다. 이번 과정에서 사용되는 부품과 연결선에 따라서 FPGA로 사용 가능하거나 IC 생산용으로 사용할 수 있습니다. 시뮬레이션은 이번 과정에서도 가능한데요. 실제 사용가능한 부품과 연결선들을 사용하므로 실제의 IC과 가장 가까운 시뮬레이션 단계입니다. 대신, 가장 시간이 많이 걸리기는 단계이기도 합니다.

블록도 설계

HDL을 이용하여 디지털 회로 설계 시 블록도를 이용하는 것이 좋다고 설명했습니다. 이 블록도는 HDL을 이용한 설계 구조와 같은 형태를 가지고 있는데요. IC의 경우 외부로 노출된 핀이 있으며 이 IC의 내부는 디지털 회로들로 가득 차 있습니다. 외부의 핀으로부터 내부의 회로와 연결되고 내부의 회로들은 서로 연결되어 있는 구조를 가지고 있어 계층형 구조라고 생각할 수 있습니다.

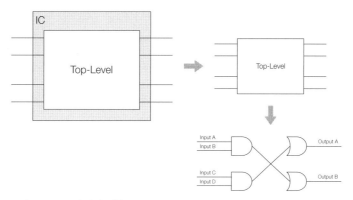

그림 4-17 IC 설계의 계층 구조

블록도를 그리는 순서로는 가장 외부의 형태부터 시작하여 내부의 기능으로 그릴 수가 있는데요. 그림 4-17에서 IC의 형태를 가진 블록도를 볼 수 있습니다. 이 그림은 실제의 IC 같이 몇 개의 외부핀이 있는지를 직관적으로 나타낼 수 있는 블록도입니다. 이 단계에서는 전원 공급을 위한 배치나 아날로그 회로와의 연결선을 정리하기도 합니다. 그 다음으로 내부적으로 가지는 I/O 핀들에 관한 블록도를 그립니다. 이 그림에서는 Top-Level의 코드가 가지는 핀들이 있음을 알 수 있습니다. 블록도는 계층적인 구조를 따라가면서 만드는 단계이기 때문에 모듈 단위까지 상세히 그릴수록 HDL을 작성할 때 많은 도움을 받을 수 있습니다.

RTL 설계

디지털 회로를 설계하기 위해 VerilogHDL이나 VHDL과 같은 HDL을 작성한다고 하였습니다. HDL을 이용하여 설계를 하면, 게이트 단위의 설계가 아니라 모듈 단위의 설계를 하는데, 이때 플립플롭이나 레지스터 등을 이용합니다. 그래서 HDL을 이용한 설계 단계를 RTL^{Register Transfer Level}이라고 하는데요. RTL은 레지스터 단위로 기술되는 단계를 뜻합니다.

RTL 단계에서는 HDL을 이용하여 하드웨어를 설계한 이후에 동작에 관해 검증하는 단계를 거칩니다. 검증하는 방법에는 2가지가 있습니다. 실제의 하드웨어에 연결하여 디버깅하는 방법과 소프트웨어적으로 시뮬레이션하는 방법인데요.

FPGA에서는 구조적으로 MCU보다 많은 수의 로직과 내부 연결선을 가지고 있습니다. 그런 이유로 FPGA에서 구동 가능한 이미지를 만들려면 시간이 많이 필요합니다. 그러다 보니 RTL 단계의 코딩이 완료된 후에 합성하는 시간 때문에 프로젝트 진행이 지연될 수 있습니다. 그래서 보통은 RTL 코딩이 완료되면 바로 FPGA에서 테스트하지 않고 시뮬레이션 툴을 이용한 검증 과정을 거칩니다.

IC를 개발하는 과정 중에 시뮬레이션은 두 지점에서 하는데요. 처음은 RTL 코드로 완성된 상태에서 진행하고, 두 번째는 RTL 코드가 실제 FPGA나 IC에서 동작이 가능한 게이트 레벨에서 진행합니다.

여기에서 RTL 코드를 검증하기 위한 시뮬레이션은 HDL로 코딩하여 동작을 가늠해볼 수 있는 테스트벤치를 사용하는 것이죠.

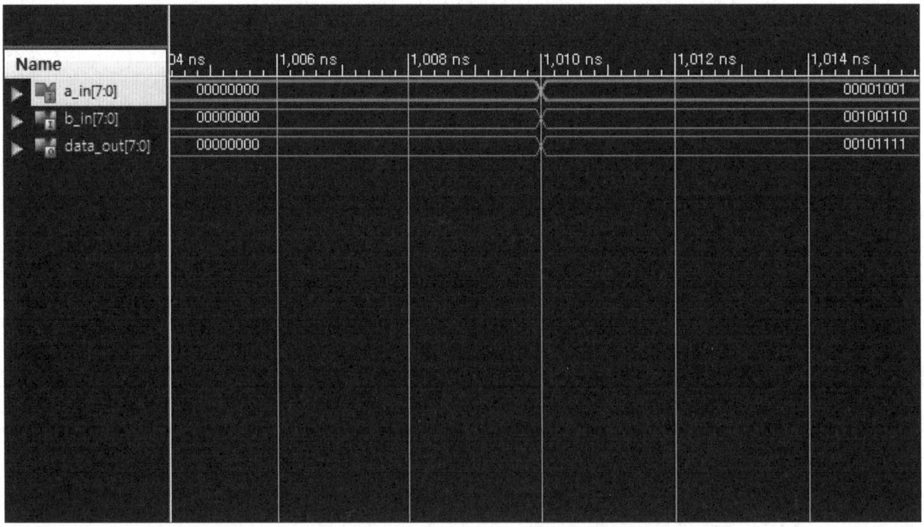

그림 4-18 iSIM을 이용한 RTL 시뮬레이션

참고로 시뮬레이션을 위한 툴은 많은 제품이 시중에 나와 있습니다. 예제로 사용한 시뮬레이션 툴은 Xilinx에서 제공하는 iSIM이라는 툴입니다. 그 외에 많이 사용하는 툴로는 Cadence사의 ncSIM이나 Mentor Graphics사의 ModelSIM이 있으며 Xilinx사에서 제공하는 iSIM보다 많은 기능을 가지고 있고 시뮬레이션 속도가 빨라 디버깅하기가 편하기 때문에 많이 사용하고 있습니다.

제약 조건

RTL 단계에서 시뮬레이션까지 끝나게 되면 로직의 기능적인 부분은 검증하였다고 할 수가 있습니다. RTL 단계에서 조금 더 확장을 하여 실제로 사용하게 될 IC의 패드(외부연결 핀) 또는 내부 연결용 네트들의 특성까지 생각할 단계인데요. 이들의 특성은 UCF^{User Constraints File}라고 부르는 파일을 통해서 엔지니어가 직접 정할 수 있습니다.

UCF는 해석하면 **사용자 제약 조건 파일**입니다. 사용자가 원하는 사양에 맞게 IC 내부의 로직들을 구성하고 네트들을 연결하기 위한 파일이죠. FPGA의 블록에 관한 설명을 할 때 외부핀과 연결되는 내부 블록에는 **I/O 블록**이 있다고 하였습니다. UCF에는 외부와 연결되는 I/O 블록들의 특성을 설정할 수 있게 옵션을 제공하는데요. FPGA마다 다르긴 하지만 대체적으로 Pull Up/Down과 전압 레벨 조정 등의 옵션을 제공합니다. 또 다른 옵션으로는 클럭이 있습니다. 클럭을 사용하는 로직의 경우 동작시키려는 클럭 주파수가 있는데요. 그 주파수 특성에 영향을 주지 않게 네트를 연결하거나 로직들을 구성할 수 있게 하는 것입니다.

다음은 UCF의 주 기능을 정리한 것입니다.

표 4-13 UCF에서 설정 가능한 항목들

항목	설명
네트 연결	IC의 외부 핀에 연결될 네트를 설정하거나 로직 간에 연결될 네트를 사용자가 직접 설정
네트 타이밍	네트 또는 네트가 연결되는 경로의 허용 가능한 지연 시간이나 로직의 세팅 타임 등을 설정
그룹화	원하는 로직과 네트들을 배치할 때 인근에 배치할 수 있게 설정
블록 지정(FPGA)	FPGA의 경우 사용자가 직접 원하는 블록을 선택하도록 설정

UCF 파일을 수정할 때는 각 FPGA 회사에서 제공하는 툴로 설정하거나 텍스트 파일을 직접 수정하는 방법이 있습니다. 요즘은 FPGA 회사에서 GUI를 사용하여 UCF 파일을 설정할 수 있게 제공하는데요. Xilinx사의 경우 ISE 툴의 GUI를 이용하여 편하게 설정할 수가 있으며, 이 툴을 이용하면 회로도를 그리듯이 마우스 클릭만으로 설정을 할 수가 있습니다.

단, UCF를 통한 제약 조건을 설정할 때에는 고려해야 할 사항이 한 가지 있습니다. UCF에 제약 조건이 많아질수록 합성 툴이 신호선들을 연결하기 위해 많은 계산과 배치 등을 고려해야 합니다. 이러한 이유로 제약 조건이 많아지면 합성하는 데 많은 시간이 필요합니다.

합성

RTL 상태에서 시뮬레이션에 이상이 없고 의도대로 동작한다면 FPGA 보드에서 구동시키기 위한 준비가 되었습니다. 이젠 FPGA에서 동작이 가능한 이미지를 생성해야 하는데요. 그러기 위해서는 HDL을 변환할 수 있는 컴파일 과정이 필요합니다. FPGA용 이미지를 만드는 과정은 MCU용 이미지를 만드는 과정과 비슷합니다. 그렇지만 FPGA에서는 컴파일이라고 부르지 않고 합성Synthesis이라는 단어를 사용합니다.

HDL 코드에 이상이 없음을 확인하고 합성이 완료되면 넷리스트Netlists라고 하는 파일을 생성할 수가 있습니다. 이 넷리스트는 HDL을 게이트 레벨로 변환한 회로라고 생각할 수가 있는데요. 그래서 합성을 마치면 사용되어야 할 게이트들과 연결 정보를 얻을 수가 있고 이 정보들에 맞춰서 회로를 만들 수가 있습니다. 이 정보에는 사용 가능한 클럭의 주파수를 얻을 수가 있고 연결이 너무 많은 경우 생길 수 있는 문제 등을 알 수도 있습니다.

그림 4-19 합성 툴에 의한 넷리스트 생성

합성 후 시뮬레이션

합성 단계를 완료하면 디지털 회로의 넷리스트가 작성된다고 하였습니다. 이 넷리스트를 이용하면 회로에서 사용될 게이트 사이의 연결이 정의된 상태이므로 게이트 레벨에서 시뮬레이션을 할 수 있습니다.

넷리스트가 만들어진 상황에서의 시뮬레이션은 사용된 게이트가 잘못되었거나 게이트들을 거치면서 생기는 지연 시간 등의 문제점을 발견할 수가 있는데요. 합성을 하고 나면 게이트 레벨에서 회로가 다뤄지는 것이므로 게이트 레벨 시뮬레이션이라고도 합니다.

게이트 레벨에서 진행되는 시뮬레이션은 RTL 단계에서보다 많은 연결선과 데이터가 필요합니다. 그러한 이유로 시뮬레이션하는 데 상당한 시간을 요구하는데요. 그래서 최대한 RTL 단계에서 시뮬레이션을 많이 하고, 이후에 게이트 레벨에서 시뮬레이션을 진행하여 이상이 없는지 점검합니다.

PAR

합성 단계까지 완료되면 사용되어야 할 게이트들과 네트들의 정보인 넷리스트Netlist가 만들어진다고 하였습니다. 이러한 정보들을 이용하여 IC를 만드는 과정의 마지막 단계인 PARPlace And Route을 진행할 수가 있는데요. PAR은 해석하면 **배치하여 연결한다** 정도로 생각할 수 있습니다. 즉, 사용되어야 할 부품들을 배치하고 서로 연결하는 것입니다.

PAR 과정이 합성과 같은 단계에 포함되지 않고 분리가 되어 있는 이유가 있습니다. 부품을 배치하고 연결하는 일이 IC를 만드는 일에 있어서 중요한 요소이기도 하지만, IC를 생산하는 회사마다 사용되는 부품이 다를 수 있다는 이유 때문입니다. 그래서 IC를 생산하기 위해서는 파운드리[5]에서 제공하는 라이브러리와 연결해야만 합니다.

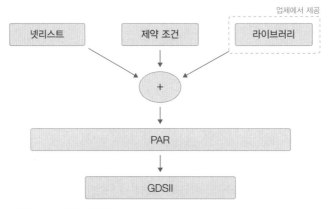

그림 4-20 PAR의 과정

넷리스트에는 회로를 구성하는 게이트들과 네트들에 대한 정보만 들어 있습니다. 그래서 실제의 칩이 되기 위해서는 넷리스트의 게이트 정보에 따라 부품을 사용하고 네트들의 연결 정보에 따라 연결하는 작업을 해야 하는데요. 부품을 배치할 때

---

5 TSMC, SAMSUNG 같이 IC를 생산하는 업체

는 파운드리 회사에서 제공하는 게이트 부품들을 이용해서 배치를 해야 하고, 서로 연결해야 하기 때문에 PAR 단계에서는 업체에서 제공하는 부품들의 라이브러리를 이용하는 것입니다.

PAR 후 시뮬레이션

PAR 작업이 완료되고 나면 실제의 IC를 만들기 위한 준비가 끝났습니다. IC를 만들기 위해서는 많은 시간과 비용이 든다고 설명했었는데요. 시간과 비용을 줄이기 위해서 많은 검증 단계를 거치는데, 시뮬레이션이 그와 같은 역할을 한다고 하였습니다. 이전에 RTL 단계의 시뮬레이션과 합성 후 시뮬레이션 등을 진행하였듯이 PAR이 완료된 후 실제 IC를 만들기 전에 시뮬레이션을 할 수 있습니다.

PAR이 끝난 회로를 시뮬레이션하면 실제의 IC와 같이 동작될 것이라 기대할 수 있습니다. 그러나 RTL 단계에서의 시뮬레이션과는 달리 아날로그적인 특성 때문에 시뮬레이션에 많은 시간이 필요합니다. 적은 수의 부품을 사용한 회로라면 얘기가 다를 수 있지만 프로세서가 들어있는 디지털 회로의 경우 게이트수는 10만 개, 100만 개가 넘어가는데요. 이러한 회로들은 1초의 시간을 시뮬레이션한다고 해도 몇 주일이 소요될 정도로 시간이 많이 걸립니다. 이러한 이유로 PAR 후에 진행되는 시뮬레이션은 아날로그적인 요소가 많은 곳이나 검증이 꼭 필요한 부분만 진행하는 경우가 많습니다.

디지털 회로에서 시뮬레이션은 게이트 레벨이나 RTL 레벨에서 많이 진행합니다. 앞서 PAR 후에 진행하는 시뮬레이션은 시간이 많이 걸리기 때문이라고 설명했는데요. 디지털 회로는 트렌지스터와 같은 부품을 이용한 회로이기 때문에 전압이 약간 흔들린다고 해서 결과가 달라지지는 않습니다. 그래서 게이트 레벨이나 RTL 레벨에서 진행하는 시뮬레이션만으로도 대부분 만족스런 결과를 얻을 수가 있습니다. 그러나 고속으로 움직이는 클럭이나 노이즈가 심해 트렌지스터의 결과에 영향을 줄 수 있다고 판단되는 상황에서는 PAR 후 시뮬레이션을 통해 철저한 검증이 필요합니다.

최종 이미지(GDSII) 생성

반도체 산업에서 종사하는 기업의 분류로는 펩리스와 파운드리가 있습니다. 펩리스Fabless는 IC를 전문적으로 설계하는 기업들이고, 파운드리Foundry는 생산을 전문적으로 하는 기업들입니다.

펩리스에서 **PAR 후 시뮬레이션**까지 완료되면 IC를 제작하기 위한 준비는 끝났다고 할 수 있습니다. 이젠 설계가 끝난 데이터를 파운드리에 넘기기만 하면 되는데요. 그러기 위해서는 파운드리에서 요구하는 파일의 형태를 보내줘야만 합니다. 파운드리에서는 여러 펩리스로부터 데이터를 받아야 하므로 표준 데이터 포맷을 정하였고, 이때 사용되는 포맷이 GDSII입니다.

GDSII Graphic Database System는 그래픽 정보가 들어 있는 파일입니다. 이 그래픽 정보는 3D 데이터를 포함하고 있는데, 이를 렌더링하면 다음 그림과 같습니다. 파운드리 기업에서는 바로 이런 그림을 바탕으로 실리콘을 가공하여 IC를 생산하는 것입니다.

그림 4-21 GDSII의 3D 렌더링 데이터

4.6 개발 환경 만들기

코드를 직접 작성하는 것보다 더 좋은 공부는 없습니다. 먼저, 예제를 실습하기 위하여 테스트할 수 있는 환경을 구성할 것입니다. IC를 설계하기 위해 사용하는 툴을 EDA라고 합니다. EDA는 Electronic Design Automation의 약자로, IC 같은 전자회로를 디자인할 때 사용하는 툴들을 말합니다. EDA 툴에는 지금까지 사용되어 왔던 ISE와 ncSIM, ModelSIM, Synplify 등이 있습니다.

ISE 다운로드

앞서 Xilinx사의 FPGA가 가장 많이 사용되고 있는 관계로 Xilinx의 제품 위주로 설명을 했는데요. 평가판 역시 Xilinx의 제품인 ISE로 설명을 하겠습니다. 그럼 먼저 필수적인 소프트웨어를 받기 위해서 Xilinx사의 다운로드 사이트에 접속해야 합니다.

http://www.xilinx.com/support/download/index.htm에 들어가 보면 많은 버전을 볼 수 있습니다. Xilinx에서는 유료 버전과 무료 버전 2가지를 제공합니다. 일단 학습만을 위한 목적이라면, 무료 버전으로 충분한데요. 무료 버전의 패키지 이름은 ISE WebPACK입니다. 무료 버전과 유료 버전은 큰 차이점은 Xilinx에서 판매하는 FPGA 중에 지원 가능한 로직의 수 정도입니다. 즉 무료 버전은 지원 가능한 로직의 수에 제한이 있는 반면, 유료 버전은 제한이 없는 라이센스를 가지고 있는 것입니다. WebPACK에서 지원 가능한 FPGA는 다운받는 페이지에서 확인할 수 있습니다.

툴 익히기

ISE WebPACK의 설치가 완료되면 다양한 툴이 설치된 것을 확인할 수 있습니다. 설치 내용 중 자주 사용되는 툴의 리스트를 정리하면 다음과 같습니다.

표 4-14 ISE WebPACK에 포함된 툴

툴 이름	설명
Chipscope Pro	FPGA 내의 네트나 데이터를 디버깅할 때 사용하는 툴이며, 로직 에널라이져와 같이 네트의 시간별 변화를 알 수 있음
Project Navigator	일반 통합 툴처럼 편집기, 디버거 등의 GUI 환경으로, 프로젝트를 시작할 때 이 프로그램을 사용함
PlanAhead	제약 조건에 관한 편집에 사용하는 툴로, FPGA의 디버깅 정보에 관한 분석 툴로도 사용됨
iMPACT	JTAG와 연결하여 사용할 수 있는 툴로, 최종 이미지를 FPGA에 직접 다운로드하거나 외부 메모리에 저장할 때 사용할 수 있음
Timing Analyzer	분석 툴로, 합성이 완료된 넷리스트로부터 타이밍 관련된 분석 데이터를 얻을 때 사용함

앞서 나열한 툴 중에서 가장 많이 사용할 것은 Project Navigator입니다. 이 툴은 VerilogHDL 작성, 시뮬레이션, 합성 그리고 PAR까지 진행할 수 있습니다.

Project Navigator는 Xilinx가 설치된 프로그램 그룹 중에서 ISE Design Tools 안에서 찾을 수 있는데, 실행하면 다음과 같은 화면을 볼 수 있습니다.

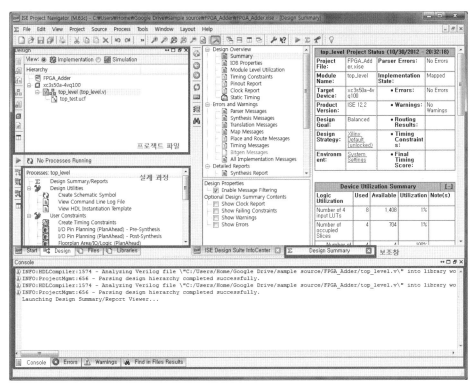

그림 4-22 Project Navigator 실행 화면

Project Navigator를 간단히 살펴보면 왼쪽 편에 작업 중인 소스 파일을 볼 수 있는 창이 있고, 합성부터 PAR까지 선택할 수 있는 창을 볼 수가 있습니다. 그리고 오른쪽의 보조 창에서 현재 작업 중인 소스를 편집하거나 합성 후의 결과를 볼 수도 있습니다.

한편 설계 진행 과정과 관련해서는 앞서 학습했던 내용들과 비교할 수 있는데요. 이는 크게 4가지로 요약할 수가 있습니다.

표 4-15 Project Navigator의 중요 기능

항목	설명
User Constraints	제약 조건 설정 단계
Synthesize	합성 단계
Implement Design	FPGA 구현 단계
Generate Programming File	이미지 생성 단계

4.7 샘플 코딩 따라하기

이 장에서 다른 장과 마찬가지로 몇 가지 예제를 통해서 학습한 내용을 다시 한 번 살펴보겠습니다. 이번에는 외부의 입력에 따라 사칙 연산을 수행하는 계산기를 만들어 시뮬레이션과 함께 결과를 알아볼 것입니다. 추가로 디지털 회로에 꼭 필요한 메모리 소자인 래치와 플립플롭을 잠깐 설명한 후에 본격적인 실습을 시작하겠습니다.

래치와 플립플롭

디지털 회로를 구성하다 보면 결과를 임시적으로 저장하거나 유지를 하고 있어야 하는 경우가 많습니다. 이러한 경우에 메모리와 같은 저장 장소가 필요한데요. 디지털 회로에서 메모리와 같이 임시적으로 데이터를 저장하기 위해서 래치 또는 플립플롭Flip-flop을 사용합니다.

래치Latch에서 발전된 소자가 플립플롭이라고 할 수 있는데요. 가장 큰 차이점은 데이터를 유지하는 방법의 차이라고 할 수 있습니다. 래치의 경우에는 입력값이 변하면 출력값이 바로 적용되는데 반해, 플립플롭의 경우에는 클럭과 같은 동기 신호의 상승 구간Rising Edge 또는 하강 구간Falling Edge에만 출력값이 적용됩니다.

래치 중에 가장 기본이 되는 것은 SR입니다. SR 래치는 NAND 게이트, NOR 게이트 그리고 클럭을 이용하여 구성되는데요. 어떤 게이트를 사용하느냐에 따라 결과는 달라지지만, 입력값이 변하면 출력값도 바로 변한다는 측면에서 같은 역할을합니다. 다음 그림은 NOR 게이트를 이용한 래치의 구조와 논리표입니다.

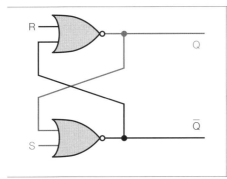

SR 래치			
S	R	Q	결과
0	0	Q	상태 유지
0	1	0	리셋
1	0	1	셋
1	1	X	XX

그림 4-23 SR 래치의 구조와 논리 테이블

위 그림과 같은 구조를 가진 SR 래치는 S를 Set, R을 Reset이라고 합니다. S가 1이 되면 출력인 Q가 1이 되고, R이 1이 되면 Q는 0이 되며, S와 R이 모두 0이면 이전값을 유지하는 특성을 가지고 있습니다. 다만 SR 래치는 입력값이 출력값에 바로 나타난다는 이유 때문에 조금만 타이밍이 어긋나도 결과값이 달라지는 문제가 있습니다.

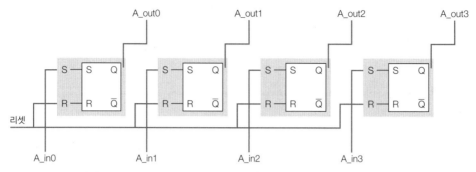

그림 4-24 SR 래치를 이용한 데이터 처리

예를 들어 위 그림의 경우 4개의 입력과 4개의 출력을 가지고 있는 래치입니다. 래치를 사용하므로 입력되는 값에 따라 유지 또는 변하는 특성이 있는데요. SR 래치를 이용하여 회로를 만든다면 래치가 같은 자리에 위치할 수가 없으므로, A_in0~A_in3 네트들이 모두 같은 길이를 갖지 않을 것입니다. 마찬가지로 A_out0~A_out3도 같은 길이를 가질 수 없는데요. 그 결과 특정한 시간에 A_out0~A_out3의 값을 확인하면 다른 값이 나올 수 있습니다.

또한 reset 네트와 같이 래치들이 같은 네트를 사용한다면 reset이 래치에 도달하는 시간과 각 입력값들이 래치에 도달하는 시간이 달라 출력값을 보장할 수가 없는 것입니다. 이러한 문제들을 해결하기 위해 플립플롭이 탄생하게 되었죠.

플립플롭은 래치에서 Enable 신호와 클럭 신호를 사용하며, 그 신호가 발생할 때 출력 신호를 변화시키는 구조입니다. 기본적인 플립플롭에는 D 플립플롭과 JK 플립플롭이 있습니다. D 플립플롭이나 JK 플립플롭의 경우에는 상승 구간이나 하강 구간에만 데이터 출력을 변경하기 위한 구조인데요. 상승 구간이나 하강 구간, 즉 에지Edge를 이용한 구성을 가지는 이유는 동기화와 관련이 있습니다.

다음 그림은 플립플롭 중에서 가장 기본적인 형태의 D 플립플롭입니다.

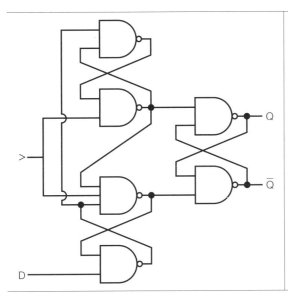

Positive-Edge D 플립플롭 (클럭이 상승 구간일 때만 적용됨)		
D	Q	결과
1	0	리셋
1	1	셋

그림 4-25 D 플립플롭의 구조와 논리표

디지털 회로가 커지면 그만큼의 데이터를 처리할 일도 많아지는데요. 이 데이터들이 저장되고 읽힐 때 동시에 읽히지 않으면 잘못된 데이터가 사용될 것입니다. 그렇기 때문에 디지털 시스템에서는 동기화가 필수인 것이죠.

계산기 사양서

이제 본격적으로 계산기를 설계하는 예제와 함께 설계 과정을 진행할텐데요. 예제로 진행할 계산기는 최대한 간단한 구조와 문법을 사용하여 설계 과정을 이해하기 쉽도록 만들었습니다. 그래서 현재는 일반 계산기만큼 많은 기능을 가지고 있지는 않으나, 차후 학습을 거듭하며 더 좋은 계산기를 만들 수 있을 것입니다.

회로를 설계할 때는 일반 MCU용 프로그램을 설계하는 것과 비슷하게 HDL 코드를 작성하는 것보다 사양서를 잘 만들어 전체 프로젝트에 필요한 시간을 줄이는 것이 중요합니다. 그래서 설계에 필요한 사양서 작성을 먼저 시작하는데요. 사양서를 만들기 위해 일단 계산기의 구성을 살펴보겠습니다.

먼저 겉모습은 버튼 같은 외부 입력기를 가지고 있어 숫자를 입력하거나 연산 버튼을 이용할 수 있어야 합니다. 그리고 내부적으로는 특정 입력이 들어오면 계산에 사용할 값과 연산 명령을 구분하여 실행해야 합니다. 마지막으로 그 결과를 화면에 표시해야 합니다.

그림 4-26 계산기의 구조

대략적으로 계산기의 구조를 나타내 보면 위 그림과 같은 모습인데요. 일반 계산기와는 다르게 학습 목적으로 하는 설계이므로 몇 가지 제약 사항을 두겠습니다.

   a. 숫자의 입력은 한 자리만 허용합니다. 입력으로 받아 들일 수 있는 자리 수는 메모리와
      또 다른 알고리즘이 필요하지만 조금 더 복잡해질 뿐 기본 기능은 똑같습니다.

   b. 계산을 위한 입력은 순서대로 진행되어야만 하며, 그 순서는 첫 번째 숫자 입력 → 연
      산 버튼 입력 → 두 번째 숫자 입력 → 연산 실행 버튼입니다.

   c. 연산 버튼의 경우 나눗셈(/)은 일반 연산보다 복잡한 알고리즘을 사용하고 메모리가
      필요한 관계로 덧셈, 뺄셈, 곱셈만 하도록 하겠습니다.

이와 같은 제약 사항들을 고려하여 계산기의 내부 구조를 설계할 수 있는데요. 내부 구조를 위한 블록도에는 크게 6개의 블록이 포함되어 있습니다. 입력을 처리하는 블록, 상태를 제어하는 블록, 메모리 처리를 담당하는 블록, 디코더 블록, 연산 처리를 담당하는 블록 그리고 출력을 처리하는 블록입니다.

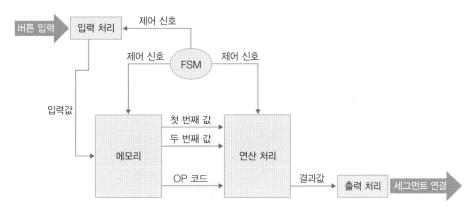

그림 4-27 계산기의 블록도

입력처리 블록

입력처리 블록은 외부 버튼들(0~9, +, −, x, =)의 입력값을 계산기 내부에서 처리할 수 있게 변환하는 역할을 합니다. 변환된 데이터는 메모리에 저장될 수 있도록 10비트의 코드로 만들어지며 버튼의 입력이 완료되어 10비트의 코드가 완성되면 data_ready 신호를 1로 만듭니다.

쉽게 말하자면 버튼의 상태를 감시하다가 버튼이 눌리면, 해당 버튼의 값을 다른 블록에 알려주는 역할입니다. 입력 처리 블록은 특정 버튼이 눌린 경우를 구별하기 위해서 어떤 버튼도 눌리지 않은 상태의 버튼 값과 현재의 버튼 값을 비교합니다.

버튼들은 숫자 입력을 위한 버튼들(0~9)과 연산 기호 버튼들(+, −, x) 그리고 연산을 실행하는 버튼(=)으로 구성되어 있습니다. 총 14개의 버튼이 있고 버튼이 눌리면 1, 눌리지 않으면 0이라고 할 때 14개의 비트가 모두 0인 값이 현재의 버튼과 비교할 값인 것입니다.

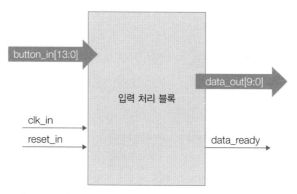

그림 4-28 입력 처리 블록

버튼이 눌리면 14'b00000000000000과는 다른 값을 가질 것이므로 입력 처리 블록
은 다음과 같은 순서로 동작을 할 것입니다.

1. 14'b00000000000000 값과 입력 버튼의 값을 비교

2. 입력된 값 중에서 숫자 버튼 0~9가 눌렸는지 검사

3. 숫자 버튼이라면 룩업 테이블(LUT)을 사용하여 해당 값을 첫 번째 값을 위한 레지스
   터 data_a_reg에 저장

4. 다시 14'b00000000000000 값과 비교 시작

5. 새로운 버튼이 눌리면 연산 버튼(+, -, x)인지 검사

6. 연산 버튼이라면 연사자를 위한 레지스터 op_reg에 저장

7. 다시 14'b00000000000000 값과 비교를 시작

8. 숫자 버튼이 눌렸는지 검사

9. 숫자 버튼이라면 두 번째 값을 위한 레지스터 data_b_reg에 저장

10. 다시 14'b00000000000000 값과 비교를 시작

11. 실행 버튼(=)이 눌렸는지 검사

12. 실행 버튼이었다면 op_reg, data_a_reg, data_b_reg의 순으로 10비트 레지스터에 저장

이와 같은 단계를 풀어서 이야기하면, 초기값과 현재의 버튼 값을 계속 비교하다가 초기값과 다르다면 숫자 버튼인지, 연산 버튼인지, 실행 버튼인지를 검사하고 순서대로 눌러지도록 기다립니다. 이때 버튼의 값들을 임시로 저장하는데, 숫자 버튼은 10개의 버튼 값을 4비트의 값으로 변환하여 레지스터에 저장하고, 연산 버튼은 3개의 버튼 값이므로 2비트의 값으로 변환하여 레지스터에 저장합니다.

실행 버튼이 눌리면 임시로 저장한 값들을 10비트로 변환하여 입력 처리 블록의 출력값에 연결하여 값이 출력될 수 있도록 합니다. 이때 다른 블록에 현재 출력되는 값이 새로운 값임을 알리기 위하여 신호선을 하나 사용하는데, 이 신호선의 이름이 data_ready입니다.

FSM 블록

디지털 회로 설계에서 상태 변화에 따르는 설계를 할 때 FSM이라고 하는 알고리즘을 이용합니다. FSM^Finite State Machine^은 상태의 변화만을 위해 구성된 회로이며 시스템 전체의 순서를 정하거나 상태를 변경할 때 사용합니다.

계산기에서의 FSM도 같은 목적으로 사용되는데요. 시스템에서 데이터의 흐름과 제어의 흐름을 관리하기 위해 사용되며 FSM이 제어하는 블록에는 ALU, 메모리, 디코더, 출력 처리 등이 있습니다.

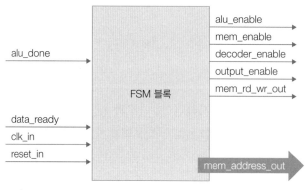

그림 4-29 FSM 블록

FSM에서 데이터의 흐름과 블록들을 제어하기 위하여 다음과 같은 동작을 합니다.

1. data_ready_in 의 상승 구간이 발생할 때까지 기다림

2. 입력 처리 블록의 값을 메모리에 저장하기 위하여 메모리 주소를 생성하고 mem_rd_wr_out의 값을 1로 하여 메모리 블록이 쓰기(Write) 동작을 할 수 있게 함

3. mem_enable의 값을 1로 세팅하여 입력 처리 블록에서 생성한 10비트의 값을 FSM이 정하는 mem_address_out 위치에 쓰기 동작을 함

4. FSM의 내부 카운터를 이용하여 메모리에 쓰기 동작이 끝날 때쯤 메모리의 값을 디코더로 보내기 위한 동작을 시작함

5. 메모리에서 디코더로 보내기 위해 mem_rd_wr_out의 값을 0으로 세팅하여 읽기(Read) 동작을 할 수 있게 함

6. mem_enable의 값을 0으로 세팅하여 메모리의 데이터 출력 네트로 데이터가 나오게 만든 후에 decoder_enable의 값을 1로 세팅함

7. FSM의 내부 카운터를 이용하여 디코더가 출력값을 만들어 낼 때쯤 ALU를 동작할 수 있게 함

8. alu_enable 값을 1로 세팅하여 연산을 수행하도록 하고 연산이 완료되었다는 신호로 사용되는 alu_done 네트가 1이 될 때까지 기다림

9. alu_done 네트가 1이 되면 ALU의 연산 결과값이 출력되는 상태이므로 output_enable 네트를 1로 만들어 결과값이 출력될 수 있도록 함

다시 설명하자면, FSM은 입력 처리 블록이 입력 버튼들의 값을 모두 받아 메모리에 저장할 준비가 되기를 기다립니다. 그러다 data_read_in이 1이 되는 순간, FSM은 메모리에 쓰기를 위한 동작을 시작하는데요. FSM이 메모리를 제어하여 입력 처리 블록의 값을 저장하고, 이후 ALU에 필요한 값으로 변경하기 위하여 디코더를 다시 제어합니다. 디코더는 ALU를 위해 데이터와 연산 코드를 분리하며 FSM의 제어로 ALU로 보내진 후 ALU의 연산 결과를 기다립니다. 그리고 alu_done 네트의 값이 1이 되면(ALU가 연산이 끝난 것으로 판단), 출력 처리 블록으로 데이터를 보냅니다.

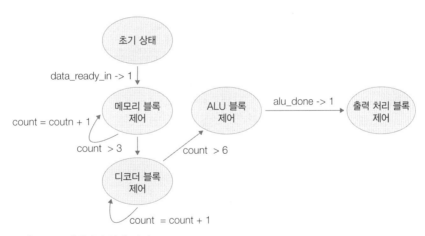

그림 4-30 계산기의 상태 변이도

FSM은 데이터를 이동시키고 여러 로직을 순서대로 동작시키므로 복잡해보일 수 있습니다. 그래서 FSM의 상태 변화를 파악할 수 있는 그래프를 만드는데, 그 그래프는 그림 4-30과 같은 상태 변이도입니다.

메모리 블록

메모리 블록은 데이터의 입력이나 연산 정보 등을 저장하고 불러오기 위하여 사용하는데요. 사실은 일반 계산기와 같은 형태에서는 메모리 블록은 필요가 없습니다. 임시로 저장할 수 있는 레지스터 정도가 있으면 충분하기 때문입니다. 그러나 실습을 하는 이유가 자세한 학습을 위한 것이고, 현재 임베디드 시스템을 다루고 있으므로 실제 MCU의 구조와 비슷하게 맞추기 위해 메모리 블록을 사용하겠습니다.

메모리 블록에 저장되는 정보는 OP Code + 첫 번째 값 + 두 번째 값입니다. 이 포맷은 앞서 살펴봤던 기계어 코드와 비슷한 형태입니다. OP Code는 연산 버튼 (+, −, x)의 정보를 저장하기 위하여 2비트가 사용되며, 첫 번째 값(0~9)과 두 번째 값(0~9)를 각각 저장하기 위하여 4비트씩 사용합니다. 그래서 연산 정보를 포함한 값을 저장하기 위해서는 총 10비트가 필요합니다.

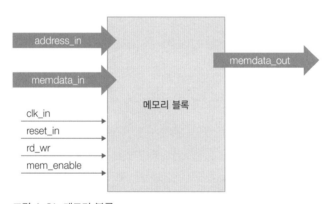

그림 4-31 메모리 블록

메모리 블록을 동작하는 과정을 단계별로 정리하면 다음과 같습니다.

1. mem_enable이 1이면 rd_wr의 값을 확인

2. rd_wr의 값이 1(읽기)일 때 address_in의 값으로 메모리 위치를 정함

3. 정해진 위치의 데이터를 읽어 들여 memdata_out 네트에 연결하여 출력함

4. rd_wr의 값이 0(쓰기)일 때 address_in의 값으로 메모리 위치를 정함

5. memdata_in의 값을 정해진 메모리 위치에 저장함

위 내용을 정리하면, 메모리 블록은 일반 메모리의 형태를 따릅니다. 그래서 데이터의 저장 위치를 정하기 위한 Address line과 10비트의 데이터를 받기 위한 Data line이 필요합니다. 그리고 메모리를 제어하기 위해 데이터를 쓰는 것(Write), 읽는 것(Read) 그리고 Memory Enable(mem_enable) 등을 구분하는 제어 신호가 사용됩니다.

디코더 블록

ALU는 연산을 수행하기 위해서 두 개의 입력값과 OP Code가 필요합니다. 그러나 메모리 블록에 저장된 값은 10비트의 연속된 값이므로 이를 분리해야 할 필요성이 있는데, 이 기능을 하는 것이 디코더 블록입니다.

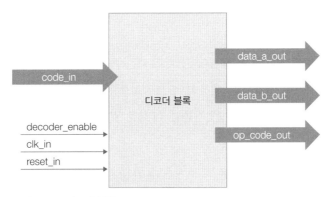

그림 4-32 디코더 블록

그럼 디코더 블록이 동작하는 과정을 순서대로 설명하겠습니다.

1. decoder_enable이 1이 되면 10비트 데이터인 code_in을 읽어 들임

2. code_in의 데이터 중 10번째 비트와 9번째 비트를 op_code에 임시로 저장(op_code <= code_in[9:8])

3. code_in의 데이터 중 8번째 비트에서 5번째 비트까지 data_a에 임시로 저장(data_a <= code_in[7:4])

4. code_in의 데이터 중 4번째 비트에서 1번째 비트까지 data_b에 임시로 저장(data_b <= code_in[3:0])

5. 디코딩이 완료된 데이터들을 각각의 출력용 네트에 연결(data_a_out, data_b_out, op_code_out)하여 결과를 출력함

디코더가 동작하는 과정을 정리하면, 우선 메모리 블록에서 10비트의 데이터를 읽어 들여 OP Code, 첫 번째 데이터 그리고 두 번째 데이터로 분리하는 작업을 합니다. 이렇게 분리하는 작업을 하려면, 각 비트의 의미가 미리 정의되어 있어야 합니다. 디코더는 그 형식을 참조로 각각의 데이터를 분리하며, ALU에서 사용할 수 있도록 data_a, data_b, op_code 등으로 구분하는 것입니다.

연산 처리 블록

연산 처리ALU는 입력된 값들을 이용하여 실질적으로 연산을 수행하는 블록입니다. MCU에서 사용하는 ALU와 같은 기능을 하지만 명령어인 **OP Code**가 (+ , −, x)라는 점만 다른 것입니다.

우리가 만든 계산기에서 ALU는 계산에 사용될 값들을 받아 들일 수 있는 data_a_in과 data_b_in이 있으며 이들은 디코더의 출력값과 연결되어 사용됩니다. 그리고 연산 명령어에 해당하는 op_code를 입력으로 받는데, 이 역시도 디코더가 보내줍니다.

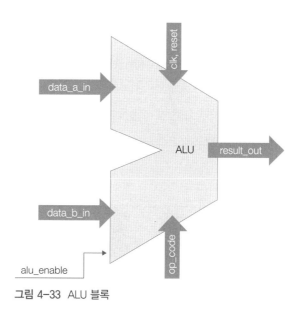

그림 4-33 ALU 블록

이러한 구조의 ALU가 동작하기 위한 단계를 정리하면 다음과 같습니다.

1. alu_enable이 1이 되면, op_code 값을 확인함

2. op_code 값에 따라서 수행해야 할 연산(+, -, x)을 정함

3. 정해진 연산을 수행하기 위한 데이터 값으로 data_a_in과 data_b_in 값을 사용

4. 연산 수행 후 생성된 결과를 result_out 네트에 연결하여 출력함

ALU는 단순히 입력된 값들(data_a_in, data_b_in)을 연산하여 출력하는 기능만 합니다. 그 연산은 op_code의 값에 따라서 달라지며, ALU는 alu_enable이 1일 때만 동작을 합니다.

출력 처리 블록

계산기는 계산의 결과를 보여주기 위해 FND를 사용하도록 하고 있습니다. FND는 총 7개의 LED를 이용하여 숫자를 표시하고 있으며 7개의 LED 중에서 어떤 LED를 켜서 숫자 모양을 보여줄지 정해야 합니다. 게다가 숫자 표시를 위한 값과 ALU에 의해 보여지는 연산 결과값은 다른 형태의 데이터이므로 이들 사이의 변환도 이루어져야 합니다.

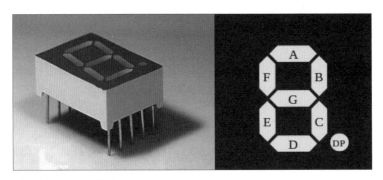

그림 4-34 FND의 형태

출력 처리 블록은 ALU의 연산 결과를 FND에 2자리의 숫자 형태로 나타낼 수 있게 변환하며, 다음과 같은 과정을 거칩니다.

1. output_enable이 상승하는 구간(Rising edge)에서 result_in의 값을 레지스터에 임시로 저장

2. 임시로 저장된 데이터를 10진수로 변환

3. 변환된 10진수 상위 한 자리를 룩업 테이블(LUT)을 이용하여 FND에 출력할 수 있는 값으로 변환

4. 변환된 10진수 하위 한 자리를 룩업 테이블(LUT)을 이용하여 FND에 출력할 수 있는 값으로 변환

5. 변환된 값들을 각각 fnd_msb_out과 fnd_lsb_out에 연결하여 FND를 구동

이와 같은 과정을 통해 ALU로부터 생성된 연산 결과를 받아 FND에 출력할 수 있는 블록이 되는 것입니다.

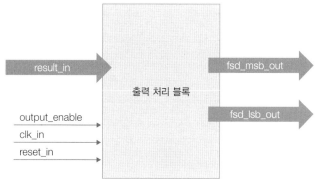

그림 4-35 출력 블록

계산기 모듈의 구조

앞서 계산기의 구조와 블록도 그리고 FSM에 관한 사양서를 만들었습니다. 이 사양서를 통하여 HDL 코딩을 시작할 수가 있는데요. 작성할 프로그램 코드는 각 블록별로 생성하고 Top-Level을 시작으로 나열하면 다음 그림과 같은 구조입니다.

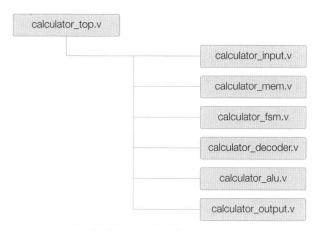

그림 4-36 계산기를 위한 소스의 계층 구조

프로그램 파일명의 경우 블록의 이름을 쉽게 알 수 있게 작성하였고, 각 파일은 하나의 모듈만을 가지도록 할 것입니다. 그 이유는 HDL 코드의 경우 많은 모듈을 사용하고, 서로 연결되는 구조를 가지고 있기 때문입니다. 그래서 모듈을 찾아 내용을 파악해야 하는 경우가 많이 생기는데, 이때 모듈을 쉽게 찾을 수 있도록 하려고 파일명을 모듈 이름과 같도록 만드는 것입니다.

표 4-16 각 소스 파일에 대한 설명

소스 이름	설명
calculator_top.v	계산기의 Top-Level
calculator_input.v	입력 버튼들의 처리
calculator_mem.v	입력값과 연산 코드를 저장하기 위한 메모리
calculator_decoder.v	입력 처리 블록에서 만드는 값을 해석하여 ALU에 보냄
calculator_fsm.v	시스템의 상태 변이를 위한 FSM
calculator_alu.v	입력값과 OP 코드를 바탕으로 연산처리
calculator_output.v	연산 결과를 7세그먼트에 표시

계산기 예제 작성

예제로 사용할 계산기의 코드는 http://www.roadbook.co.kr/에서 다운받을 수 있으므로 직접 컴파일하여 시뮬레이션까지 진행하면 좋을것 같습니다. 이 책의 계산기는 이전까지 설명했던 계산기의 사양서를 따릅니다. 그래서 프로그램 코드를 설명하는 부분은 넣지 않았는데요. 프로그램 코드에서 주석을 사용하였으므로 이전의 사양서와 비교하며 읽어 보면 충분한 공부가 될 것으로 생각합니다.

예제 4-17 calculator_top.v

```
module calcultor_top
(
    input clk_in,
```

```verilog
    input [13:0] button_in,
    input reset_in,
    output [6:0] fnd_out
);
    wire [9:0] memory_data;    // 메모리와 연결할 데이터용 네트들
    wire data_ready;    // 버튼 입력이 완료되어 데이터가 준비되었음을 알림

    wire [1:0] mem_address;    // 메모리를 제어할 때 사용되는 주소용 네트들
    wire mem_rd_wr;    // 메모리를 읽기 모드나 쓰기 모드로 세팅할 때 사용
    wire alu_done;    // ALU이 완료되었을 때 '1'이 됨
    wire alu_enable;    // ALU를 제어하여 연산을 수행할 때 사용
    wire mem_enable;    // 메모리를 제어하여 데이터를 쓰거나 읽을 때 사용
    wire decoder_enable;    // 디코더를 제어하여 데이터를 디코딩할 때 사용
    wire output_enable;    // 출력 포트를 제어하여 FND에 데이터를 표시할 때 사용

    wire [9:0] machine_code;    // 메모리에서 출력되어 디코더에 입력될 데이터

    wire [3:0] data_a;    // ALU의 입력 A의 데이터
    wire [3:0] data_b;    // ALU의 입력 B의 데이터
    wire [1:0] op_code;    // ALU의 입력 OP Code
    wire [3:0] result;    // ALU의 연산 결과

    calculator_input button_input
    (
        .clk_in          (clk_in),
        .reset_in        (reset_in),
        .button_in    (button_in),
        .data_out        (memory_data),
        .data_ready_out    (data_ready)
    );

    calculator_fsm fsm
    (
        .clk_in          (clk_in),
        .reset_in        (reset_in),
        .alu_done_in     (alu_done),
        .data_ready_in     (data_ready),
        .mem_address_out    (mem_address),
        .mem_rd_wr_out       (mem_rd_wr),
```

```verilog
        .alu_enable_out      (alu_enable),
        .mem_enable_out      (mem_enable),
        .decoder_enable_out (decoder_enable),
        .output_enable_out    (output_enable)
    );

    calculator_mem mem
    (
        .clk_in          (clk_in),
        .memdata_in      (memory_data),
        .addr_in         (mem_address),
        .rd_wr_in        (mem_rd_wr),
        .mem_enable_in     (mem_enable),
        .data_out        (machine_code)
    );

    calculator_decoder decoder
    (
        .clk_in          (clk_in),
        .reset_in        (reset_in),
        .code_in         (machine_code),
        .decoder_enable    (decoder_enable),
        .data_a_out      (data_a),
        .data_b_out      (data_b),
        .op_code_out     (op_code)
    );

    calculator_alu alu
    (
        .clk_in          (clk_in),
        .reset_in        (reset_in),
        .alu_enable_in     (alu_enable),
        .data_a_in             (data_a),
        .data_b_in             (data_b),
        .op_code_in      (op_code),
        .alu_done_out    (alu_done),
        .result_out      (result)
    );
```

```
    calculator_output segment_output
    (
        .clk_in          (clk_in),
        .reset_in        (reset_in),
        .result_in       (result),
        .output_enable_in     (output_enable),
        .fnd_out         (fnd_out)
    );
endmodule
```

예제 4-18 calculator_input.v

```
module calculator_input
(
    input clk_in,
    input reset_in,
    input [13:0] button_in,
    output reg [9:0] data_out,
    output reg data_ready_out
);

    reg [9:0] data_a;      // 첫 번째 입력값을 위한 레지스터
    reg [9:0] data_b;      // 두 번째 입력값을 위한 레지스터
    reg [2:0] op_code;     // 세 번째 입력값을 위한 레지스터

    reg [3:0] LUT_data_a;     // 룩업 테이블에 의해 헥사 코드로 변경된 첫 번째 값
    reg [3:0] LUT_data_b;     // 룩업 테이블에 의해 헥사 코드로 변경된 두 번째 값
    reg [1:0] LUT_op_code;    // 룩업 테이블에 의해 헥사 코드로 변경된 연산자

    reg a_b_selection;     // 첫 번째 입력값으로 사용할지 두 번째 입력값으로 사용할지를 결정

// 입력 버튼들의 배열: value button[13:4] + op button[3:1] + run button[0]
    always @ (posedge clk_in)
    begin
        if(reset_in)
        begin
            a_b_selection <= 0;
            LUT_data_a <= 0;
            LUT_data_b <= 0;
```

```verilog
        data_ready_out <= 0;
        data_out <= 0;
    end
end
else if(10'b0000000000 != button_in[13:4])
// 숫자 버튼이 눌렸는지 체크
begin
    if(a_b_selection == 0)
    // 첫 번째 값이 입력되지 않았다면 실행
    begin
        data_a <= button_in[13:4];
        // 입력 버튼들 중 숫자 버튼에 해당하는 값만 첫 번째 레지스터에 저장
        a_b_selection <= 1;
        // 첫 번째 값이 입력완료 되었음을 나타내는 플레그
    end
    else    // 두 번째 값에 저장하기위한 처리
    begin
        data_b <= button_in[13:4];
        // 입력 버튼들 중 숫자 버튼에 해당하는 값만 두 번째 레지스터에 저장
    end

    case(data_a)    // 첫 번째 입력값을 위한 룩업 테이블
        10'b0000000001: LUT_data_a <= 4'h0;
        10'b0000000010: LUT_data_a <= 4'h1;
        10'b0000000100: LUT_data_a <= 4'h2;
        10'b0000001000: LUT_data_a <= 4'h3;
        10'b0000010000: LUT_data_a <= 4'h4;
        10'b0000100000: LUT_data_a <= 4'h5;
        10'b0001000000: LUT_data_a <= 4'h6;
        10'b0010000000: LUT_data_a <= 4'h7;
        10'b0100000000: LUT_data_a <= 4'h8;
        10'b1000000000: LUT_data_a <= 4'h9;
        default: LUT_data_a <= 4'h0;
    endcase

    case(data_b)    // 두 번째 입력값을 위한 룩업 테이블
        10'b0000000001: LUT_data_b <= 4'h0;
        10'b0000000010: LUT_data_b <= 4'h1;
        10'b0000000100: LUT_data_b <= 4'h2;
        10'b0000001000: LUT_data_b <= 4'h3;
```

```verilog
                    10'b0000010000: LUT_data_b <= 4'h4;
                    10'b0000100000: LUT_data_b <= 4'h5;
                    10'b0001000000: LUT_data_b <= 4'h6;
                    10'b0010000000: LUT_data_b <= 4'h7;
                    10'b0100000000: LUT_data_b <= 4'h8;
                    10'b1000000000: LUT_data_b <= 4'h9;
                    default: LUT_data_b <= 4'h0;
                endcase
            end
            else if(4'b0000 != button_in[3:1])    // 연산 버튼 체크
            begin
                op_code <= button_in[3:1];
                // 입력 버튼들 중 연산 버튼에 해당하는 값만 저장

                case(op_code)    // 연산 버튼 값에 대한 룩업 테이블
                    3'b001: LUT_op_code <= 2'h0;
                    3'b010: LUT_op_code <= 2'h1;
                    3'b100: LUT_op_code <= 2'h2;
                    default: LUT_op_code <= 2'h0;
                endcase
            end
            else if(1'b0 != button_in[0])    // 실행 버튼 체크
            begin
                a_b_selection <= 0;    // a_b_selection의 초기화
                data_out <= {LUT_op_code,LUT_data_a,LUT_data_b};
                // 변환된 OP Code, 첫 번째 값, 두 번째 값 등을 10비트로 합쳐서 저장
                data_ready_out <= 1;    // 데이터가 준비되었음을 알리는 플래그
            end
        end
    end
endmodule
```

예제 4-19 calculator_mem.v

```verilog
module calculator_mem
(
    input clk_in,
    input [9:0] memdata_in,
    input [1:0] addr_in,
```

```verilog
    input rd_wr_in,
    input mem_enable_in,
    output reg [9:0] data_out
);

    reg [9:0] mem_reg[1:0];

    always @(posedge clk_in && mem_enable_in)
    begin
        if(rd_wr_in)      // 읽기 동작
        begin
            data_out <= mem_reg[addr_in];
                        // addr_in의 위치에 해당하는 데이터를 출력 포트에 연결
        end
        else              // 쓰기 동작
        begin
            mem_reg[addr_in] <= memdata_in;
                        // 입력된 데이터를 addr_in의 위치에 저장
        end
    end

endmodule
```

예제 4-20 calculator_decoder.v

```verilog
module calculator_decoder
(
    input clk_in,
    input reset_in,
    input [9:0] code_in,
    input decoder_enable,
    output reg [3:0] data_a_out,
    output reg [3:0] data_b_out,
    output reg [1:0] op_code_out
);

    always @(posedge clk_in)
    begin
```

```
        if(reset_in)
        begin
            data_a_out <= 0;
            data_b_out <= 0;
            op_code_out <= 0;
        end
        else if(decoder_enable)
        begin
            op_code_out <= code_in[9:8];
            data_a_out <= code_in[7:4];
            data_b_out <= code_in[3:0];
        end
    end

endmodule
```

예제 4-21 calculator_fsm.v

```
module calculator_fsm
(
    input clk_in,
    input reset_in,
    input alu_done_in,
    input data_ready_in,
    output reg [1:0] mem_address_out,
    output reg mem_rd_wr_out,
    output reg alu_enable_out,
    output reg mem_enable_out,
    output reg decoder_enable_out,
    output reg output_enable_out
);

    always @(posedge clk_in)
    begin
        if(reset_in)
        begin
            mem_address_out <= 0;
            mem_rd_wr_out <= 0;
            alu_enable_out <= 0;
```

```verilog
            mem_enable_out <= 0;
            decoder_enable_out <= 0;
            output_enable_out <= 0;
        end
        else if(data_ready_in)     // 입력 처리 블록에서 데이터가 준비된 경우 처리
        begin
            mem_rd_wr_out <= 0;     // 쓰기 동작
            mem_enable_out <= 1;     // 쓰기
            #5 mem_rd_wr_out <= 1;     // 5ns 후에 읽기 동작
            decoder_enable_out <= 1;     // 디코더 활성화
            #10 alu_enable_out <= 1;     // 10ns 후에 ALU 활성화
            decoder_enable_out <= 0;     // 디코더 완료
            mem_enable_out <= 0;     // 읽기 완료
            #5 alu_enable_out <= 0;     // 5ns 후에 ALU  블록 동작 완료
            output_enable_out <= 1;     // 출력 처리 블록 활성화
        end
    end

endmodule
```

예제 4-22 calculator_alu.v

```verilog
module calculator_alu
(
    input clk_in,
    input reset_in,
    input alu_enable_in,
    input [3:0] data_a_in,
    input [3:0] data_b_in,
    input [1:0] op_code_in,
    output reg alu_done_out,
    output reg [3:0] result_out
);

    reg [4:0] carry_result;

    always @(posedge clk_in)
    begin
        if(reset_in)
```

```
        begin
            result_out <= 0;
        end
        else if(alu_enable_in)
        begin
            case(op_code_in)
                2'b00: result_out <= (data_a_in + data_b_in);
                // data_a 와 data_b의 덧셈 결과를 출력
                2'b01: result_out <= (data_a_in - data_b_in);
                // data_a 와 data_b의 뺄셈 결과를 출력
                2'b10: result_out <= (data_a_in * data_b_in);
                // data_a 와 data_b의 곱셈 결과를 출력
                default: result_out <= 0;
            endcase

            alu_done_out <= 1;    // 연산 처리가 끝났음을 알림
        end
    end
endmodule
```

예제 4-23 calculator_output.v

```
module calculator_output
(
    input clk_in,
    input reset_in,
    input [3:0] result_in,
    input output_enable_in,
    output reg [6:0] fnd_out
);

    always @(posedge clk_in)
    begin
        if(reset_in)
        begin
            fnd_out <= 0;
        end
        else if(output_enable_in)
        begin
```

```
        case(result_in)    // FND 출력을 위한 룩업 테이블
            4'h0: fnd_out <= 7'b0111111;    // 숫자 0
            4'h1: fnd_out <= 7'b0000110;    // 숫자 1
            4'h2: fnd_out <= 7'b1011011;    // 숫자 2
            4'h3: fnd_out <= 7'b1001111;    // 숫자 3
            4'h4: fnd_out <= 7'b1100110;    // 숫자 4
            4'h5: fnd_out <= 7'b1101101;    // 숫자 5
            4'h6: fnd_out <= 7'b1111101;    // 숫자 6
            4'h7: fnd_out <= 7'b0000111;    // 숫자 7
            4'h8: fnd_out <= 7'b1111111;    // 숫자 8
            4'h9: fnd_out <= 7'b1101111;    // 숫자 9
            default: fnd_out <= 7'b0111111;    // 숫자 0
        endcase
    end
  end
endmodule
```

시뮬레이션하기

이제 완성된 HDL 코드를 검증하는 단계인데요. 앞서 RTL 단계에서 시뮬레이션 하는 것과 합성 후 시뮬레이션 그리고 직접 보드에 다운로드하여 검증하는 방법이 있다고 하였습니다. 이 책에서는 시뮬레이션 단계 중 가장 많이 사용하는 RTL 단계의 시뮬레이션을 하겠습니다.

RTL 단계에서 검증을 하려면, 앞서 학습한 대로 테스트벤치Testbench가 필요합니다. 기억을 상기시킬 겸 테스트벤치를 짧게 설명하면, 테스트만을 위해 작성하는 초기화나 임의적인 값을 대입할 수 있는 코드입니다.

계산기를 시뮬레이션하기 위해 작성한 테스트벤치는 다음과 같은 진행 과정을 거칠 것입니다.

1. 버튼은 눌리지 않은 상태로 정의하기 위해 초기값을 0으로 한다.

2. 클럭의 값은 2ns마다 역전된다.

3. 최초에 리셋을 동작시켜 각 블록들을 초기화한다.

4. 첫 번째 값 6을 입력한다.

5. 뺄셈을 연산하기 위하여 연산자 버튼 중 -를 입력한다.

6. 두 번째 값 3을 입력한다.

7. 실행 버튼을 누른다.

8. 연산 결과를 표시한다.

이상과 같은 단계는 다음 예제와 비교하여 학습하면 이해가 쉬울 것입니다.

예제 4-24 calculator_tb.v

```verilog
module calculator_tb;

    // 입력
    reg clk_in;
    reg [13:0] button_in;
    reg reset_in;

    // 출력
    wire [6:0] fnd_out;

    // Unit Under Test(UUT) 예제
    calcultor_top uut (
        .clk_in(clk_in),
        .button_in(button_in),
        .reset_in(reset_in),
        .fnd_out(fnd_out)
    );

    initial begin
        // 초기값들
```

```
    clk_in = 0;     // 계산기에서 사용될 클럭
    button_in = 0;     // 어떠한 버튼도 눌리지 않은 상태
    reset_in = 1;     // 최초 계산기는 리셋 상태

    //  Wait 100 ns for global reset to finish
    #5 reset_in = 0;                    // 5ns 후 리셋이 비활성화됨
    #10 button_in = 14'b00010000000000;
    // 10ns 후 숫자 버튼 '6'이 눌림
    #50 button_in = 14'b00000000000100;
    // 50ns 후 연산 버튼 '-'가 눌림
    #100 button_in = 14'b00000010000000;
    // 100ns 후 숫자 버튼 '3'이 눌림
    #150 button_in = 14'b00000000000001;
    // 150ns 후 실행 버튼 '='이 눌림


    // 필요한 조건 추가

  end

  always     // 클럭을 위해 항상 실행되는 구간
  begin
    #2 clk_in = ~clk_in;     // 2ns마다 클럭의 방향이 바뀜
  end

endmodule
```

이상의 테스트벤치를 Xilinx사에서 제공하는 툴로 시뮬레이션할 수 있습니다. 시뮬레이션을 하기 위해서는 먼저 시뮬레이션 모드로 변경해야 합니다. 이는 다음과 같이 상위의 View 모드를 Simulation으로 변경시키는 것으로 아주 간단합니다.

그림 4-37 시뮬레이션 모드 선택

시뮬레이션 모드로 변경하면, 실행 가능한 파일들의 목록이 나올 것입니다. 여기서 앞서 작성한 테스트벤치 코드(calculator_tb.v)를 실행할 수 있습니다. 시뮬레이션은 calculator_tb.v 위에서 마우스 오른쪽 버튼을 눌러 Run을 실행하여 ISim이라는 툴을 사용하여 진행합니다.

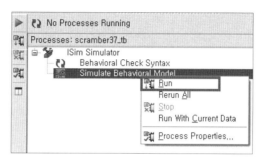

그림 4-38 ISim 실행하기

ISim 툴이 실행되면 원하는 만큼의 시간으로 시뮬레이션이 가능한데, ISim의 상단 툴바에서 시간을 선택할 수 있습니다.

그림 4-39 ISim에서 시뮬레이션 실행

설정한 대로 원하는 시간만큼 시뮬레이션하며, 다음 그림처럼 6-3=3의 연산 결과인 fnd_out(FND출력으로 7'b1001111 -> 3)의 값을 확인할 수 있습니다.

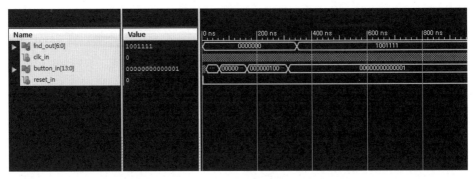

그림 4-40 계산기의 테스트벤치 결과

4.8 FPGA 학습을 마치며

아마 FPGA를 처음 접한 분이라면 어렵고 막막했을 수도 있습니다. 그러나 MCU 나 프로그램 언어도 시작은 마찬가지일거라 생각하는데요. 이번 장에서 설명한 내용만으로 FPGA를 완전히 이해할 수는 없지만, 개념적인 부분에서는 조금이나마 도움이 되었기를 바랍니다. 그리고 FPGA를 조금 더 학습하려는 분들에게 도움이 될 수 있게 IC를 개발하는 과정을 시간순으로 짧게 소개하며 이번 장을 마치겠습니다.

개발 계획

회사에서 차기 제품으로 8비트 MCU를 만들기로 결정하였습니다. 이번 프로젝트에 00명의 엔지니어를 투입하여 진행하기로 하였으며 엔지니어들은 멋진 프로젝트가 될 것 같아 부푼 가슴을 안고 "파이팅!"을 외치며 시작합니다.

사양서 작성

MCU를 설계하기 위하여 필요한 요소들을 담은 사양서를 만들기 시작합니다. 먼저, 필요한 리스트들을 작성하니 페리페럴, 프로세스 코어 그리고 메모리가 필요하였습니다. 그리고 MCU가 제품화되었을 때를 예상하여 리뷰 회의를 거치고 수정된 후에 최종적인 MCU의 사양서를 만듭니다. 그런데 사양서를 작성하다 보니 회사 자체적으로 진행하기가 어려운 부분이 생길 수 있습니다. 이 부분은 다른 회사에서 구현한 모듈을 구매하기로 결정하고 사양서에 포함시킵니다.

블록도 작성

실제 코딩하기에 앞서 설계에 필요한 요소들의 관계를 파악하고 연결도를 파악할 수 있게 블록도를 작성합니다. 이번 블록도를 통해서 모듈 간의 연결도와 문제가 될만한 요소를 사전에 파악할 수가 있습니다. 블록도를 작성할 때 프로젝트 팀원 간에 의견 교환이 이루어지며, 이를 통해 사양서가 다시 수정됩니다.

RTL 작성

블록도를 통해서 내부적으로 구성될 내용들을 파악하였고 모듈 간에 필요한 연결과 FSM을 정의하였으므로 실제로 코딩을 시작합니다. VerilogHDL을 사용하기로 하고, 각 팀원이 맡은 파트를 코딩하기 시작합니다.

RTL 시뮬레이션

각 팀원이 맡은 부분들을 코딩하면서 프로젝트가 완성되어 가고 있습니다. 각자가 맡은 부분에 관하여 정상적인 동작이 이루어지는지 알아보기 위하여 각자 시뮬레이션을 진행하기로 합니다. 각 파트가 동작할 내용은 이미 블록도와 FSM을 통해서 정의되었으므로 그대로 실행되기만 하면 되는 상황입니다. 이를 검증하기 위해서 RTL 단계에서 먼저 시뮬레이션합니다.

합성

MCU를 구성하는 각 파트가 시뮬레이션에서 이상이 없음을 확인하였다면, 실제 칩과 비슷한 환경에서 테스트를 진행할 차례입니다. 이 테스트는 FPGA 보드를 사용하여 진행되는 것이 보통이며 FPGA 칩에 HDL 코드로 설계된 회로를 넣기 위해 합성 단계를 거쳐 넷리스트^{Netlist}를 생성합니다.

PAR

합성이 완료된 이미지를 실제의 FPGA 보드에 맞게 PAR을 진행해야 하는데요. 이때 내부의 네트 중에서 주파수에 민감하거나 특별히 타이밍에 민감한 요소들은 UCF를 통해서 정의하고 PAR을 진행합니다.

동작 테스트

PAR까지 완료된 이미지는 실제 FPGA에서 동작이 가능한 것입니다. 이 이미지를 통해서 MCU의 특성을 파악할 수 있는데요. 이 역시 FPGA사에서 제공하는 툴을 사용하여 FPGA에 다운로드하여 테스트를 진행합니다. 이때 동작에 이상이 발생할 경우 디버깅을 진행하는데, FPGA 보드를 위한 JTAG 등을 이용하여 진행 가능합니다.

블록도 → 코드 수정 → 시뮬레이션 → 합성 → PAR → 테스트

칩 설계가 한 번에 만족스러운 결과를 얻으면 좋겠지만, 테스트를 하다 보면 여러 가지 문제에 직면합니다. 설계를 다시 수정하고 시뮬레이션을 하며 문제를 찾아 해결합니다. 그래서 블록도를 수정하고 코드를 수정한 후 시뮬레이션을 거치는 등의 작업을 계속적으로 반복해야 합니다. 이렇게 FPGA 보드에서 검증이 완료되어야 본격적으로 칩을 만들기 위한 과정으로 넘어갈 수 있습니다.

파운드리 선정

칩을 생산하기 위해서는 생산을 할 수 있는 회사를 선정해야 하는데요. 칩 생산을 전문적으로 하는 회사는 파운드리입니다. 국내의 파운드리는 삼성, SK하이닉스, 동부, 매그나칩 등이 있고, 국외에는 TSMC가 가장 유명한 업체입니다. 파운드리 업체는 생산을 전문적으로 하기 때문에 그에 맞는 절차가 있습니다. 이 절차에 맞게 준비를 해서 넘겨야 하는데, 보통 이런 작업을 전문적으로 진행하는 디자인하우스라는 회사를 이용합니다. 디자인하우스에서는 합성부터 칩이 생산되는 전반적인 과정을 진행해주는 곳입니다.

공정 및 라이브러리 선택

각 파운드리는 능력이 다릅니다. 또한 사용 가능한 라이브러리와 공정 등이 다른데요. 65나노, 180나노 같은 수치를 많이 들어보았을 것입니다. 공정이란 얼마나 작게 만들 수 있는지와 파운드리의 기술력에 따라 잘 만들 수 있는지 못 만드는지도 관련이 있습니다. 그래서 같은 가격에 좋은 공정 및 수율이 좋은(생산 대비 정상 동작하는 칩의 비율) 파운드리와 공정을 선택하는 것이 좋습니다.

합성 및 PAR

공정과 파운드리가 정해지면 이 업체에서 사용 가능한 라이브러리를 써야 합니다. 그래서 파운드리 업체의 라이브러리를 사용할 수 있는 툴로 합성 및 PAR을 진행합니다. 이 라이브러리들은 파운드리 업체에서 만들어 놓은 게이트나 일부 소자들을 이용하는 것인데요. 이 라이브러리들을 사용해야 수율이 좋아지고, 동작의 특성 및 시뮬레이션 결과가 보장되기 때문입니다.

테입아웃

합성 및 PAR이 끝나면 GDSII와 같이 파운드리에서 사용 가능한 이미지가 만들어집니다. 파운드리는 이 이미지를 이용하여 칩을 만들기 위한 과정을 시작하는데요. 이렇게 칩을 디자인한 회사에서 파운드리에 보내는 단계를 테입아웃^{Tape-Out}이라고 합니다.

테입아웃의 어원은 칩을 생산하던 초창기에는 자기 테이프를 사용하여 데이터를 주고 받았습니다. 그때 디자인이 끝난 이미지를 테이프에 저장하여 파운드리에 넘긴다고 해서 이런 용어를 사용하였다고 합니다.

필름 작업

파운드리에서는 테입아웃된 데이터를 사용하여 생산 과정을 시작하는데요. 이를 위해서 여러 장의 필름을 만듭니다. 이 필름은 GDSII의 3차원 데이터를 여러 장의 2차원 데이터로 제작합니다. 이후 이 필름을 이용하여 웨이퍼를 가공합니다.

웨이퍼 가공

예전에는 칩을 실리콘 칩이라고도 많이 불렀습니다. 주로 실리콘을 이용하여 칩을 만들었기 때문인데, 현재는 갈륨과 비소를 섞은 소자도 있습니다. 대부분의 칩들은 반도체 성분을 가질 수 있게 실리콘과 불순물을 이용한 물질을 사용합니다. 이 물질은 가공이 가능한 형태로 만들면, 한 장의 웨이퍼가 생깁니다. 이 웨이퍼를 사전에 준비된 필름을 이용하여 3차원으로 가공하면 하나의 칩 묶음이 완성됩니다. 일반적으로 부르는 칩의 형태는 플라스틱 케이스에 둘러싸인 형태인데, 칩의 내부에는 다이칩Die Chip라고 부르는 웨이퍼의 한 조각이 들어 있습니다.

웨이퍼는 칩보다 큰 크기입니다. 그래서 한 웨이퍼에서 많은 수의 칩을 만들 수 있는데요. 이는 공정에 따라 수량이 결정되지만 무조건 많은 수의 칩을 만들기 위해서 작은 공정을 사용하면 웨이퍼의 특성에 따라 수율이 달라지는 문제가 발생합니다. 그래서 공정은 전력 소모 및 구동 가능한 전류 등의 특성을 고려하여 선정합니다.

패키지 작업

웨이퍼에서 다량의 다이칩이 생산되면 PCB와 같은 기판에서 사용할 수 있는 형태로 만들어야 합니다. 그 형태가 일반적으로 볼 수 있는 플라스틱에 핀들이 있는 패키지 형태인데요. 다이칩은 패드처럼 본딩(와이어를 연결하는 작업)작업이 가능한 형태를 가지고 있으므로 다이칩 사이즈에 맞는 플라스틱을 사용하여 패드들을 외부핀과 연결하는 작업을 합니다. 이러한 작업에서 선택하는 플라스틱의 형태가 패키지입니다. 데이터시트에서 볼 수 있는 패키지와 같은 것입니다.

칩 테스트

웨이퍼를 이용하여 생산할 때 수율에 관한 이야기를 잠시 하였습니다. 한 장의 웨이퍼에서 칩을 만들 때 100% 완벽하게 칩이 동작하지는 않습니다. 한 장의 웨이퍼가 모든 영역에서 같은 특성을 보이지 않기도 하고, 생산 과정에서의 문제가 생기기도 하기 때문입니다. 그래서 많게는 90% 적게는 50% 정도의 수율을 보이기도 합니다. 생산이 완료된 후 패키지 작업이 끝나면 전체 수율이 더 떨어질 수도 있는데요. 이에 각 칩은 정상 동작을 판별하는데, 동작 상태의 전류 상태를 체크하거나 칩을 설계할 때 테스트 내용을 삽입해서 그 결과를 살펴보는 방식을 이용합니다.

평가용 보드 제작

이제 테스트까지 완료된 칩들은 실제로 사용 가능한 칩이 되었습니다. 이제 남은 일은 실제 보드를 제작하여 칩을 장착하고 테스트를 하는 것인데, 여기서 새로운 문제점이 발견될 수도 있습니다. 이미 제작 완료된 칩은 디버깅이 힘들기 때문에 다시 FPGA 보드를 사용합니다. FPGA 보드를 사용하여 테스트를 진행하면 내부적으로 생기는 문제인지 또 다른 문제인지를 알 수 있습니다. 이를 통해 문제가 발견되거나 기능을 추가하려면, RTL 시뮬레이션부터 전체 과정을 다시 진행합니다.

그 외 이야기꺼리들

사실 실제로 칩을 생산할 때는 위에 열거한 내용보다 더 많은 작업이 필요합니다. 예를 들어 칩이 견딜 수 있는 온도나 정전기 방전(ESD) 등 물리적인 테스트를 하기도 합니다. 또한 칩은 디지털 회로뿐 아니라 아날로그 회로도 존재하는데, 이에 아날로그 소자들을 직접 그리는 작업(Layout이라고 부릅니다)도 있습니다. 이렇게 칩을 만드는 작업은 비용적인 문제와 시간적인 문제로 엔지니어들이 고생을 많이 하는데요. 일단 비용이 비싸서 신중하게 작업하고, 시뮬레이션을 많이 하는 것입니다. 비용적인 부분을 추가로 언급하자면, 칩을 만들 때 한 장의 웨이퍼 가격을 적용합니다. 만약 한 장의 웨이퍼에서 최대한 많은 수의 칩을 만들어낼 수 있다면 그만큼 저렴한 칩이 되는 것이죠. 여기에 시간적인 부분도 비용으로 고려되어야 합니다. 보통은 파운드리의 스케줄에 따라 프로젝트를 진행하고는 합니다. 예를 들어 우리의 필요에 의해 파운드리에 요청하면 제작 비용이 아주 비싸지는데요. 그런데 파운드리는 언제 어떤 공정으로 작업이 진행된다는 스케줄이 있어 그 스케줄에 맞출 수 있으면, 비용을 많이 줄일 수 있습니다. 그래서 프로젝트를 시작할 때 언제 어떤 공정이 있는지 확인하고, 그 스케줄에 맞춰 테입아웃하려고 하며, 그 시간까지 최대한 시뮬레이션과 디버깅을 많이 하고자 노력합니다.

04 연/습/문/제/ 생각해봅시다!

4.1 다음 VerilogHDL을 참조하여 FSM(Finite State Machine) 상태 변이도를 만들어 보세요.

```
module fsm
(
  input clk_in,
  input reset_in,
  input txrx_select_in,
  output reg txenable_out,
  output reg rxenable_out
);

  always @(posedge clk_in)
     begin
     if(reset_in)
     begin
     txenable_out <= 0;
     rxenable_out <= 0;
     end
     else if(txrx_select)
     begin
     txenable_out <= 1;
     rxenable_out <= 0;
  end
     else
     begin
     txenable_out <= 0;
     rxenable_out <= 1;
     end
  end

endmodule
```

4.2 FPGA용 최종 이미지를 만들기 위한 단계 중 합성 단계를 설명하고, 그 결과물도 설명하세요.

4.3 테스트벤치 시뮬레이션과 PAR 후 시뮬레이션의 차이점 중 결과물이 도출되는 데 필요한 상대적인 시간을 제시하고, 그 이유를 설명하세요.

APPENDIX A

엔지니어의 삶!

저는 엔지니어입니다. 이 책을 접하는 여러분도 대부분 엔지니어이거나 엔지니어가 되기 위해 준비하는 분들일 텐데요. 저는 엔지니어로 살아간다는 것에 때로는 행복을, 때로는 좌절을 맛보기도 하였습니다. 예를 들어 프로젝트를 진행하다 힘이 들면 '내가 왜 이렇게 고생을 해야 하나?'라고 생각을 하기도 합니다. 그리고 프로젝트가 마무리된 후 고객이 제품에 만족할 때는 엔지니어임에 자부심을 느끼기도 하였습니다.

이러한 엔지니어 삶에 대해 주변에 계시는 엔지니어들과 이야기를 나누어 보면 공통적으로 나오는 말들이 많이 있는데요. **영업부가 말도 안 되는 일정으로 프로젝트를 진행한다, 하드웨어 팀은 …, 소프트웨어 팀은 …, 사장님은….**

물론, 저도 이러한 말을 해오던 엔지니어였습니다. 그러나 작은 회사에 다니며 그리고 소프트웨어와 하드웨어의 경계를 넘나들며 일을 하다 보니 서로의 입장이 조금씩 이해되더군요. 그러다 보니 엔지니어 생활의 스트레스는 줄고, 즐거운 마음이 생기면서 조금씩 발전하는 모습을 얻을 수 있었습니다.

이번 장은 여러분들과 이러한 경험에 관하여 나누고 싶어서 이야기를 마련하게 되었습니다. 물론 이 책은 기본적으로 기술서적이지만 기술에 관한 이야기와 함께 엔지니어에 관한 자신의 생각을 정리해보는 것이 어떨까 생각합니다.

A. 엔지니어는 고집쟁이

엔지니어들 중에서도 이상하게 남의 충고를 싫어하시는 분들이 있습니다. 물론 그 충고를 들을 당시에만 싫어할 뿐, 시간이 지나면서 수긍을 하게 되는 경우도 많습니다.

엔지니어가 충고를 듣기 싫어하는 이유로 흔히 말하는 '똥고집'이 있지 않을까 생각합니다. 어떤 일을 진행하는 데 있어서 그 '똥고집' 때문에 일이 안됐다거나, 리더의 '똥고집' 때문에 프로젝트가 산으로 간다고 생각하는 것이죠. 사실, 틀린 말은 아닙니다. 자기 고집만을 앞세우는 팀원이 있거나 팀장이 있다면 일을 하기가 힘들죠. 그러나 이 고집은 그 팀원, 또는 그 팀장만 있는 것이 아니라 여러분도 일을 하면서 자기도 모르게 나올 것입니다.

기술이라는 것이 책에서 나와 있는 대로만 한다고 완성되는 것이 아니라 경험이라는 것이 보태집니다. 이 경험이라는 것이 사람마다 달라서 엔지니어마다 해결책이 다른 것인데요. 다른 사람의 해결책이 나와 다르다고 해서 틀린 것이 아님을 인정해야 합니다.

어떤 사람과 길을 걸어간다고 할 때, 목적지에 가기 위해서는 여러 길이 있을 수 있습니다. 약간 둘러갈 수도 있고 내가 모르는 길로 갈 수도 있는 것이며 내가 가는 길로 따라와 줄 수도 있는 것입니다. 즉 내가 가는 길로 같이 가지 않고 다른 길로 간다고 해서 잘못되었다고 말할 수 없습니다. 최종 목적지가 틀린 것은 아니고, 오히려 더 빨리 가는 경우도 있겠죠. 마찬가지로 '똥고집'도 본인의 입장에서는 결과가 맞을 것 이라고 예상하고 일을 끝까지 추진하는 것입니다. 타인의 입장에서 보면 그 추진성이 '똥고집'으로 보이는 것뿐입니다.

만약에 어떤 사람이 '똥고집'을 부린다면 우리는 어떻게 대하는 것이 좋은 걸까요? 그 사람은 일을 잘하는 사람이니까 그 사람의 의견을 따르는 것이 좋을까요? 아니면 본인의 의견을 반영하도록 그 사람을 설득해야 하는 걸까요?

저는 일단, 후자를 선택해야 한다고 생각합니다. 고집을 부리는 엔지니어에게 자신이 생각하는 의견과 예상되는 결과를 토대로 의견을 주고 받는 것입니다. 이렇게 대화를 나누는 것이 서로의 의견을 존중하는 것이고 조금 다른 생각을 가져볼 수도 있는 기회입니다.

세상은 정말 빨리 변합니다. 하루가 다르게 새로운 기술이 생겨나기 때문에 조금 이라도 정보 수집을 소홀히 하면 금새 모르는 것들이 생겨납니다. 이러한 세상에 서 혼자서 모든 것을 할 수는 없습니다. 누군가는 내가 모르는 분야에서 나보다 뛰어나며 그 사람이 모르는 분야에서 내가 뛰어날 수도 있는 것입니다. 그래서 다른 사람과 내가 서로 충고를 해줄 수만 있다면 큰 노력 없이도 큰 지식을 얻을 수 있습니다.

B. 엔지니어도 경영을 알아야 한다

엔지니어들 중에서는 평생 엔지니어로 살고 싶어하는 분들이 많이 있습니다. 그냥 지금까지 엔지니어로 살아 왔으니까 엔지니어로 남고 싶어 하시는 분입니다. 그리 고 관리자는 일을 못하는 사람이 되는 것쯤으로 생각하는 분도 있습니다. 그러나 간과하지 말아야 할 것이 있는데요. 엔지니어도 회사에 소속된 한 사람이라는 것 입니다. 즉, 회사의 자산인 것이죠.

회사에서는 엔지니어라는 귀중한 자산을 위하여 여러 방면으로 지원을 아끼지 않습니다. 가령 카페테리아나 멀티 모니터, 개인 개발 도구 등이 있으며 엔지니어들이 테스트를 위해 타사 제품을 구매하기를 원한다면 그 역시도 바로 지원이 되죠? 이러한 사항들은 회사 입장에서 엔지니어가 최대한 능력을 발휘할 수 있도록 지원하는 사항들입니다. 그러면 엔지니어는 이러한 지원들을 받으면서 회사에 어떠한 행동을 보여줘야 할까요?

사실 회사는 여러분에게 많은 것을 바라지는 않습니다. 아마 대부분의 회사가 문제가 발생하지 않게 제품을 잘 개발하는 정도를 중요하게 생각할 것입니다. 물론 엔지니어의 개인 시간까지 사용하며 일을 할 수는 없습니다. 하지만 업무 시간을 최대한 활용하여 짧은 기간에 만들어 준다면 회사는 엔지니어를 사랑하게 될 것입니다.

엔지니어는 좋은 제품을 만들어 보겠다고 다짐하며 프로젝트를 시작합니다. 그러나 진행하다 보면 생각지도 못한 일 때문에 어려움을 겪게 됩니다. 잡다한 일들이 많이 생기고 생각지도 못했던 문제에 봉착하게 되는 것입니다. 그것을 해결하려다 보니 시간이 부족하고 시간 내에 프로젝트가 완료되지 못하니 영업부와 마찰도 생기는 것입니다. 이럴 때 엔지니어는 스트레스를 가장 많이 받죠. 그래도 어쩌겠습니까? 영업부 직원이나 개발실 직원이나 모두 회사에 소속되어 각자의 일을 열심히 하려다 보니 생기는 문제인걸요. 이러한 문제들로부터 스트레스를 조금이라도 덜 받기 위해서는 서로의 일을 이해할 필요성이 있습니다.

서로의 일을 이해하기 위해서 엔지니어가 영업을 배울 수는 없으니 회사의 근본이 되는 경영을 알아두는 것은 어떨까 생각합니다. 회사는 근본적으로 이익을 위해 모인 집단이며 거기에서 각자의 역할이 있습니다. 최고 경영자는 경영을 잘 하기 위해 노력하고 계획을 세우는 일을 합니다. 그리고 각 부서들에게 이 계획을 따르도록 지시를 내립니다. 그러면 영업부는 경영자의 경영 계획에 따라 영업 계획을 세우고 실천합니다. 그리고 개발실도 경영 계획에 따라 제품을 개발하고 테스트하는 것이죠.

이러한 과정 속에서 경영자의 입장으로 생각하고 전체를 바라본다면 제품 개발이 언제쯤 완료되어야 하는지 알 수 있습니다. 그리고 영업부는 언제쯤 영업을 시작해야 하는지 생각할 수가 있습니다. 그러면 영업부가 제품을 빨리 내놓으라고 얘기하는 것도 이해가 되며 스트레스도 생기지 않는 것이죠.

그러나 이런 경우도 있습니다. 말도 안 되는 계획을 세우고 개발실에 만들어 내라고 하는 것이죠? 이럴 땐 어떤 이유로 만들 수가 없는지 구체적으로 설명하고 영업부에게 계획을 수정 요청을 해서 절충점을 찾아야 합니다. 그래야 개발 제품의 진행 정도에 따라 회사가 계획을 수정할 수 있기 때문이죠.

C. 수평적 관계

인구수 대비 엔지니어수가 가장 많은 나라는 이스라엘이라고 합니다. 단순히 엔지니어 수만 많은 것이 아니라 미국에서 큰 역할을 하고 있는데요. 그 엔지니어들이 모인 회사들은 미국 나스닥 시장의 외국 기업 중에서 중국, 캐나다에 이어 가장 많은 수가 상장되어 있기도 합니다. 우리나라의 4분의 1 정도에 불과하지만 그들이 가지고 있는 아이디어와 실력은 전세계의 자본시장에서 큰 부분을 차지하고 있는 것입니다.

이들의 실력이 이토록 빛을 발하는 이유에 대해서 많은 다큐멘터리가 존재하는데요. 그중 어떤 다큐멘터리에서 제 가슴에 크게 와 닿는 사례가 있어 이번에는 그 내용을 조금 이야기하려 힙니다.

바로 회사 내에서의 수평적 관계에 관한 것입니다. 『조엘 온 소프트웨어』의 조엘도 언급을 했던 내용인데요. 수평적 관계란, 회사의 모든 직원이 같은 레벨에서

일하는 것입니다. 직급은 일을 지시하기 위해 필요한 것이 아니라 업무상의 편의를 위해 사용하는 단어인 것뿐입니다.

현재 제가 다니고 있는 회사의 경우 총 14명의 엔지니어가 있고 직급이란 것이 있지만 큰 의미를 가지고 있지는 않습니다. 그러다 보니 서로가 자유롭게 이야기를 나눌 수 있고 서로의 아이디어를 교환해가며 프로젝트를 진행합니다.

그러나 아쉽게도 대부분의 기업에서는 이러한 체계를 가지지 않습니다. 보통은 경력 및 업무별로 직급이 나누어져 있죠. 그리고 프로젝트를 진행하기 위한 상사와 부하 직원의 관계가 형성되어 있습니다. 기본적으로 이러한 수직적 관계에서는 서로의 의견 교환이 힘든 게 사실입니다. 직급이 상사인 사람은 부하 직원을 가르치거나 업무 지시를 해야 한다고 생각합니다. 그리고 부하 직원은 그 지시에 잘 따르면 된다고 생각을 합니다.

이러한 관계에서는 창의적인 아이디어라는 것은 모두 상사에게서 나오는 것이며, 모든 계획 역시 상사가 하는 것입니다. 이는 회사의 분위기를 경직되게 만들고 의욕을 떨어뜨리는 주범이 되는 것이죠. 최근에는 이러한 분위기가 많은 회사에서 많이 유연해지면서 의견 교환이 많이 이루어진다고 생각합니다. 그러나 아직은 수평적인 관계라고 보기에는 부족한 것 같습니다.

D. 무조건 영어로 작성하기

엔지니어 생활을 하다 보면 영어를 참 많이 접합니다. 기술이란 것이 빠르게 변화하고 전세계적으로 정보를 교환하려다 보니 영어를 사용하는 것인데요.

그런데 학교를 다닐 때 영어공부를 열심히 한 사람도 데이터시트를 읽는 건 쉬운 일은 아닙니다. 그 이유는 데이터시트에서 사용하는 단어들이 전문 용어들이기 때문이죠. 이 용어들은 엔지니어 생활을 하면서 많이 접하므로 자연스레 익히게 되는 경우도 많습니다. 하지만 쉽게 익히는 단어들의 수는 극히 제한적일 수밖에 없습니다. 게다가 오랫동안 사용하지 않으면 그것마저도 잊어버리는데요.

한국사람이 사용하는 언어는 영어가 아니므로 영어로 쓰여진 데이터시트는 한국어로 번역하는 과정이 필요했습니다. 이렇게 한국어로 변역된 용어들 중에는 일본에서 들여온 기술들로 인해 한자를 사용하는 것도 많은데요. 그러다보니 단어만으로는 해석에 혼란을 초래하는 경우가 있습니다. 게다가 영어로 된 데이터시트와 한국어로 된 용어 간의 연결에 문제가 생기기도 합니다.

사실 이 책을 쓰면서 기술적인 단어들은 영어 원문을 사용하고 싶었지만 오히려 더 혼란을 야기할 것 같아 사용하지 않았습니다. 대신 여러분께 한 가지 권유하고 싶은 것이 있는데요. 기술적인 프레젠테이션 자료를 만들거나 짧은 문장으로 이루어진 문서를 만들 때 영어만을 사용하여 만들어 보자는 것입니다.

저의 경우도 항상 영어만을 사용하여 문서를 만들려고 노력하는데요. 이렇게 오랫동안 만들다 보니 전문용어를 봐도 상당히 자연스럽게 느껴지더라구요. 원래 언어라는 것이 사용을 많이 할수록 자기 것이 된다고 하죠? 이렇듯 자료를 영어로 만들 때 단어들이 익숙해지지도록 해보세요. 그러면 머릿속에서는 그 단어가 영어 단어로 보이지 않고 이미지가 바로 떠오를 것입니다. 게다가 자료를 찾거나 해외자료를 찾아 읽어 볼 때도 도움이 되는데요. 기술적인 용어 때문에 막히는 일이 많이 줄어들어 자신의 귀중한 시간을 아끼게 될 것입니다.

E. 엔지니어 CEO

저는 회사의 여건이나 몇 가지의 이유로 직장을 옮겨본 경험이 있는데, 그 경험을 통해 이직할 때 사용하는 한 가지 룰이 생겼습니다. 그건 '엔지니어가 CEO인 회사에는 가지 않겠다'입니다. 엔지니어의 특징 중에 한 가지는 너무 분석적이라는 것인데요. 그래서 때로는 과감한 투자라는 것을 하지 못하는 경우가 많았습니다. 제품에 대한 기획이나 구현에만 집중하며 회사의 미래를 계획하는 일에 있어서는 힘들어 하는 것이었죠. 엔지니어는 전문 경영인과 다르게 한 곳을 깊게 파고드는 사람들입니다. 일반인은 프로그램 사용법에서 배움의 끝이라고 생각하는 경우가 많습니다. 하지만 엔지니어는 프로그램 코드, 깊게는 CPU의 퍼포먼스까지 생각하게 되는 것이지요.

반면에 전문 경영인은 기술적 깊이보다 경영에 대한 센스가 좋고, 얕지만 넓은 시야를 가지고 있는 사람들입니다. 물건을 하나라도 더 팔기 위해 이 사람 저 사람을 만나러 다녔던 사람들이죠. 그래서 어떠한 제품이 만들어져야 한다는 것을 직접적으로 느껴온 사람들입니다. 전문 경영인은 그러한 제품을 만들기 위한 계획만 세우는 것이 아니라 회사의 방향 또한 생각을 하는데요. 기회가 있다면 이러한 분들과 이야기를 나눠 보십시오. 엔지니어가 생각하는 것보다 훨씬 앞선 계획을 가지고 있다는 것에 놀랄 것입니다. 이 분들이 만들어 놓은 미래 계획에 여러분들과 같은 뛰어난 엔지니어가 깊이를 받쳐줄 수만 있다면 가장 좋은 회사가 될 것입니다.

이러한 전문 경영인과 관련하여 실제 사례를 많이 볼 수가 있는데요. 구글을 예로 들면, 두 명의 엔지니어가 회사를 시작하였지만 회사의 경영을 전문 경영인 '에릭 슈미트'에게 맡긴 일이 가장 잘 한 일이 아닌가 생각합니다.

페이스북도 마찬가지입니다. 마크 쥬커버그가 기술을 구현해 회사를 시작하였지만 전문 경영인을 영입하며 회사가 더욱 커지게 된 것입니다.

제가 생각하는 회사의 성장 그래프에는 다음과 같은 두 가지 분류가 있다고 생각합니다.

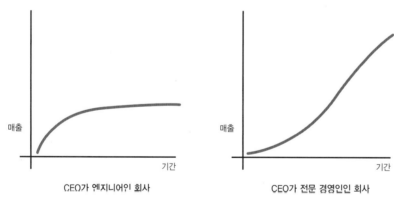

CEO가 엔지니어인 회사   CEO가 전문 경영인인 회사

경영인에 따른 성장표

최고 경영자가 엔지니어 출신인 회사는 출발은 굉장히 좋습니다. 회사를 시작하는 단계부터 실현이 가능한 아이디어를 가지고 있고, 그 실현은 엔지니어들이 뭉쳐서 해내기 때문인데요. 출발이 좋고 회사를 유지하는 것도 큰 문제가 없습니다. 프로젝트에 필요한 인력이 부족한 경우 경영자가 직접 프로젝트를 이끌 수가 있어 어려움 없이 일을 진행할 수가 있기 때문입니다. 그러나 이러한 회사의 경우 성장이 느리거나 성장을 멈추는 경우를 많이 보게 되는데요. 여러 가지 이유가 있겠지만 엔지니어의 경우 기술을 습득하는 위주로 살아온 사람들입니다. 그렇기 때문에 자금운용, 영업력, 마케팅 그리고 인력 관리라는 면에서 약할 수밖에 없기 때문입니다.

반면에, 전문 경영인이 최고 경영자인 회사의 경우 회사 운영에 필요한 자금, 영업력, 마케팅 등의 준비를 하고 엔지니어를 고용하여 회사를 시작합니다. 그러나 고급 엔지니어가 아닌 경우에는 기술 구현이 쉽게 이루어지지 않습니다. 그래서 초창기에는 제품을 제대로 만들지 못하거나 지연되는 이유 등으로 회사의 성장이 느려질 수 있는데요. 대신 회사가 시간이 지날수록 성장하는 모습에 있어서 뚜렷한 변화를 볼 수가 있습니다. 그 모습들은 이미 처음부터 계획에 있었을지 모르는 경영인만의 능력인 것입니다. 엔지니어가 기술 구현을 잘 하듯이 전문 경영인이 가장 잘하는 것이 회사를 성장시키는 것이기 때문입니다.

물론 모든 엔지니어 출신의 경영자가 회사를 어렵게 만들지는 않습니다. 그리고 회사의 성장이 느리다고 나쁜 회사도 아닙니다. 오히려 안정적으로 회사가 운영되기도 하죠. 여기서 제가 말하고 싶은 것은 마인드의 중요성인데요. 엔지니어도 넓은 시야를 가지도록 노력해야 하며 많은 사람들과 관계를 가질 수 있도록 노력해야 한다는 것입니다. 그렇게 전문 경영인들이 가지고 있는 마인드와 엔지니어의 기술을 가진 경영인이라면 그야말로 최고가 아닐까 생각합니다.

F. 취업이 아닌 공부를 위한 자격증

세계적인 경제불황으로 인해 전세계적으로 청년실업이 문제가 되고 있습니다. 우리나라 또한 예외일 수가 없는데요. 많은 젊은이들이 취업을 위해 밤늦은 시간까지 공부하고 있습니다. 이번에 말하고자 것은 이렇게 열심히 사는 사람들처럼 우리 개발자들도 공부를 해보자는 것입니다. 엔지니어가 학습을 하려는 이유는 여러 가지가 있습니다. 그중에는 부족한 지식을 채우기 위한 경우와 새롭게 프로젝트를 진행해야 하는 경우 등이 있습니다. 이럴 때 무작정 책을 찾아서 공부할 것이 아니라. 그와 관련된 자격증을 취득해보는 것이 어떨까 생각합니다. 자격증을 위해 공부할 때와 무작정 책을 사거나 인터넷을 뒤져서 지식을 습득하는 것에는 분명한 차이가 있습니다.

필요에 의해서 책을 사거나 인터넷에서 자료를 찾을 때 엔지니어들은 자기에게 필요한 부분만 찾아서 습득합니다. 물론 이러한 것이 잘못된 것도 아니고 나쁜 엔지니어인 것도 아닙니다. 단지 깊고 넓게 지식을 얻는 것과는 다르다는 것인데요.

자격증을 위해 공부할 때에는 시험 문제집을 외우는 것이 아니라면 스스로 많은 양의 자료를 찾아야 합니다. 필요에 의한 자료만 찾는 것이 아니기 때문에, 전반적인 지식을 포함하여 자료를 찾습니다. 이러한 노력과 함께 자료를 모으고 공부하면, 필요에 의한 지식만 공부하는 것에 비해 다양한 지식을 얻을 수가 있습니다. 그래서 나중에 프로젝트 진행 중 생기는 문제를 해결하거나 새로운 시도를 할 때 선택권이 넓어집니다.

가령, 임베디드 OS 중 'Windows CE'를 포팅하는 프로젝트를 진행한다면 'Windows CE'를 공부하기 위해 MCTS^{Microsoft Certified Technology Specialist} 자격증을 취득하는 것입니다. MCTS 시험 자체가 어려운 것은 아니지만 이와 관련된 학습을 하고 나면 Windows의 구조가 머릿속에 정리됩니다. 만약 여러분이 MCTS 자격증을 공부하지 않고 'Windows CE'의 포팅만 하였다면, 아마도 머릿속에는 컴파일러 사용법만 남을 것입니다.

또한 RTOS와 같은 OS를 설계한다고 할 때 MCTS를 공부하면서 얻은 지식이 도움이 됩니다. Windows의 구조를 알고 있으므로 OS를 설계할 때 이를 참고할 수 있는 것이죠. 또 HAL^{Hardware Abstraction Layer}, Manager, Kernel이라는 개념들을 학습하여, OS를 설계할 때 Windows와는 다르게 구성하거나 장점은 수용하고 단점은 배제할 수도 있는 것입니다. 물론 모든 프로젝트에 필요한 지식을 자격증으로부터 얻을 필요는 없습니다. 하지만 자신의 업무에서 가장 관련이 있는 자격증이 있다면 도전을 해보면 개발하는 데 많은 도움이 될 것입니다.

G. 트렌드 파악하기 - 트위터, 뉴스, RSS

세상은 참으로 빨리 변합니다. 저도 나이가 많은 것은 아니지만 삐삐를 사용하던 시절이 있었고 시티폰을 사용하던 시절이 있었는데요. 요즘은 전화기의 기능을 넘어선 스마트폰으로 걸어 다니면서도 인터넷을 검색하고 있습니다. 그리고 스마트폰은 싱글 코어에서 듀얼, 쿼드까지 넘어가고 있는 시대입니다. 듀얼 코어를 가지고 있는 데스크톱이 나온 게 얼마 안된 것처럼 느껴지는데 말이죠.

이렇게 빨리 변해가는 세상과 발을 맞추어 나가려면 어떻게 해야 될까요? 매일 공부를 하고 뉴스를 빠짐없이 보고 그러면 될까요? 그렇게 하면 일은 언제하고 친구들과 술 한잔은 언제 기울이며 가족과 행복한 시간은 언제 만들 수가 있겠습니까?

사실, 욕심을 버리고 '마음 편히 이세상을 살아가겠다'고 생각한다면 괜찮습니다. 그러나 우리는 엔지니어 아니겠습니까? 이 세상을 빠르게 변화시키는 주도자입니다. 그러한 엔지니어이기에 트렌드를 파악하는 것이 굉장히 중요합니다. 물론 모든 트렌드를 파악하고 미래를 준비할 수는 없습니다. 그러나 최소한 자기가 일하는 영역만큼은 파악하고 있어야 하지 않을까요? 그래서 저는 이러한 정보들을 얻기 위해 사용하는 몇 가지가 있습니다.

첫째, 트위터Twitter를 이용합니다. 트위터는 입소문을 타고 흐르는 정보처럼 여러 사람들의 이야기를 쉽게 들을 수가 있습니다. 오죽하면 뉴스보다 정보가 더 빠르다고 말하겠습니까? 게다가 모든 사람들을 대변하지는 못하지만 각자의 생각을 들을 수가 있어서 좋습니다. 그러면 요즘 사람들이 원하는 것들이 무엇인지도 파악이 가능합니다.

둘째, 신문이나 잡지입니다. 신문이나 잡지는 전형적인 정보 전달 매체로 이용되는데요. 엔지니어 관련된 신문으로는 전자신문이 있을 수 있고 잡지의 경우에는 PC, 임베디드, 핸드폰과 같이 특정 분야별로 잘 나와 있습니다. 신문의 경우는 TV에까지 진출하여 '채널IT'라는 채널도 생겨났습니다. 이러한 매체로부터 얻는 정보는 깊이 있는 것이 아닐 경우가 많기도 합니다. 하지만 트렌드를 파악하고 눈으로 직접 볼 수 있다는 점에서 좋은 역할을 하고 있습니다.

셋째, RSS(Really Simple Syndication 또는 RDF Site Summary)라는 것을 이용할 수 있습니다. RSS의 경우 특정 블로그나 뉴스 사이트에서 정보를 제공할 때 사이트에 접속하지 않고도 글을 읽을 수 있게 정보를 제공하는 것인데요. 뉴스를 보기 위해 직접 사이트를 방문할 필요가 없습니다. 또한 유명한 블로거가 새로운 글을 썼다고 할 때 사이트를 방문하지 않고도 글을 읽을 수 있게 해줍니다. 저는 트위터나 신문보다 RSS를 가장 많이 이용하고 있습니다. RSS를 이용하여 뉴스를 읽다가 더 자세히 읽거나 사이트에서 직접 보고 싶을 때 사이트를 방문하면 되기 때문에 편리합니다.

이렇게 앞서 나열한 몇 가지 외에도 정보를 습득할 수 있는 방법에는 여러 가지가 있습니다. 제가 여러분께 전하고 싶은 것은 트렌드를 파악하는 일은 엔지니어가 놓쳐서는 안 되는 일이라고 생각한다는 것입니다.

H. 잘 놀아야 일을 잘 한다

엔지니어 생활은 참 고달픈 날이 많이 있습니다. '월화수목금금금'이라는 비유가 있는가 하면, 고객이 요청하는 그림과 엔지니어가 생각하는 그림이 서로 다름을 표현하는 그림도 있을 정도입니다. 그만큼 프로젝트를 진행하는 것이 쉽지가 않음을 이야기하는 것인데요.

이러한 고달픈 엔지니어 생활에서 휴식만큼 필요한 것이 없습니다. 사람마다 성격이 달라 여행이나 쇼핑과 같은 활동적인 것을 즐기는 사람이 있습니다. 또는 독서와 문화생활 같은 것을 즐기는 사람도 있습니다. 모두들 이러한 휴식을 제대로 즐기고 싶어 합니다. 하지만 '회사 일이 많아서..' 내지는 '다른 사람들이 쉬지 않아서..' 등의 이야기를 하며 휴식을 제대로 갖지 못하는 경우도 많습니다.

그렇게 제대로 쉬지 못하여 '머릿속에는 항상 일에 대한 걱정만 있고 스트레스만 쌓여갑니다. 그러다보니 더욱 일이 잘 안되는 악순환이 계속되는 것이죠. 이런 경우 본인의 입장에서도 손해이고 회사의 입장에서도 손해임을 알아야 합니다.

엔지니어는 창조적인 일을 해야 하고 문제를 해결하기 위해서는 많은 아이디어가 필요합니다. 그러한 아이디어는 인터넷 검색에서 찾는 자료뿐만 아니라 머리를 써서 만들어야 하는 것입니다. 또한 아이디어보다 더 중요한 것은 프로젝트에 대한 엔지니어의 열정입니다. 하지만 휴식이 없는 '월화수목금금금'을 하다 보니 머릿속에서는 아이디어보다는 '쉬고 싶다'는 생각으로 가득 차죠. 그래서 어느새 열정은 온데간데 없어지는 것입니다.

이러한 문제는 해결하려면 휴식이 가장 중요한 요소입니다. 그러려면 휴식을 잘 취할 수 있게 회사를 설득시킬 필요성이 있습니다. 예를 들어 엔지니어가 프로젝트 일정 만들 때 휴식을 취할 수 있는 기간을 포함해서 계획을 짜는 것은 어떨까요? 또는 '난 10월에 필리핀 갈 겁니다'하고 공공연히 떠들고 다니는 것입니다. 그런 식으로 잘 쉬어야만 일을 더 잘 할 수 있다고 회사 분위기를 만들어 가는 것이죠. 물론 이 방법은 제가 실제로 사용하는 방법이지만 쉽지만은 않다는 것을 알고 있습니다.

앞서 이야기를 한 적이 있지만 회사는 프로젝트 기간이 중요합니다. 마케팅에는 '타임 투 마켓Time to Market'이라는 것이 있어서 제품이 나오는 시기가 중요합니다. 제품이 시간에 맞춰서 잘 나와야 많이 팔리고 회사가 성장할 수가 있는 것이니까요. 그러기 위해서는 마케팅부서 및 직장 상사와 친밀한 관계를 유지하며 정보를 계속적으로 교환할 필요성이 있습니다. 그러면서 프로젝트 완료 기간을 잘 지켜주고 쉴 때는 확실히 쉬는 것이 필요합니다. 이때 긴 시간을 쉬는 것이 좋습니다. 짧게 하루, 이틀을 쉬는 것은 휴가라기보다는 그냥 시간 보내기 밖에 안 되기 때문이죠.

자신이 휴가를 잘 보냈는지 못 보냈는지 알 수 있는 방법이 한 가지 있습니다. 휴가가 끝나고 복귀하였을 때 열정이 끓어오르고 아이디어들이 떠오르는지를 보면 쉽게 확인할 수가 있는데요. '휴가를 며칠만 더 보내면 더 좋은 아이디어가 떠 오를텐데..'라는 생각이 들 수도 있습니다. 그렇지만 과유불급이라고, 너무 과하면 일하기가 싫어지므로 적당히 조절해야 합니다. 개인마다 편차가 있지만 저는 2주 정도가 가장 좋은 시간이었던 것 같습니다.

그리고 눈치를 보지 마십시오. 엔지니어는 열정을 다하여 좋은 제품을 만들기 위해 많은 시간을 보낸 사람입니다. 그런데 쉬어도 되는지 고민할 필요가 있을까요? 열심히 일하고 노력한 사람한테 쉰다고 눈치 주는 사람은 아무도 없습니다. 이렇게 일을 했는데도 엔지니어에게 눈치를 준다면 두 가지의 경우가 있습니다. 자신이 생각보다 일을 열심히 안 했거나, 회사가 당신과 같이 뛰어난 엔지니어를 받아들일 준비가 안 된 것입니다. 이럴 때에는 회사와 이야기를 나눠 보는 것이 필요합니다.

APPENDIX B

연습문제 해답

``연습문제 해답``

1장

1.1 패치−해석−실행−저장

패치 단계: 명령어를 처리하기 위해 메모리에서 레지스터로 읽어 오는
단계
해석 단계: 메모리로부터 읽어 온 명령어의 의미를 해석하는 단계
실행 단계: 해석 단계에서 해석된 명령어를 실행하는 단계
저장 단계: 실행한 결과를 메모리에 저장하는 단계

1.2 SRAM에 비해 속도가 빠릅니다. 그리고 데이터를 저장하거나 읽거나
쓸 때, SRAM의 주소 버스나 제어 버스 같은 추가적인 제어가 필요없습
니다. 그래서 명령어가 처리될 때 데이터의 이동이 필요하면 정해진 레
지스터로 단순히 복사하여 사용합니다.

1.3 DDxn 레지스터를 이용하여 포트핀을 출력으로 사용할지 입력으로 사
용할지 정할 수 있습니다. 그리고 PORTxn 레지스터를 이용하여 실제로
출력될 값을 설정할 수 있습니다. 그래서 포트핀의 출력값을 '0(Low)'로
만들기 위해서는 DDxn의 값을 '1'로 하고 PORTxn의 값을 '0'으로 설정
해야 합니다.

2장

2.1 고급 언어는 자연어에 가까운 단어들을 사용하여 저급 언어에 비하여 이해하기가 쉽고 모듈화 및 객체지향적으로 설계될 수 있습니다.

저급 언어는 기계어 코드에 가까우면서도 인간이 해석 가능한 언어이며, 명령어 세트(Instruction Set)와 비슷한 형태를 가지고 있습니다.

기계어 코드는 프로세서가 직접적으로 사용 가능한 코드로, 바이너리 코드로 되어 있고 인간이 해석하기가 어렵습니다.

2.2 컴파일러-링커-어셈블러

컴파일러: 고급 언어를 저급 언어로 변환하는 툴

링커: 모듈화된 오브젝트코드들을 하나의 코드로 연결시키는 툴

어셈블러: 저급 언어를 기계어 코드로 변환하는 툴

2.3 CISC(Complex Instruction Set Computer) 아키텍처는 소프트웨어를 단순화시키기 위하여 하드웨어적으로 복잡한 구조를 가진 명령어 처리기입니다.

RISC(Reduced Instruction Set Computer) 아키텍처는 잘 사용되지 않는 CISC 명령어들을 배제시키고 같은 길이를 갖는 명령어로 최적화시킨 명령어 처리기입니다.

3장

3.1 메모리 보호를 위해 사용되는 하드웨어는 MMU(Memory Management Unit)입니다. MMU는 사용자 프로그램이 메모리에 침범하였을 때 인터럽트를 발생시킵니다. 이 인터럽트로 인해 OS의 커널이 실행될 수 있으며, 커널은 메모리 영역 침범임을 확인한 후에 해당되는 프로그램이 더 이상 문제를 일으키지 않게 종료시키거나 사용자에게 알립니다.

3.2

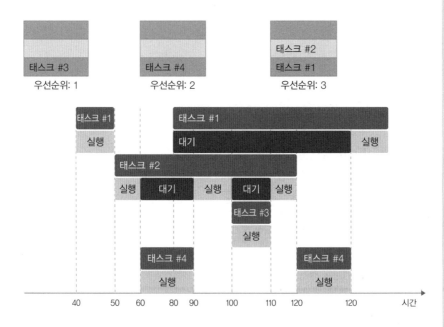

3.3 범용 레지스터들, 스택 포인터, MCU 상태 레지스터, PC(Program Counter) 등이 SRAM과 같은 메모리에 저장되어야 하는데, 이러한 레지스터들은 프로그램 실행에 관련된 레지스터들이기 때문입니다.

4장

4.1

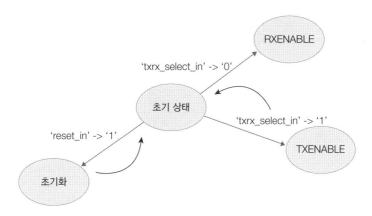

4.2 합성 단계에서는 HDL 코드로 설계된 하드웨어를 게이트 단위로 상세화시키는 작업이 진행됩니다. 이때 생성되는 결과물은 넷리스트(Netlist)입니다.

4.3 테스트벤치 시뮬레이션은 HDL 코드 단계에서 이루어지는 시뮬레이션이어서 결과를 빠르게 확인할 수 있습니다. 하지만 실제의 하드웨어에 의해서 생기는 문제는 찾을 수가 없습니다.

PAR 후 시뮬레이션은 실제로 만들어질 하드웨어와 가장 비슷한 결과를 보입니다. 하지만 실제의 하드웨어와 가장 비슷한 결과를 위해서 시뮬레이션 연산에 많은 시간이 필요합니다.